儿童哲学与教育哲学丛书

Generated orientation
of child education

● 刘晓东 主编

生成取向的儿童教育论

陶金玲 著

图书在版编目(CIP)数据

生成取向的儿童教育论/陶金玲著.—南京:南京师范大学出版社,2018.8
(儿童哲学与教育哲学丛书)
ISBN 978-7-5651-3605-4

Ⅰ.①生… Ⅱ.①陶… Ⅲ.①儿童教育－研究 Ⅳ.①G61

中国版本图书馆 CIP 数据核字(2017)第 311537 号

丛 书 名	儿童哲学与教育哲学丛书
书　　名	生成取向的儿童教育论
丛书主编	刘晓东
作　　者	陶金玲
策划编辑	王　艳　官军燕
责任编辑	官军燕
出版发行	南京师范大学出版社
地　　址	江苏省南京市玄武区后宰门西村 9 号(邮编:210016)
电　　话	(025)83598919(总编办)　83598412(营销部)　83598297(邮购部)
网　　址	http://www.njnup.com
电子信箱	nspzbb@163.com
印　　刷	兴化印刷有限责任公司
开　　本	787 mm×960 mm　1/16
印　　张	17.75
字　　数	253 千
版　　次	2018 年 8 月第 1 版　2018 年 8 月第 1 次印刷
书　　号	ISBN 978-7-5651-3605-4
定　　价	40.00 元

出 版 人　彭志斌

南京师大版图书若有印装问题请与销售商调换

版权所有　侵犯必究

总　　序

这套《儿童哲学与教育哲学》丛书是由儿童教育哲学和学前教育学基础理论这两个方向的博士学位论文构成的。《儿童的生活与教育》《童年与儿童教育》《新文化运动中儿童的发现》《儿童德性论》《儿童精神成长论》等学位论文已先期出版，故不再收入此套丛书。这些学位论文具有共同的学术立场或"深层语法"，具体如下。

将儿童视为教育学的逻辑起点，高度重视儿童研究；或将儿童哲学（或童年哲学）作为独立学科而做专门研究；或将儿童研究作为教育学研究的逻辑前提而进行教育学研究。

以儿童本位作为教育学的基本原则，同时亦将儿童本位作为教育学的基本方法论，并辅以"逻辑的方法"与"历史的方法"。

从教育学出发，又能走出教育学，投入到广阔的人文社会科学以及自然哲学、自然科学中去，尤其重视研读哲学史、自然辩证法、自然科学总论、儿童心理学史、心理学哲学、童年哲学、生物学哲学、生物进化论、社会生物学、科学哲学等等，充分占有和借鉴相关学科的研究视角、方法、智慧，再回归教育学学科，解决教育学自身的理论建设问题。

以夸美纽斯、卢梭、裴斯泰洛齐、福禄培尔、杜威、蒙台梭利等人的著作为现代教育学的参照体系，在中国思想史料中寻求教育学根基，寻求可与西方现代教育学相互会通、相互支持的思想资源，以儿童为教育学的起点、支点，让儿童真正成为教育学理论体系的核心，以此建设现代中国的儿童教育学，从而在理论上确立并保障儿童在整个教育体系中的中心位置与本体地位，回应中国教育现代变革所面临的种种挑战。

希望这些学位论文所共同拥有的"深层语法"或学术立场能为中国新时代的教育学建设探出一条新路。这条路发端于古代中国人对儿童的发现、对教育的洞见,而又能占有和消化西方现代教育学。这是扎根于中国优秀思想传统的教育学,又是具有现代观念与现代立场的现代教育学。

希望教育学能够不断走出自己的学科,努力占有使教育学得以进一步发展壮大的一切可能的资源,又能在本学科"强筋健骨"之际反哺哲学、人文学科,让教育学配享李泽厚等人所预言的"成为中心学科"的那份荣光。古人云:"虽不能至,然心向往之。"我与这套丛书的作者们亦当如是。

究天人之际,会中西之学,通古今之变,成一家之言,这是人文学者的使命,也应当成为教育学学者的情怀与抱负。

在此谨代表各位作者并以我个人的名义对南京师范大学出版社热情支持这套丛书出版的相关领导和编辑敬致谢忱!

是为序。

刘晓东

2017 年 9 月

沪上丽娃河畔

序　言

对教育原点的追问，可以使教育回到本真状态。以"儿童为本"为教育之本意，先哲们的历史足迹也已清晰昭示：儿童是教育的原点。然而在21世纪的今天，却依然存在着拔苗助长、催熟式的"儿童缺位"的教育现实。稚嫩的生命难以承受病恙教育之痛，认识儿童、发现儿童、探知儿童生命成长的秘密依然是教育之亟需。生物学的发展不断揭开生命的奥秘，为探求生命提供技术支持和科学依据。哲学为认知生命提供了一种视角和方法，生命哲学，尤其是中国传统哲学中的精气学说、阴阳学说、五行学说等从不同角度和层次阐释了宇宙万物的生成、发展与变化规律，建构了一种有机的、整体的、动态的、变化的、生成的和谐生命观。中医学以相互联系、互为补充的精气、阴阳、五行理论在人体生命层面作了具体的推演，进一步揭示了儿童生命生成的历史性、整体性与独特性。中医学强调形神合一、循自然、治未病的养生原则也正是教育所应追寻的境界，滋养生命、保持健康和谐的生命态为中医之宗旨，更为教育之鹄的。

敬畏生命、关注生命、遵循生命生成规律，才可能实现教育滋养儿童生命的根本使命。经验是有机体与环境的相互作用，是个体生命为了自身的延续与生长而与周遭环境的持续互动与适应。在互动与适应中，生命进行着能量与信息的新陈代谢，表现为经验的生成与更新。儿童的经验是基于原有经验，在与他人、环境互动中主动建构生成的。儿童的已有经验是经验生成的基础，与环境的互动是经验生成的资源，与他人的互动是经验生成的助力。儿童经验的生成之道便是教育的自然之道，教育应顺其自然而为之。

儿童的生命是一个动态生成的过程，是一个持续的、独特的、新奇的创生过程。儿童生命生成的鲜活性、创生性决定了儿童教育的鲜活性、生成性。在活动过程中随机生发教育目标,在自然的、生成性的环境之中,儿童与教师、同伴共同进行问题探究活动,不断经历激动人心的认知探险,与教师、同伴、家长共同收获惊喜,并在互动分享中共同成长。过程生发性目标、自然生成性环境、问题探究性活动、互动分享性评价无不体现了教育活动的自然性、动态性、联系性、发展性。儿童的教育是生成的,它是一种过程,一种动态的、生成的过程,昭显了儿童经验的生成特性,也是儿童生命生成的必然要求。

目　录

总　序 /1

序　言 /1

第一章　导论 /1
一、研究缘由及意义 /1
　　（一）研究缘由 /1
　　（二）研究意义 /3
二、有关"生成"的研究综述 /4
　　（一）"生成"的哲学研究 /4
　　（二）"生成"的心理学研究 /12
　　（三）"生成"的教育学研究 /15
三、核心概念界定 /25
　　（一）生成 /25
　　（二）生成取向 /26
　　（三）生成取向的儿童教育 /27
四、研究设计 /27
　　（一）研究目标 /27
　　（二）研究内容 /28
　　（三）研究思路 /29
　　（四）技术路线 /30
　　（五）研究方法 /30

第二章　儿童——教育的原点/33

一、"儿童为本"的教育历史图景/34

（一）西方教育中的"儿童发现"之旅/35

（二）中国的因材（性）施教溯源/44

二、"儿童缺位"的教育现实/53

（一）拔苗助长式的家庭教育/55

（二）催熟造人式的学校教育/57

第三章　儿童的生命是生成的/63

一、生命的多元理解/63

（一）生物学视野下的"生命"/64

（二）哲学视野下的"生命"/71

（三）中医学视野下的"生命"/85

二、儿童生命的生成特性/94

（一）历史性——儿童的生命是历史的生成/95

（二）整体性——儿童的生命是整体的生成/100

（三）独特性——儿童的生命是独特的生成/106

三、教育即滋养生命/108

（一）养生的意蕴/109

（二）儿童的生命需要滋养/113

（三）教育应滋养儿童生命/115

第四章　儿童的经验是生成的/123

一、经验与教育/124

（一）传统视域中的经验与教育/124

（二）生命视域中的经验与教育/129

二、儿童经验的生成原理/138

（一）儿童的已有经验是生成基础/138

（二）互动性环境是生成资源/144

（三）互动性他人是生成助力 /148
　二、教育即顺其自然 /153
　　（一）顺其自然而为之 /154
　　（二）顺应天性而使然 /156
　　（三）依循心理而发展 /160

第五章　儿童的教育是生成的 /168
　一、过程生发性目标 /169
　　（一）领会精神 /172
　　（二）内化要领 /172
　　（三）生发目标 /173
　二、自然互动性环境 /180
　　（一）自然性环境 /182
　　（二）互动性环境 /193
　三、问题探究性活动 /204
　　（一）转换经验 /205
　　（二）生成情境 /207
　　（三）探究问题 /209
　四、互动分享性评价 /214
　　（一）记录活动 /214
　　（二）生成图册 /217
　　（三）分享评价 /218

结　语 /223

参考文献 /230

附录　主题活动"丑小鸭" /242

后　记 /271

第一章　导　论

一、研究缘由及意义

（一）研究缘由

"儿童是每一个人的温情和爱的感情汇聚的唯一焦点。一谈到儿童，人的内心就会变得温和愉快。整个人类都享受他所唤起的这一深厚情感。儿童是爱的泉源。我们一触及到儿童便触及到爱。"① 几乎每一位成人都深信不疑自己对儿童的爱，但要扪心自问的是：我们真爱儿童吗？我们会爱儿童吗？"你们大人根本不知道小孩想什么！长大后我要当儿童心理学家，我要替小孩说话！你们大人总是欺负小孩子！"② 听听某位儿童的抗议与控诉吧！

媒体娱乐儿童，社会消费儿童，家庭、学校改造儿童；幼儿教育"小学化"，小学教育"作业化"，中学教育"监狱化"。深入探查"爱"的现实，我们不难发现，那些号称视儿童如珍宝的成人们应受到控告，因为他们根本不知道怎样的教育才是真正"为了孩子"的教育；他们根本不了解儿童，不懂儿童，却以"主人"的绝对权威恣意安排、干涉儿童的生活，"兢兢业业"地以爱之名行害之事，延续着"揠苗

---

① [意]蒙台梭利. 蒙台梭利幼儿教育科学方法[M]. 任代文，主译校. 北京：人民教育出版社，1993：587.
② 胡坤宁(作者女儿)儿语。

助长"的千古愚蠢之事而浑然不知,急切地催熟着儿童而乐此不疲。童年早逝,生命异化,催促儿童快速成长的压力摧毁了儿童,童年之恙痛彻心扉,教育现实令人担忧!

"在一切往事中,童年占据着最重要的篇章。童年是人生的根基,是心灵成长的源泉。"①"我们能为童年的消逝做些什么?"②面对这个问题,或许我不能一时就给出令人满意的答案,但深感此问题犹如无底的沼泽横在眼前,我在其泥潭中来回蹚涉,历尽艰辛,希望弄清其"污水"的源头所在、受阻塞的原因和疏导的可能性。"我们还没有学会欣赏儿童,因为我们还没有充分地认识和发现儿童的天性、儿童的潜力、儿童的财富,我们的教育急不可待地试图使儿童早日脱离童稚状态,催促他们尽快进入成人的世界。其结果便是,我们的儿童教育如同赶鸭子上架,让鱼离开沟渠江河湖海——儿童在这种教育背景中失去了他本真的儿童世界。"③"我深信一切真理、一切教育指令都应该来自儿童自身,在他们身上产生出来。"④尽管想要完全了解成长中的儿童是一个永远不可能完成的课题,但若心怀虔诚,便可深入儿童的世界。

"人啊!模仿大自然的活动吧!大自然使一棵大树的种子首先生出几乎看不见的幼芽,然后,幼芽同样也是不知不觉地分阶段发展,每日每时地,首先长出最小的茎,后来长成树干,长出树枝,又长出末端细枝,细枝末梢挂满细嫩的叶子。用心思考大自然的这种活动——每个部分一生长出来,她是如何照料的,如何使之完善的,如何把每个新的部分与原有的持续生长的部分结合起来。"⑤世界万物,潜移默化、循序渐进、生生不息,其自然生成的神圣力量给了世人最及时的启示——师法自然,敬畏生命,遵循自然的指示去认识儿童、理解儿童,并为儿童服务。然而,我们还没有掌握这种生成思想的细节,还未能解读儿童生命的自

---

① 刘晓东.儿童精神哲学[M].南京:南京师范大学出版社,1999:410.
② [美]波兹曼.童年的消逝[M].吴燕莛,译.桂林:广西师范大学出版社,2004:引言.
③ 刘晓东.解放儿童[M].北京:新华出版社,2002:169.
④ [瑞士]裴斯泰洛齐.裴斯泰洛齐教育论著选[M].夏之莲,等译.北京:人民教育出版社,2001:21.
⑤ [瑞士]裴斯泰洛齐.裴斯泰洛齐教育论著选[M].夏之莲,等译.北京:人民教育出版社,2001:78—79.

然生成"密码",还未能使儿童教育"自然而然"。

研究选题往往取决于研究者的学术兴趣、人生经历和深切关注的问题。本研究正是基于令笔者追悔莫及的育儿经历、深刻的人生体悟和时刻触痛心灵的教育现实,以"戴罪之身"叩问儿童教育的真谛,从直觉体验走向理性思考,并尝试进行力所能及的探索。随着时间的推移,女儿已经淡忘了儿时的愤怒与誓言,但其控诉之声却越来越清晰响亮,让笔者愧疚不安。身为人母,亦为儿童教育工作者,心怀虔诚忏悔之心,希望能探知儿童,并能为儿童呐喊——这是笔者的学术使命,更是笔者的"自我救赎"。

(二) 研究意义

哲学家冯友兰先生曾经将学问之法归结为两种方式:"照着说"或"接着说"。笔者心怀对儿童生命的无限敬畏之情,基于"照着说"童年之悉,尝试"接着说"儿童生命之生成。童年之悉的存在,是对生成取向的儿童教育本质、理论基础、内在机制以及实施路径等做深入系统研究的现实依据。

1. 理论意义:拓宽儿童教育的研究视角,丰富儿童教育理论

思维方式对教育研究起着重要的导向作用,生成取向的儿童教育以多学科、多领域的碰撞与互涉分析、解读儿童教育,有助于形成儿童教育研究的立体思维,可以构建生成取向的儿童教育理论框架,丰富对儿童教育的理性思考,为儿童教育研究提供新的思路,为儿童教育中一系列现实问题的研究和解决提供方法论指导,为我国的儿童教育理论提供新的参考。

2. 实践意义:为教师、家长以及相关研究者提供基础性服务

通过生成取向的儿童教育研究,建构一种生成取向的儿童教育观,有利于高屋建瓴地透视儿童教育中存在的种种问题,进而能有的放矢地提出解决相关问题的可行性方法与策略,为儿童教育研究与实践提供基础性参考,提升儿童教育的理论层次,实现儿童教育从观念到行动的创新与变革。

总之,生成取向的儿童教育研究可以对儿童教育基础、儿童教育观念、儿童教育实施等诸方面进行全新的诠释与解读,提出一套符合生命规律的理论系统、一种具有创新取向的实践体系和一个具有方法论价值的分析框架,表达一种尊重生命、遵循自然生成的教育诉求。这一自觉追求和坚定信仰旨在赋予教育中的儿童以真正的快乐和幸福,为儿童教育建立一种信仰:教育即滋养生命;教育即顺其自然。

二、有关"生成"的研究综述

已有的生成哲学研究可以为本研究提供世界观和方法论指导,已有的心理学研究可以为本研究提供基本的理论基础,已有的生成教育研究可以为本研究提供良好的研究平台。涉及"生成"理念的相关研究内容庞杂、范围广泛,本研究综述将从哲学研究领域、心理学研究领域以及教育学研究领域对相关文献进行简要述评。

(一)"生成"的哲学研究

1. 古代哲学中的"生成"思维

"生成"思维历史悠久,至少可以追溯到公元前6世纪的古希腊哲学家赫拉克利特(Heraclitus)和中国的老子。赫拉克利特早在2 500多年前就观察到了这样的事实:人不可能两次踏入同一条河。他的学生克拉底鲁(Kratylos)甚至说:人不能一次踏入同一条河。因为在你踏入的一瞬间,河已经不是先前的那条河,人也不再是先前的那个人了。赫拉克利特认为:"万物皆流,无物长久;万物皆变,无物常驻。"①但他同时又认为,世界上一定也存在着一个统摄变化的、不可见的"道",这个"道"就是一种道理,它能够使变化作为理性的形象出现,而不至于

---

① [美]唐纳德·帕尔玛.快乐学哲学:减轻哲学的不能承受之重[M].曹洪洋,译.上海:上海社会科学院出版社,2008:5.

混乱、随意,并且"道万古长存"①。老子则认为宇宙的本原是道,"道生一,一生二,二生三,三生万物"②,他阐释了宇宙生成过程,并进一步提出宇宙生成的规律是"反者道之动",即生成是一个不断对立转化的过程。此外,在《管子》《庄子》《周易》《淮南子》《黄帝内经》等中国古代论著中也可发现生成思想的踪影。如"太极生两仪,两仪生四象,四象生八卦,八卦相错,然后万物生焉。"③"天地姻缊,万物化醇,男女靖精,万物化生。"④这些论述,从不同角度阐释了宇宙的生成过程,强调了世界万物的生成本质。中国古代哲学中关于天道的一个基本观念就是"生",而所谓天道即自然界的演变过程及其规律。所谓"生"指产生、出生,即事物从无到有。与"生"密切相关的观念曰"行",曰"逝",曰"变"。"行"即行动,亦即过程,"逝"即离去、过去,亦即转化、转移。孔子的"天何言哉?四时行焉,百物生焉……"就特别提出了"生"与"行"。⑤ 西周太史史伯的"夫和实生物",也是生成论的思想体现,意为异质事物的相互作用(相互遭遇、对话、融合等)从而生成新的事物。主要阐释中国古代哲学思想的精气学说、阴阳学说、五行学说都从不同角度阐释了世界万物的生生不息,从而奠定了中国传统哲学观照生命,强调生成、变化与联系的思想基础。精气学说是古代先哲探求宇宙本原和阐释宇宙变化的一种世界观和方法论,认为精气是宇宙万物的共同本原,精气自身的运动变化,推动和调控着宇宙万物的发生、发展和变化。阴阳学说是在精气理论的基础上建立起来的中国古代朴素哲学的对立统一理论,是建立在唯物论基础上的朴素的辩证法思想,是古人认识宇宙和阐释宇宙变化的世界观和方法论。阴阳学说认为宇宙间一切事物或事物内部都普遍存在着既相互对立又相互统一的阴阳两个方面,气是阴阳对立的统一体,物质世界在阴阳二气的相互作用下,不断地运动、变化、发生、发展。阴阳学说主张阴阳的相互对立、制约、排斥、互根、互用、互藏、交感、消长、转化、自和、平衡等运动,是事物生长、消亡的根本,是事物

---

① [美]唐纳德·帕尔玛.快乐学哲学:减轻哲学的不能承受之重[M].曹洪洋,译.上海:上海社会科学院出版社,2008:11.
② 李耳.老子[M].梁海明,译注.太原:山西古籍出版社,1999:77.
③ 邵雍.邵雍全集[M].郭彧,主编.上海:上海古籍出版社,2015:69.
④ 周易·系辞(下)[M].方飞,译注.乌鲁木齐:新疆青少年出版社,1999:461.
⑤ 金吾伦.生成哲学[M].保定:河北大学出版社,2000:157.

无穷变化的内在原因,强调世界是动态发展的。五行学说既是一种古代的世界观和方法论,又是一种原始而质朴的系统论,属于中国古代唯物论和辩证法范畴。五行学说认为宇宙万物均由木、火、土、金、水五种基本物质组成,自然界各种事物和现象的发展变化,都是这五种物质不断运动和相互作用的结果。天地万物的运动秩序都要遵守五行生克制化法则,五行的生克制化法则维系和推动着客观世界事物的运动变化。五行学说以系统论的观点着眼于事物的运动、变化及其相互关系,阐释了世界万事的整体合一与生成发展。中国传统哲学认为,气是天地万物统一的物质基础,是世界的本原。世界是一个动态的、有机的、生生不息的世界,世界的演化过程为气——阴阳——五行——万物。中国古代哲学以气为最高哲学范畴,以气—阴阳—五行的逻辑系统,揭示了世界万物包括生命的生成本质,阐明了世界上一切事物的运动变化规律。尽管老子哲学并没有明确提出符合现代哲学思维方式"生成论哲学"的概念,但其生成论意蕴深远,对深入分析儿童生命本质、阐释现代教育的困境与危机具有较强的解释力和冲击力,因而是本研究的重要思想来源。

2. "生成"是近现代哲学的最强音

产生于19世纪70年代的生命哲学是一种视"生命"为宇宙本原的哲学流派,它的直接渊源是叔本华(Arthur Schopenhauer)与哈特曼(Edward von Hartmann)的意志主义,与尼采(Friedrich Wilhelm Nietzsche)哲学相近。早期代表人物是德国的狄尔泰(Wilhelm Dilthey)、齐美尔(Georg Simmel)等人,与前两者有直接理论渊源关系的是法国的柏格森(Henri Bergson)主义。正如有学者指出的,"实际上'生命与变易'之哲学从柏格森到德勒兹(Gilles Louis Rene Deleuze)的这个贯穿整个20世纪的部分,基本上把隶属于存在主义以及现象学大多数法国哲学家都包括了进去,而它的绝对根源就是柏格森的生命哲学。"[1]柏格森生命哲学中最具生成论哲学思维方式的观点是"创造的进化论"。生命哲学强调生命的"变",即生命的"生成性",注重对生命意义的关怀,注重生命的自我超越。这也正是本研究的方向所在,突出生命理论作为指导思想来研究生成取向的儿童

---

[1] 王理平.差异与绵延——柏格森哲学及其当代命运[M].北京:人民出版社,2007:44—45.

教育,希望能够进一步完善生成教育理论,并促进儿童教育实践的发展。

"生成"可以说是尼采世界观的一个基本出发点。尼采的强力意志赋予人生以价值和意义,但他又强调强力意志不是一种目的论的本原,它并不朝向某种确定的目的,它作为一种不断改善、扩张、增长的生命力和冲力并无确定的终极的方向。它永远不会作为一种确定的存在物、实体而存在,而是作为一种不断生成变化的运动与倾向而存在。尼采认为,生成既不是向着一个终极目的的运动,也不是完全无性质的变化,而是——借用海德格尔(Martin Heidegger)的说法——"作为存在者之基本性质的强力意志的自我支配的运动"①。由此可见,"强力意志"是解释"生成"的动因,"永恒轮回"也是解释"生成"的一种方式。"世界存在着,它决非生成之物,决非消逝之物。或者毋宁说:它生成着,它消逝着,但它未尝开始生成,未尝停止消逝——它在二者之中得以保持……它靠自己生存:它的粪便就是它的食物。"②尼采"给生成打上存在性质的印记",也就是"存在"与"生成"在尼采的意义上合二为一了,用尼采自己的话说就是"二者被我以决定性方式归并了"③。

怀特海(Alfred North Whitehead)的有机哲学又称"活动的过程哲学",深受自然科学(量子力学、相对论)、生命哲学影响。怀特海的"过程哲学"博大精深,现在已经呈现出蓬勃之势,有学者甚至称其为"西方哲学新的生长点"④。怀特海反对把世界理解为事物的总和或堆积,主张应把自然界理解为活生生的、富有生命的创造进化过程,理解为众多事件的综合或有机的联系。怀特海不承认存在着客观的物质实体,只承认存在着在一定条件下由性质和关系所构成的"机体"。机体的根本特征是活动,活动表现为过程,过程则是机体各个因子之间有内在联系的、持续的创造活动,它表明一机体可以转化为另一机体,因而整个世界就表现为活动的过程,或者说世界是现实实有的生成过程。怀特海强调从生成的变化与过程考察存在,这一思想对生成教育研究具有积极的价值和方法论启示。

---

① 周国平.尼采与形而上学[M].北京:新世界出版社,2008:218.
② 周国平.尼采与形而上学[M].北京:新世界出版社,2008:233.
③ 周国平.尼采与形而上学[M].北京:新世界出版社,2008:233.
④ 霍桂桓.一只正在蜕皮的蝉——作为西方哲学当前生长点之一的怀特海过程哲学[J].哲学研究,2003(4).

实用主义哲学家杜威(John Dewey)将自己的学说称为"经验自然主义"或"自然主义的经验主义"。杜威认为,"经验自然主义"不把经验当作知识或主观对客体的反映,也不把经验当作独立的精神(意识)存在,而当作主体和对象即有机体和环境之间的相互作用。杜威认为,经验和自然的连续性是实用主义哲学的根本原则。在主体和对象、经验者和被经验的事物或者说经验与自然之间必然存在着"连续性"。在杜威的哲学观念中,一切事物都是作为过程、动作、活动而存在的。由此可见,杜威哲学中的生成论思维已经凸显,也为生成教育研究奠定了坚实的理论基础。

黑格尔(Georg Wilhelm Friedrich Hegel)预测到普遍发展变化的原则,指出"生成"是"有"(或"存在")和"无"(或"非存在")的统一,"有"可以过渡到"无","无"可以过渡到"有",这是他哲学中的合理内核之一。① 但是黑格尔所谓的"生成"是指绝对观念的发展变化,属于唯心辩证法的范畴。胡塞尔(Edmund Gustav Albrecht Husserl)对"生成"的解释也带有唯心主义色彩,他认为"生成"是指起源、创世、创造、产生和发生。② 并且,"生成"不是现实的发生,而是作为构造性源泉的意识的发生。③ 但是马克思(Karl Heinrich Marx)却认为黑格尔的功绩是伟大的,因为他指出"世界不是一成不变的事物的集合体,而是过程的集合体,其中各个似乎稳定的事物以及它们在我们头脑中的思想映像及概念,都处在生成和灭亡的不断变化中"④。并且"黑格尔第一次——这是他的巨大功绩——把整个自然的、历史的和精神的世界描写为一个过程,即把它描写为处在不断地运动、变化和发展中,并企图揭示这种运动和发展的内在联系"⑤。在此基础上,马克思提出的生成论思想实现了思维方式上的变革。"生活世界是以实践为基

---

① 辞海编辑委员会.辞海(下)[Z].上海:上海辞书出版社,1979:3955.
② 方向红.生成与解构——德里达早期现象学批判疏论[M].南京:南京大学出版社,2006:29.
③ 方向红.生成与辩证法——德里达《胡塞尔哲学中的生成问题》主旨评析[J].南京社会科学,2003(8).
④ 中共中央马克思恩格斯列宁斯大林著作编译局编.马克思恩格斯选集(第4卷)[M].北京:人民出版社,1972:240.
⑤ 中共中央马克思恩格斯列宁斯大林著作编译局编.马克思恩格斯选集(第3卷)[M].北京:人民出版社,1972:63.

础的日常生活与非日常生活的统一,人的生成既非本质既定的、无创造的'流',也不是虚无主义的、无任何确定性的、没有过去和未来的'变';既不是随机的、偶然的生命体验,也不是从能指到能指的语言之链的任意滑动,而是继承与创造、确定性与非确定性或流与变的统一;人之受动性和实践的实在性昭示着生成的连续性、确定性,而人之能动性和实践的创造性则意味着生成的间断性、非确定性。"①马克思认为自然以及人的本质都是不断生成变化的过程:"生产是生成的,社会关系是生成的,所以人的本质也是生成的,这就意味着人并没有一个现成的、固定不变的抽象本质,而只有现实的、具体的、历史的本质。②"从思维方式上看,越来越多的学者将马克思哲学作为生成论哲学加以解读,认为马克思哲学是一种生成性思维。马克思哲学生成论是建立在实践的基础上的,能够科学指导生成教育研究的方向,为本研究提供了有力的理论指导。

"生成"作为一种思维方式在海德格尔、伽达默尔(Hans Georg Gadamer)、维特根斯坦(Ludwig Josef Johann Wittgenstein)等人的思想中得到了不同的体现。海德格尔、伽达默尔等都从不同角度主张生成的过程性和创造性。海德格尔认为"生成"是一种流动的状态,从其对"人"的阐释中就可发现其背后蕴涵的生成思想。海德格尔在他的《存在与时间》中以此在(人)为例说明生成是一种流动的状态,是置于开放之中的。他认为此在(人)是一种非本质的定义,一种过程性的思维。"我们用此在这个名称来指称这个存在者(人),并不表达他是什么(如桌子、椅子、树),而是(表达他怎样是)表达其存在。"③人是一种"去——存在",这里的"去——存在"不是指一种"现成状态",而是一种"生成状态",不断地生成意味着人不是本质化的实体(如先验主体、经验自我),而是一股流动的状态。伽达默尔从哲学解释学的角度提出,对"生成"的最好理解即为"视域融合"的过程。④ 阐释中的理解是生成性的、是无限的,是由参与者的期待视野、对话语境和对话对

---

① 李文阁.生成性思维:现代哲学的思维方式[J].中国社会科学,2000(6).
② 邹广文,崔唯航.从现成到生成——论哲学思维方式的现代转换[J].清华大学学报(哲学社会科学版),2003(2).
③ [德]海德格尔.存在与时间[M].陈嘉映,王庆节,译.北京:生活·读书·新知三联书店,2000:50.
④ 滕守尧.文化的边缘[M].北京:作家出版社,1997:17.

象等多方面因素构成的有机开放过程。对同一文本的阐释是因人而异的,伽达默尔认为解释不是消极地复制对象,而是一种"生产性"的努力,这种"生产性"的努力结果即为了达到人们与对象的"视域融合"。伽达默尔主张建立一种历史间的多元化主体的对话结构,达到"视域融合"。在开展的对话过程中对"生成"的理解就不是一种复制的行为,而始终是一种创造性的行为。视域是一个不断形成与变化的过程,它永远都不会固定,我们的视域是同过去的视域相接触而不断生成的,这个过程也就是我们的视域与传统的视域不断融合的过程,理解的产生和出现便是这两种视域的交融,这是一个不断生成的过程。也就是说,理解不是一种复制活动,而是一种彻头彻尾的创造活动,是一种新意义生成的活动。今日学到的东西不是对过去的简单的重复和恢复,而是一种重新孕育和更新。维特根斯坦的哲学思想中也体现了生成论的意蕴,从其"语言游戏论"中可以窥见其生成性的思维方式:"作为一种游戏的语言,既不存在不变的本质,也不存在不变的含义。因为'一个词的含义是它在语言中的用法'。在用法之外并不存在一种叫作含义的东西。即含义并非预先设定,而是在使用过程中不断生成的。进一步而言,不仅含义、不仅语言、也不仅游戏,而且一切存在,都是在'使用'过程中不断生成的。"①

胡塞尔、维特根斯坦、海德格尔和哈贝马斯(Jürgen Habermas)是现代哲学中比较明确提出"生活世界"理论的哲学家,分别代表了现代哲学中的现象学、分析哲学、存在主义和西方马克思主义等几大流派,而这几大流派几乎是现代哲学的全部内容,它们由科学世界向生活世界的回归无疑体现了现代哲学的基本精神。通过上述梳理可见,虽然现代哲学不再追问世界的始基是什么,不再探寻认识、何以、可能等问题,但这不是一个哲学各派之间的差异愈来愈大的过程,而是一个在思维方式上日趋统一的过程,即由科学主义世界观走向生活世界观、由本质主义向生成性思维转折。由于对生活和生成的不同理解,现代哲学形成了两种不同的生成观:现代西方哲学所理解的生活世界主要是指人的日常生活,其生成性思维只见生成的非确定性、"遗忘"

---

① 邹广文,崔唯航.从现成到生成——论哲学思维方式的现代转换[J].清华大学学报(哲学社会科学版),2003(2).

了生成的确定性;而对于马克思主义哲学而言,生活世界是一个以实践为基础的日常生活与非日常生活的统一,生成性思维则是确定性与非确定性的统一。在将马克思哲学、现代西方哲学和中国哲学加以分析之后,可以发现一个较为清晰的线索,那就是生成性思维方式。生成性是中国传统哲学的基本精神,生成性思维也成为现代哲学的基本思维方式,生成已成为现代哲学的最强音。① 生成是宇宙本身的内在特性,宇宙及宇宙间的一切都是一个生成过程。有了生成的能力,新事物才能不断产生,才有时间和空间,也才有世间万事万物。

尽管生成思维历史悠久,但西方"上帝造物"的观念长期禁锢着人们的思想,随着达尔文(Charles Robert Darwin)《物种起源》一书的出版,生成、进化的思想才渐渐深入人心,使西方哲学思维发生了根本的转向。柏格森的"创造进化论"、怀特海的"过程哲学"、马克思的"实践论"、杜威的"自然经验主义"以及皮亚杰(Jean Piaget)的"发生认识论",无不源于"进化"的启示,无不体现出"生成"取向。教育学中有关"生成"的文献多以西方现当代哲学为参考,而鲜有中国传统哲学视角观照。国内相关研究几乎是在忽略中国传统生成思想的背景下进行的,特别是对中国古代有关生成论思想没有作批判性的吸收和利用,这不能不说是一种遗憾。进入21世纪以来,中西方哲学界都以不同的运思逻辑提出了"生成论"哲学思维。如:《从构成到生成——历史和科学的一个比较》(田松,2001)、《从现成到生成——论哲学思维方式的现代转换》(邹广文,崔唯航,2003)、《"生活——世界":西方教育学研究传统的新视角》([瑞典]本特松 Lars Bengtsson,2002)、《哲学思维方式的嬗变:从预成论到生成论》(马志生、敬海新,2003)等。在国内科学哲学领域,金吾伦先生比较早地提出了生成论思想,在其代表作品《生成哲学》一书中,系统而深入地批判了基于机械主义的还原论与构成论思想,并以整体论思维为过渡环节,提出了生成论哲学的基本观点。他认为,生成论的最基本概念是"生成","生成"所表示的结果是一个"成"的过程。所谓"成"也是从结果来看的,如果从开始那一端来看,则是"生"。"成"的过程便是"从无到有"的过

---

① 李文阁.生成性思维:现代哲学的思维方式[J].中国社会科学,2000(6).

程。其生成论哲学的主要特色融合了中国道家哲学与西方复杂性科学哲学的思想精髓，重构了生成论哲学的核心概念。金吾伦生成哲学概念和观点的提出，对于深入思考现代宇宙观、世界观、转变人类的思维方式具有重要的现实意义和理论价值。

生成是世界最本质的特征，正如怀特海所说："创生性（Creativity）系诸共相的共相，刻画了终极的事相。其乃终极的原理，唯有借此原理，繁多——即分离的宇宙，始成单一的实际缘现——即结合的宇宙；繁多之进而为复合的统一体，系万物之本性使然。"①无论是过程哲学、生命哲学、实用主义哲学和后现代哲学，还是马克思哲学、中国传统哲学中都蕴含着丰富的生成论思想的酵母，以这些生成哲学思想和观点为理论资源和思想武器，才能有的放矢地反思教育理论层面诸多隐而不显的深层次问题，以建构科学的生成教育理论体系。

（二）"生成"的心理学研究

皮亚杰从儿童发展角度，对认识的建构论进行了"生成"的阐释。他认为，知识的建构是生成的过程，知识的生成过程就是在认识活动过程中不断建构知识的过程。皮亚杰说："认识的结构既不是在客体中预先形成的，因为这些客体总是被同化到那些超越于客体之上的逻辑数学框架中去；也不是必须不断地进行重新组织而预先形成的。因此认识的获得必须用一个将结构主义和建构主义紧密地连接起来的理论来说明。也就是说，每一个结构都是心理发生的结果，而心理发生就是从一个较初级的结构过渡到一个不那么初级的（或比较复杂的）结构。"②皮亚杰认为认识是不断建构的产物。建构物、结构对认识起着中介作用。结构不断地建构，从比较简单的结构到更为复杂的结构，而建构的过程则依赖于主体的不断活动。③ 认识是一个不断建构的过程，也是一个不断生成的过程。认识的同化和顺应过程也是知识不断生成的过程。皮亚杰认为，知识的建构和获

---

① 成中英.知识与价值——和谐、真理与正义之探索[M].台北：联经出版事业公司,1986:320.
② [瑞士]皮亚杰.发生认识论原理[M].王宪钿,等译.北京：商务印书馆,1981:18.
③ 叶浩生主编.西方心理学的历史与体系[M].北京：人民教育出版社,1998:491.

得并不是简单的复制和重复的过程,认识的结构不是简单的重复和复制预先形成的结构,而是通过同化和顺应的过程不断生成的。皮亚杰学派通过研究个体的认识发生,把认识论和心理学紧密结合创立了发生认识论,在心理学史上第一次系统而完整地描绘了儿童认知的发生和发展,指明儿童认知发展的实质是个体通过同化和顺应这两种形式来适应环境达到有机体与环境的平衡;他进一步详细探讨了儿童认知发展的结构、影响因素和发展阶段,阐释了认知的生成性,对心理学、哲学和教育学诸多学科领域都产生了广泛而深远的影响。

"建构主义是认识论和学习观的变革,它给人们带来的是一场认识论和学习的革命""建构主义是目前学习认识论的发展和突破"。[①] 建构主义者强调学习的主动性、社会性和情境性,认为教学不能无视学习者的已有知识经验,简单强硬地从外部对学习者实施知识的"填灌",而是应当把学习者原有的知识经验作为新知识的生长点,引导学习者从原有的知识经验中生长新的知识经验。同时,维果斯基(Lev Vygotsky)认为,学习者的知识是在一定的情境下借助他人的帮助,如人与人之间的协作、交流、利用必要的信息等等,通过意义的建构而获得的。理想的学习环境应当包括情境、协作、交流和意义建构四个部分。学习环境中的情境必须有利于学习者对所学内容的意义建构;协作是贯穿于整个学习活动过程的教师与学生、学生与学生之间的协作;协作过程中每个学习者进行想法的交流与共享。建构主义学习理论认为,学生对知识的接收,只能由他自己来建构完成,以已有经验为背景,对新信息重新认识和编码,来分析知识的合理性,建构自己的理解。尽管皮亚杰、维果斯基等建构主义者在阐述其思想时一般不用"生成"这一概念和术语("生成"的英译是"generate","建构"的英译是"construct"),但建构主义的学习理论可以看作是生成性思想的具体体现,自然就成为生成教育研究的理论基础。

奥苏伯尔(D.P.Ausubel)的认知同化理论发展了皮亚杰的观点,用"同化"的概念解释意义获得和保持的机制。奥苏伯尔认为意义的获得过程是新旧经验相互作用的过程,学习者必须有积极主动地进行有意义学习的心向,在原有认知结

---

① 毛新勇.建构主义影响下的认知技术的开发与评价[J].教育发展研究,1999(2).

构中找到有关的概念作为新知识的固定点(同化点、生长点),这样才能把学习材料中的潜在意义转化为自己现实的心理意义,将新知识的意义纳入到认知结构中,同时原有认知结构也发生一定的变化。"如果我不得不把全部教育心理学简约为一条原理的话,我将会说,影响学习的最重要的因素是学生已经知道了什么,并据此进行相应的教学。"①奥苏伯尔在他所著的《教育心理学:一种认知观》扉页上的这句话反映了学生原有知识状况的重要性,他认为影响学习最重要的因素是学生已有的认知结构。他强调学生的学习应该是有意义的接受学习,这种学习是通过新知识与学生认知结构中的有关观念相互作用而进行的,其结果是新旧知识意义的同化。有意义学习的内部心理机制是同化,同化实质上是新知识与已有认知结构中起固定作用的知识或观念之间的相互作用。

明确提出"生成学习"概念的是美国教育心理学家维特罗克(Merlin C. Wittrock)②。维特罗克于1974年发表的《作为生成过程的学习》一文中,最早提出生成学习理论。他的生成学习理论不拘于一家之说,博采各学习理论的优点,集中了传统建构主义学习理论、认知同化理论和信息加工理论的合理成分,形成了具有浓厚认知建构特征的现代学习理论。生成学习理论强调,大脑不是简单的消费器,大脑是知识的加工厂;大脑不是被动地学习和记录信息,而是主动地建构知识的意义,生成自己的经验、解释和假设。维特罗克从生成学习的本质、流程及实现三方面具体阐述了其有关生成学习的理论。维特罗克的生成学习模式主要包括四个要素:生成、动机、注意、先前的知识和知觉。"生成"是学习中的一个基本认识过程,对语义关系和实用关系的建构是"生成"的基本内容;"生成"是对信息建构意义的过程,但不是说建构就是"生成"。"生成"在生成学习模式中处于中心地位,是核心要素。"动机"是指学习者积极学习的动机或意愿,有了"动机",学习者才会把所学的东西联系起来、组织起来,进行意义建构。"注意"是指生成过程中要选择相关的文章、相关的知识以及自己的经验记忆。"先前的知识和知觉"是指包括以前的概念、抽象知识、具体的经验等。把这些东西综合

---

① 施良方.学习论——学习心理学的理论与原理[M].北京:人民教育出版社,1994:221.
② 维特罗克(Merlin C. Wittrock),美国著名教育心理学家,1984—1985年曾任美国心理学会教育心理学分会主席,于1987年荣获美国心理学会颁发的教育心理学工作的最高奖——桑代克奖。

起来,生成学习才有可能发生。生成学习模式揭示这样三个关系:一是学习是一个过程,生成是在过程中的生成。在维特罗克看来,生成的过程就是对材料与经验关系的积极建构过程,知识学习的本质就是意义的建构与生成。生成可能是一种同化学习,即图式适应;生成也可能是一种顺应学习,即导致新图式的重新建构。生成包含同化与顺应两个方面,这与皮亚杰的思想是一致的,而比之奥苏伯尔单纯强调同化理论则显得更为完善。二是个体的自主建构。主张学生对知识的自主建构,在结构主义的基础上增加了对学生个体情感、态度以及价值观的关注,强调学生在教学生成过程中的自我生成,包括知识、情感、态度和价值观。三是与原有知识经验的契合。维特罗克把生成活动分为两类:一类是在信息材料之间生成文内联系,另一类是在信息材料与已有知识经验之间生成文外联系。文内联系是知识本身的内在逻辑结构,文外联系是真正理解的标志,是大脑认知结构的建构与完善。而生成过程必须形成新的关联,必须针对信息材料生成新的意义,而不仅仅是简单的贮存或转换。① 维特罗克对生成学习模式中的"生成过程"介绍得最为详尽,因为在他看来,正是这一部分将生成学习理论和其他的学习理论区分开来。维特罗克的生成学习理论为阐释儿童经验生成机制提供了最基本的心理学理论基础,也为理解生成性教学提供了新思路。

(三)"生成"的教育学研究

1. 国外相关研究

在教育学领域,强调"顺自然而成"的教育思想可谓源远流长。从让-雅克·卢梭(Jean-Jacques Rousseau)的自然教育思想中便可见生成教育之萌芽。卢梭主张,教育应该是天赋能力的生长,强调要让儿童从个人活动中自然地获得知识。因此,在卢梭的教育思想中,包含了一定的"生成"意识。其后的卢梭教育思想追随者如裴斯泰洛齐(Johan Heinrich Pestalozzi)、福禄倍尔(Friedrich Wilhelm August Fröbel)等教育家,也都强调儿童教育的自然生成性。而杜威可

---

① 马向真.论威特罗克的生成学习模式[J].华东师范大学学报(教育科学版),1995(2).

谓是生成教育的奠基者,其教育思想中蕴藏着丰富的生成教育理念。20世纪初,杜威在批判传统教育强迫儿童死记硬背、填鸭式灌输书本知识的基础上,提出了"教育即生长""教育即经验的继续不断的改组或改造"①。由此可见,杜威强调自主建构,强调动态生成。尽管杜威没有明确提出"生成"这一概念和术语,但事实上,他的理论中处处包含和体现了生成教育理念,成为生成教育思想的直接来源。

20世纪初期,美国的进步教育运动将杜威教育思想与活动课程联系在一起,成为倍受重视的方案教学。1900年,美国哥伦比亚大学的李查特(C. R. Richards)在该校师范学院的学报上提出了"porject"一词,意思是让学生按照自己的计划去进行。② 1918年,克伯屈(W. H. Kilpatrick)在美国哥伦比亚大学师范学院的学报上发表 *The Porject Method* 方案教学(我国多译为《设计教学法》)一文,认为"方案"是"在一个社会性的环境中,全神贯注地从事有目的的活动的过程"③。④ 而后在1921年他又进一步做出界定:"一个有目的的活动或经验。在活动中,学生内心为他的目的所驱策,而决定其活动的计划、进行的步骤,学生有学习的动机。"⑤20世纪20年代起,伦敦大学学者艾沙克斯(Isaacs S.)主张运用方案教学实施教学,在20世纪60—70年代的英国幼儿学校中曾被广泛运用。⑥20世纪70年代的美国开放教育也以方案教学为主要特征。方案教学可以说是杜威生成教育理念在实际教学中的运用,并在实施过程中逐渐孕育出"生成课程"。1970年,贝蒂·琼斯(Betty Jones)最早提出"生成课程"(Emergent Curriculum)这一概念。由劳拉·迪特曼(Laura Dittmann)主编、美国早期儿童教育协会出版的《课程就是发生的事》(Curriculum Is What Happens)一书中,贝蒂·琼

---

① [美]杜威.民主主义与教育[M].王承绪,译.北京:人民教育出版社,2001:87.
② 夏如波.幼儿园生成课程实施策略的研究[D].上海:华东师范大学硕士学位论文,2006.
③ 简楚瑛.方案教学的理论与实务[M].上海:华东师范大学出版社,2005:3."方案"包括整个事件从头到尾的过程,包括计划、发展阶段以及最后形成成品的展现和评价工作。在瑞吉欧,方案是儿童和教师学习过程的中心环节,方案产生于儿童和教师共同建构知识的连续过程中,它源于一个偶发的事件、想法或儿童提出的问题,也可直接由教师引发。
④ 夏如波.幼儿园生成课程实施策略的研究[D].上海:华东师范大学硕士学位论文,2006.
⑤ 简楚瑛.方案教学的理论与实务[M].上海:华东师范大学出版社,2005:3.
⑥ 夏如波.幼儿园生成课程实施策略的研究[D].上海:华东师范大学硕士学位论文,2006.

斯强调早期教育课程应该是生成的,认为课程计划需要从班级里的儿童和成人的日常生活,特别是从儿童自己的兴趣中形成。这表明,在儿童游戏和学习的环境中,自发性永远会有一席之地。①

英国课程专家劳伦斯·斯腾豪斯(Lawrence Stenhouse)在20世纪70年代倡导一种过程模式的课程开发思想。他认为目的不应是预先规定的和外在于过程的,而是在过程中内在地被决定的。课程不应以外部事先规定好了的目标为中心,而是要以过程为中心,强调教师根据教学的实际进展提出相应的目标。可以看出,斯腾豪斯关于课程开发的过程模式,实际上是从教学目的的角度,阐述了一种生成课程思想,这与杜威的教育思想可谓是一脉相承。目前来看,他的这一思想对国内学校教育的影响,主要集中在校本课程开发领域,尚未对学科教学产生实质性的影响。

尽管多尔(William E.Doll)较少使用生成课程来阐述其课程思想,但目前有关生成课程的理论主要集中体现在以多尔为代表的后现代课程观中。然而,这种时尚新生的课程理论却是基于杜威的教育理论发展起来的。在《后现代课程观》一书中,多尔深入分析了杜威的教育思想,勾画出了其后现代主义课程的理论框架,并毫不讳言"这正是我依据杜威的思想所建构的教育信条所要表达的"②。后现代主义者反对传统教学中"有计划性""有意图性"的限定,认为教育与课程的内在价值是促进人的心灵成长,教学过程应是一种教学内容与资源不断发展与创造的过程,是师生共同参与的探究活动中意义、精神、经验、观念、能力的动态生成过程。③ 对此,多尔曾多次明确表示,后现代课程是生成的,而非预先界定的。在后现代主义者看来,课程目标是不确定的、开放的,它必须在教学实施的过程中逐步生成;课程内容不仅仅是事先预成的、固定的"确定性知识",而且是具有一定的随机性和灵活性、并包含了一定的师生共同建构的"不确定性知识";课程实施的过程不是预先设置的,因为课程不再是跑道,而是跑的过程本身。这样,课程方案应在执行中不断地得到修正或改变。因此,后现代主义对于

---

① [美]琼斯,尼莫.生成课程[M].周欣,等译.上海:华东师范大学出版社,2004:前言.
② [美]多尔(Doll, W.E.Jr).后现代课程观[M].王红宇,译.北京:教育科学出版社,2000:Ⅱ.
③ 郝德永.课程与文化:一个后现代的检视[M].北京:教育科学出版社,2002:256.

课程、知识及教学的重新理解为生成课程提供了必要的理论基础。

美国著名儿童教育家凯兹(Katz,I.g.)在20世纪80年代后期重新倡导方案教育,以《探索儿童心灵世界》(Engaging Children's Minds:The Project Approach)一书,再度唤起了人们对方案教学的兴趣。《新闻周刊》于1991年介绍了意大利瑞吉欧教育体系,引起全世界学前教育界的广泛关注,其主要特征之一也是方案教学。以方案教学为主要特征的瑞吉欧学前教育系统融合了能反映当代学前教育新理念的各种思想和观念,为学前教育实践工作者提供了具有可操作性的学习样板,使方案教学再度倍受关注。瑞吉欧方案教学是一种弹性课程与研究式的教学,主题来源于幼儿感兴趣的生活经验:"是三分之一的确定以及三分之二的不确定和新事物"。① 瑞吉欧经验中虽未明确提出"生成课程"一词,但其生成课程理念却为世界所熟悉。1994年,伊丽莎白·琼斯(Elizabeth Jones)和约翰·尼莫(John Nimmo)正式以"生成课程"为名出版合著,通过实践的方式介绍了生成课程的思想,对生成课程理论的传播起到了积极的作用。

生成课程(又译成"呼应课程"或"协商课程")不是国家规定的、现成的课程,也不是专家设计的、现成的、拿来可以直接用的"罐头式"课程,而是以突发事件为起始点而生成的课程。② 另外,波比·费舍尔(Bobbi Fisher)等也在其生成课程模式中详细阐述了生成课程的概念,认为生成课程是以学生兴趣为中心,在师生交往与对话中进行的一种课程模式。③ 另有研究者认为,生成课程是对预成课程的转化,生成课程的特点是经验、创造与生活。④ 林恩(Lynn F)认为生成课程应给予学习中的游戏以很重要的地位。⑤ 舒伯特(W.H.Schabert)认为,生成课程的目标是教育情境的产物和问题解决的结果,是学生和教师关于经验和价值

---

① [美]爱德华兹等编著.儿童的一百种语言[M].罗雅芬,等译.南京:南京师范大学出版社,2006:87.

② 刘迎杰.生成性艺术教育研究[D].南京:南京师范大学博士学位论文,2008.

③ Bobbi F, Cordeiro P. Generating Curriculum: Building a Shared Curriculum. Primary Voices, 1994 2(3):2—7.

④ Zhangzeng-tian, Jinyu-le. Some Thoughts on emergent curriculum. Paper presented at the forum for integrated education and educational. Santa Cruz Ca, 2000, October, 28—30.

⑤ Lynn F, An Emergent Curriculum in China: Collaborative tolerance. Shenyang creative Kindergarten, Contemporary issues in early childhood, 2004 5 (2):27—30.

观生长的方向感。① 塔巴(H.Taba)则认为,教育基本上是一个演进的过程而且它是渐进生长的,它扎根于过去而又指向未来,从这个意义上说,它又是一个有机的过程。② 塔巴的主张比舒伯特更进一步,他把教育和目的看成是一个演进的过程,这与杜威的"教育即生长"有相似之处。③

通过以上梳理可以发现,生成意识源远流长,而教育学界则由杜威奠定生成教育思想基础,经多尔理论推进,由贝蒂·琼斯具体提出生成课程概念,因瑞吉欧模式的成功而在学前教育界得到了彻底地推行,彰显出生成思想在学前教育中的生命力。此外,杜威生成教育思想如影随形、伏线千里,成为生成取向的教育研究者阐释和再阐释的主题。他虽未明确提出生成教育概念,未真正把生成思想提升到教育理论的高度,但为笔者开展深入系统的研究提供了巨大的可能性和创造发挥的空间。

2. 国内相关研究

国内有关生成教育的研究文献,主要包括学前教育领域的生成课程研究和中小学课堂的生成教学研究。

(1)生成课程研究

陶行知、陈鹤琴、张雪门等人在批判近代中国"传统教育"和"洋化教育"弊端、吸取杜威教育思想合理内核的基础上,通过开展一系列的教育实验研究,构建出了一整套比较适合中国儿童身心发展及国情的幼儿园课程理论,其中包含了丰富的生成课程思想。但由于历史的原因,他们的理论与实践研究一度被中断。直到改革开放后,教育界再度关注陶行知、陈鹤琴、张雪门等教育家的课程理论,且随着西方教育思想的介绍引入和人们教育视野的开阔,逐渐对"生成"产生了兴趣。2000年秋,《生成课程》一书的作者约翰·尼莫等人在南京师范大学进行讲学活动,并与国内专家进行了学术交流。2001年国家颁布了《幼儿园教育指导纲要(试行)》,其中明确提出:"善于发现幼儿感兴趣的事物、游戏和偶发事

---

① 刘迎杰.生成性艺术教育研究[D].南京:南京师范大学博士学位论文,2008.
② 刘迎杰.生成性艺术教育研究[D].南京:南京师范大学博士学位论文,2008.
③ 张华.课程与教学论[M].上海:上海教育出版社,2000:174

件中所隐含的教育价值,把握时机,积极引导。"①这进一步推动了学前教育界生成教育观念的建立。2002年7月,华东师范大学召开了第三届环太平洋地区"幼儿的早期教育与发展"学术研讨会,美国的斯波代克(Bernard Spodek)等专家在会上介绍了学前教育在后现代主义影响下的发展,其对生成性课程的描述激起了国内学前教育界生成课程研究的热情,并一直延续至今。广泛介绍和研究生成课程是在21世纪初,在国内的刊物上陆续出现了有关生成课程的研究文章。许多教育学者发表或翻译了一系列介绍西方瑞吉欧、方案教学以及美国生成课程的文章,开阔了国内研究者的视野,并对国内生成课程研究起到了巨大的推动作用。如《弹性计划——师生共同建构课程》(冯晓霞,2000)、《方案教学的由来、含义及其教育信念》(朱家雄,2000、2001)、《美国早期儿童教育中的"生成课程"》(屠美如,2001)、《生成课程与预成课程》(冯晓霞,2001)、《生成课程的内容从哪里来》(柳志红,2002)、《生成课程:对"预成课程"的继承和超越》(张金梅,2002)、《课程创生取向对我们的启示》(郭芸芸,2003)、《生成教学:苏霍姆林斯基的伟大创造》(刘晓东,2005)等。这些文章以翻译和介绍居多,本土研究相对较少,但为国内生成课程研究奠定了基础。

2004年,由周欣等翻译出版的《生成课程》为生成课程研究提供了现实指导。国内许多研究者和一线教师开始了生成课程的实践研究,将生成理念与实践探索相结合,重点向幼儿园教师推介生成课程的理念与实践。2004年,上海市出台了《上海市学前教育课程指南》,将生成作为幼儿园课程的存在方式进行宣导,产生了一系列的研究成果,如《从"教师预设"与"幼儿生成"谈起》(华爱华,2004)等。此后,幼儿园一线教师的实践探索逐渐增多,但研究方法以个人经验总结为主,还不是对生成课程的完整、准确地理解,如《幼儿生成活动回应策略的研究》(洪晓琴,2005)、《游戏是幼儿生成的主战场》(徐则民,2005)、《一抛一接皆学问——预设与生成互动小策略》(吕超,2005)等。同时,高校的硕博研究生也开始了幼儿园生成课程的研究。如东北师范大学于冬青的《幼儿园生成课程及实施策略研究》,南京师范大学刘迎杰的《生成性艺术教育研究》,华东师范大学夏

---

① 中华人民共和国教育部.幼儿园教育指导纲要(试行)[M].北京:北京师范大学出版社,2001.

如波的《幼儿园生成课程实施策略的研究》,内蒙古师范大学李艳霞的《幼儿园预设课程与生成课程的整合研究》等。但这些研究,缺乏深层次的理论探究,存在生成机制研究空白,实践研究也有待深入。

由于对生成概念理解的不同,生成课程思想也趋向多元化。郭元祥从"学生是课程的主体"的角度,提出了课程生成性的思想。① 石欧从过程的角度提出了课程生成性的思想。② 赫德永则从认识论的角度,说明了课程的生成性,主张要以生成性思维来理解和认识我们的课程。③ 冯晓霞等人从生成课程与预成课程的关系出发对生成课程进行了界定,她认为生成课程是在预成课程的基础上,在师生互动中不断建构的。④ 夏正江对生成课程的界定相对详细,他认为首先要把课程看作动词,看作学生的学习经验,才能比较好地理解课程的生成性。⑤ 曹华则详细阐释了生成课程从"无生成"到"自发生成"等五个层次。⑥ 我国台湾地区的萌发课程(Bud Course)与生成课程意思相近,为"逐渐萌芽发展,而不是事先预定"⑦。⑧ 由此可见,国内的生成课程研究主要是一个借鉴和学习国外经验,不断将生成课程理念本土化的过程,其理论与实践研究均有待深入。

(2)生成教学研究

1997年,叶澜率先提出生成教学思想,认为应从生命的层次,用动态生成的观念,重新全面地认识课堂教学,构建新的课堂教学观。⑨ 可以看出,叶澜主要是从教学生态学的视角、立足于生命的高度而提出生成教学思想的,即认为学生的发展应是一个开放性的动态生成过程,教学过程应通过师生对话与合作的共同

---

① 郭元祥.课程观的转向[J].课程·教材·教法,2001(6).
② 石欧,侯静敏.在过程中体验——从新课程改革关注情感体验价值谈起[J].课程·教材·教法,2002(8).
③ 赫德永.课程认识论的冲突与澄清[J].全球教育展望,2005(1).
④ 冯晓霞.弹性计划——师生共同建构课程[J].学前教育,2000(4).
⑤ 夏正江.论课程观的转型及其对新课改的影响[J].课程·教材·教法,2005(3).
⑥ 曹华.对幼儿园生成课程的思考[J].当代教育论坛,2006(18).
⑦ 王忠民.幼儿教育辞典[Z].北京:中国大百科全书出版社,2004:1420.
⑧ 刘迎杰.生成性艺术教育研究[D].南京:南京师范大学博士学位论文,2008.
⑨ 叶澜.让课堂焕发出生命活力——论中小学教育改革的深化[J].教育研究,1997(9).

参与、以动态生成的方式来推进。① 国内多数研究者正是在这一意义下来理解和研究生成教学的，同时她的基本思想也被许多研究者在不同文献中直接或间接地引用。②

由于着眼点的不同，不同研究者对生成性教学作了不同的研究。龙海霞指出应从教学目标、教学内容、教学方法和教学情景等方面进行全面改造，使教学从预成走向生成。其中教师、学生、教材与环境等各个因素之间形成了共生、交流和对话的关系。③ 林昱、岳金春对生成性教学的实施提出了一些要求：教师从独白走向对话，从封闭学习走向合作学习，从被动学习走向主动学习，从个体享受走向共享、互生。④ 刘天华主张要将"动态生成"这一新课程倡导的重要理念转化成正确的教学行为，要预防虚假的生成、负面的生成，要把握好生成的度，做到因势利导、随机应变，找到预设促进生成的最佳结合点。⑤ 滕守尧在他的《生态式艺术教育概论》中提出了具体的生成式教学法，其支柱是"抛球——接球"理论。这种理论的要点是，教师应根据课堂教学瞬息万变的特征，像教练把球抛向学员一样，及时把提出问题和解决问题的主动权交给学生，让学生自己动脑筋解决。⑥ 宋佳榀、刘念泉对生成教学的概念、意义等进行了理论上的阐述，认为理想的教学是一个动态生成的过程，活动的过程不是完全按照计划进行的，而是会涌现出许多意想不到的信息和问题，教师应对其灵活调控，积极引导教学活动不断更新，不断迈向更高水平。⑦ 王立新、洪发林认为教学应强调师生双主体的自主与共同建构，以体现学生的主体地位。⑧ 邰凤认为教师应当抓住契机做有效生成的

---

① 刘秋芳.初中英语课堂生成教学问题探讨[D].杭州：杭州师范大学硕士学位论文，2008.
② 张英.弹性教案与生成性课堂教学关系之研究[D].南京：南京师范大学硕士学位论文，2009.
③ 龙海霞.从"预成"走向"生成"——从建构主义理论看教学观的变革[J].教育实践与研究中学版，2005(11).
④ 林昱.关注"动态生成"性教学资源[J].科学课，2006(3)；岳金春.动态生成性课堂教学策略[J].青年教师，2005(10).
⑤ 刘天华.关注教学动态生成 激发课堂生命活力[J].中国教育学刊，2005(7).
⑥ 滕守尧.艺术与创生——生态式艺术教育概论[M].西安：陕西师范大学出版社，2002：225.
⑦ 宋佳榀.教育智慧的意蕴：生成性教学[J].辽宁教育，2005(c2)；刘念泉.精彩源自"生成"处[J].辽宁教育，2006(6).
⑧ 王立新、洪发林.谈生成性课堂教学的建构[J].辽宁教育，2006(5).

催发者,做生成信息的提炼者,做生成教学的提升者,做生成资源的拓展者。① 李祎等对生成课程进行了教育学、哲学等角度的分析,并重点分析了生成教学存在的必然性。②

郑金洲在 2005 年出版的《生成教学》一书中,以案例对生成性教学进行了较系统的研究,但其对生成教学的论述还较为浅显,很多分析还局限于经验层面,还没有建构出生成教学的理论体系。张敏、陆少明的《生成性教学的有效性实践研究》,以及胡庆芳、贺永旺等人的《精彩课堂的预设与生成》都呈现了课堂生成教学的实践案例,将一线教师对生成教学的理解与实践进行了梳理,并提出了课堂教学的生成策略。对于生成策略的探讨,有研究者从宏观层面上探讨生成的教学策略③;另有研究者从相对微观的层面上介绍生成的具体方法④。从总体的研究现状上看,生成策略研究的资料较为丰富,但这些研究普遍缺乏理论的支持,多是理念的"乏力"倡导与案例的大量堆积,呈现为"要点+事例"的简单形式,缺乏深入的理论分析与概括,没有揭示出策略与生成的内在关联性,对生成教学的理解相对肤浅。由于对教学中生成的本质与机制缺乏深入的认识,使得对生成教学的研究并没有体现出生成的本原性特征,导致教育研究中生成概念的混乱和实践中认识的"泛化"。

高校的硕博士研究生就中小学课堂教学的生成问题也进行了研究,并做了初步的理论探讨。如曹树真的《"引导"中"生成"》、李祎的《数学教学生成研究》、樊婷婷的《基于生成理念的课堂教学研究》、刘忠伟的《基于生活世界理念的生成性教学研究》、苗光宇的《课堂教学生成研究》、王义全的《生成性课堂研究》等。这些硕博士论文从不同角度进行了生成教学的研究,但多以观察、描述为主,理论研究依然不足。可喜的是就生成教育的原理性问题也开始有人关注起来,并进行了初步的学理性探讨。天津师范大学张广君教授在进行天津市教育科学规划"十一五"重点课题"生成教育的理论与实践研究"中提出了"生成

---

① 郜凤.我们如何应对生成性教学资源[J].中小学教材教学,2005(8).
② 李祎.教学生成的理论基础[J].教育评论,2005(4).
③ 杨玉英.数学课堂动态生成浅探[J].新语文学习(教师版,中学专辑),2005(2).
④ 金亦挺.课堂教学中的美丽生成策略[J].中小学教材教学,2005(5).

教育"(Generative Education)概念,并指导其研究生进行了系列研究,如王姗姗的《论教育的生成性》、李艳艳的《生成教育视野下的有效教学》、杜莹的《从预成性思维到生成性思维——教学论研究思维方式的新走向》、张春凤的《教学生成的哲学观照》等。其生成教育的指导思想与核心理念都为本研究提供了有益的铺垫与启示。

基于研究的关联性,笔者对生成的哲学研究、心理学研究和教育学研究进行了梳理,这些梳理不是为了简单的重复,而是从严格的研究背景的意义出发,在哲学、心理学、教育学等多学科研究语境中明确研究者所秉持的生成论立场,探查儿童发展研究的坐标,奠定本研究的基石。综上所述,"生成"已成为教育话语系统中的热门词语。然而,研究者对生成的认识和理解却并不一致,多数引用"emergent"以强调其突现性,也有引用"generate"以强调其自然性、自发性,存在着使用层面与角度的错乱与矛盾。有研究者指出,目前对这一概念的理解、应用存在着泛化、浅化、偏化和窄化的现象。① 由于对生成内涵的认识含混不清,缺乏明晰的一致性看法,导致研究中概念使用的混乱,此生成非彼生成。从总体上看,已有文献多属解释性、应用性研究,缺乏理论的深层追问与学理考究,对生成的理论基础、内在机制等缺乏深入、细致的分析与研究,理论层面研究少,实践层面研究多。理论基础不实、认识浅层泛化,犹如无本之木、无源之水,各种教育建议的根基还不十分牢固,观点之间不够连贯一致,导致了实践中的盲动盲从或无所适从。尤其在国内,研究视野不够宽广,未能从与此相关的多学科角度展开深入的探索,尚存在许多研究空白点。以生成性思维从教育哲学层面进行研究的成果还不多见,可谓寥若晨星。尽管近年来,以生成性思维对教育问题加以研究逐步得到关注,但多停留于科学理论、教育心理学和教育教学技能技巧层面。教育学中有关生成的文献也多以西方现当代哲学为理论资源,鲜有中国传统哲学视角观照。特别令人扼腕叹息的是,国内的研究"无视家中宝",未曾充分发现、认识中国传统生成思想,特别是未对中国古代有关生成论思想进行批判性吸收和利用——这不能不

---

① 李祎.生成性教学研究述评[J].宁波大学学报(教育科学版),2006(4).

说是一大学术缺憾与病态。在过程哲学、生命哲学、实用主义哲学、后现代哲学以及马克思主义哲学中,尤其是中国传统哲学中都蕴含着丰富的生成"酵母",以这些生成哲学思想和观点为理论资源与思想武器,才能真正把握教育"命脉"以叩问、反思教育的深层次问题。已有研究成果为本文提供了前提性的准备和进一步前进的"铺路石",孕育了生成取向的儿童教育研究胚芽,但亟需汲取多学科理论资源与思想营养,寻根溯源,进行跨学科的生成机制等基本理论问题研究,以建构生命本位的儿童教育理论体系,为每一个儿童拥有生命尊严和快乐童年提供理性保障。

三、核心概念界定

(一) 生成

"生",甲骨文为 Ψ。许慎《说文解字·生部》云:"生,进也,象草木出土上。"①《汉语大词典》解释"生成"的"生"为:滋生;产生。② 生亦为"生长,长出"③。在《辞源》(1136 页)和《古代汉语词典》(1393 页)中"生成"指:"生养,抚育;长成。"④生成即过程。在《说文解字》中,"生"解释为:生,进也。《康熙字典》中,"生"解释为:"生,起也;生,尤动出也,又养也;生,尤造也。"⑤老子认为,"万物生于有,有生于无"。"生成"之中的"成"《说文·戊部》解释为:"成,就也。从戊,丁声,故成从午。"在《玉篇·戊部》解释为:"成,就也。"⑥《庄子》中认为,"其分也,成

---

① [汉]许慎撰.说文解字全6卷[M].北京:中华书局,2013:123.
② 罗竹风.汉语大词典第7卷[Z].上海:汉语大词典出版社,2001:1486.
③ 吴泽炎等编纂.词源.下[Z].北京:商务印书馆,1991:2095.
④ 吴泽炎等编纂.词源.下[Z].北京:商务印书馆,1991:2096.
⑤ [清]凌绍受编.康熙字典[M].北京:中华书局,1958:754.
⑥ 汉语大辞典编纂处编.汉语成语大词典[Z].上海:上海辞书出版社,2007:1399.

也;其成也,毁也。凡物无成与毁,复通为一。"①

"生成"在《现代汉语词典》中的解释为"形成""产生"。②《汉语大词典》解释为"自然形成""生就"。③《辞海》中的意思为"发展和变化"。④ 由此可见,"生成"的每个含义都表示"形成""发展变化"和"自然形成",都强调了其自然性。

生成的英语对应词是"generate"⑤,源于拉丁文"generat",其意为"created":引发;造成;产生;生成。⑥《英汉辞海》中"generate"的解释为:引起,产生,发生,形成,生成。⑦

从词源学上来分析,生成:生者,生生不息也,生生不息谓之易,易者,不断变化也,即变通;成者,成功也,即发展也。生为动力,成为目标。生成的特征就是动态性、持续性、开放性与过程性。笔者认为,生成可理解为发生、成为、生长与创造;生成表示某种事物或现象发生和发展的动态过程。生成既是名词也是动词,既是过程也是结果。本文中的生成是指产生、生长、经历、自然形成、连续更新,强调自发性、过程性、动态性、发展性。生成趋向未来,不断更新,在发生之中,并经历发生。生成不是随意、纯粹偶发的行为,是连续性更新,是有中生有的过程,生成的同时生成着。

(二)生成取向

生成取向即以生成性思维看待人和事,是观照事物的一种思维方式,认为宇宙的产生、世间万物的创造与变化都是不断生成的状态或过程。它使我们重新思考事物是一个不断发展变化的过程,使我们实现由重视静止性、确定性、先

---

① 曹础基.庄子浅注[M].北京:中华书局,2000:25.
② 中国社会科学院语言研究所词典编辑室编.现代汉语词典[Z].北京:商务印书馆,2000:1128.
③ 罗竹风.汉语大词典(第7卷)[Z].上海:汉语大词典出版社,2001:1494.
④ 辞海编辑委员会编.辞海(1979年版下)[Z].上海:上海辞书出版社,1979:3955.
⑤ 北京外国语大学英语系词典组编.汉英词典修订版[Z].北京:外语教学与研究出版社,1995:894.
⑥ 新牛津英汉双解大词典[Z].庄智象,等译.上海:上海外语教育出版社,2007:875.
⑦ 王同亿主编.英汉辞海[Z].北京:国防工业出版社,1987:2182.

验性到重视动态性、过程性、发展性等生成性思维方式的转变。生成性是世间万事万物的本质特性,生成性思维应是认识、理解、阐释世界的基本精神和思维方式。

(三) 生成取向的儿童教育

儿童是指 0 至 18 岁的未成年人,但本书主要以 3—6 岁儿童为主要研究对象,案例的呈现、策略的提出等也都以 3—6 岁儿童的教育为主。生成性思维主张万事万物都是变化生成着的,时刻都处于变化生成的状态,包括人类生命的存在也是不断变化生成着的。但生成不是随意生成,而是合规律性的生成。生成取向的儿童教育就是要用生成的眼光看待教育中的人和事,是以人的生命生成为出发点和最高诉求,以关注儿童生命和谐成长——教育即滋养生命——为致思趋向,进行儿童教育本质的考察、解读,以寻找到儿童教育的自然生成性、过程性、动态性、适宜性以及合规律性。

四、研究设计

(一) 研究目标

1. 跨学科论证儿童生命的生成本质以及儿童经验的生成原理,确证生成取向的儿童教育观。
2. 阐释论证生成取向的儿童教育实施路径。

本书汲取生物学、哲学、中医学、心理学、教育学等多学科思想来源与理论基础,以生成性思维加以统整,通过对儿童教育历史的追寻与儿童教育现实的深入反思与考量,进一步整合提炼中外学者相关思想和教育实践的历史积淀,跨学科论证儿童的生命生成本质和经验生成原理,确证一种生成取向的儿童教育观,建构"自然而然"的儿童教育理论体系;并结合教育实践,展开生成取向的儿童教育实施路径探索,提供一个具有方法论价值的生成性思维分析框架,建构一种合儿童生命规律性的创新实践体系。本论文真正实现的是一种论证过程(尽管一些理论只能以基本论据出现),试图重新理解教育的存在样式,在生成教育观还未能成为广大教育工作者的理论自觉之时,为教育工作者确立一种"教育即滋养生命""教育即顺其自然"的儿童教育观念,也为儿童教育研究提供一种生命本位、生成取向的思想纬度和价值立场(见图1-1)。

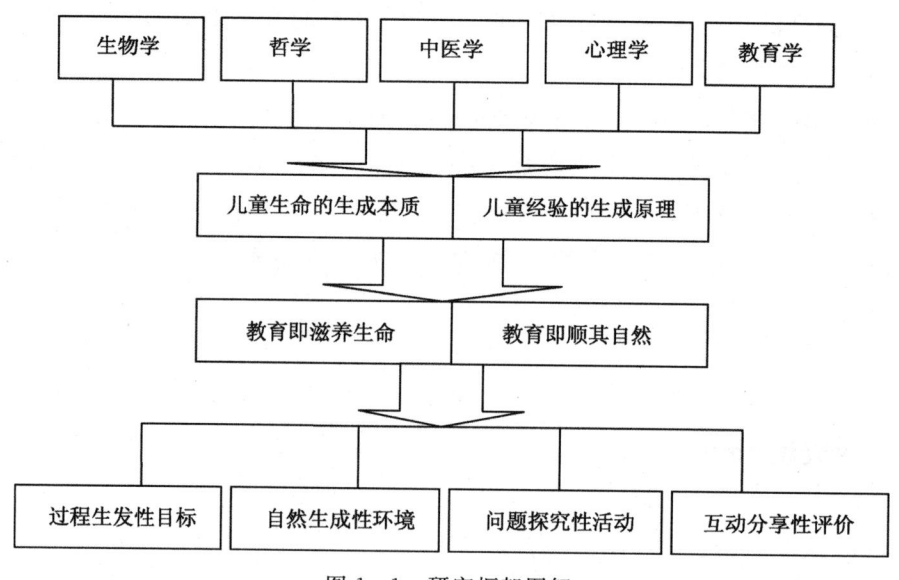

图1-1 研究框架图解

(二)研究内容

本书将生成视为教育的真正存在,从教育应注重儿童生命的角度出发,结合生物学、哲学、中医学、心理学、教育学等学科的相关理论,以生成性思维对儿童教育进行新的思考与阐释,对儿童生命的生成本质和儿童经验的生成原理进行理论论证,建构生成取向的儿童教育观,并尝试探寻生成取向的儿童教育实施路径。因此,理论论证为本书的主体内容。

本书第一部分通过对"生成"词源学的考察、中外教育历史的追寻以及对教育现实的考量,对教育原点问题进行了追问,阐释了认识儿童、发现儿童是教育的必然前提,确证了"儿童是教育的原点"。

教育研究始于对生命的考量。本书第二部分通过推演生物学、哲学、中医学对生命的多元理解,阐释了儿童生命生成的历史性、整体性与独特性,并借鉴中医学理论提出并论证了教育的目的:教育即滋养生命。

新陈代谢是生物体的物质交换与能量转移,是生命的本质特性。儿童在与环境的相互作用中进行着新陈代谢,表现为经验的更新与改造,这是儿童生命的动力源。

本书第三部分从生命视角阐释了经验与教育的关系,借鉴杜威经验理论、皮亚杰生成认识论、维果斯基最近发展区理论以及维特罗克(Wittrock,M.C)生成学习理论,探寻了儿童经验的生成原理,绘制了儿童经验的生成机制图解、生成路径图以及儿童与感知对象、环境之间的互动关系图,提出并论证了儿童教育的方法论基础:教育即顺其自然。

儿童生命的鲜活性、创新性决定了教育过程的鲜活性、生成性,儿童经验的生成之道即为教育的自然之道,循自然而动是教育的必然选择。本书第四部分进行了生成取向的儿童教育实施路径探寻,从实践层面提出并论证了过程生发性目标、自然生成性环境、问题探究性活动、互动分享性评价的具体操作策略,为生成性教育理论的落地开花进行了可行性的尝试。

结语部分为全书的总结和梳理,在梳理生成取向的儿童教育基本逻辑体系的基础上,总结概括了儿童教育的基本特性——生成性,并进行了研究反思。

(三) 研究思路

从探查我国儿童教育现状出发,通过追寻中外教育历史,采用多学科的理论研究视角深入分析儿童教育本质,阐释儿童的生命生成特性和经验生成原理,以理论指导实践、实践印证丰富理论的研究范式建构生成取向的儿童教育理论体系(见图1-2)。

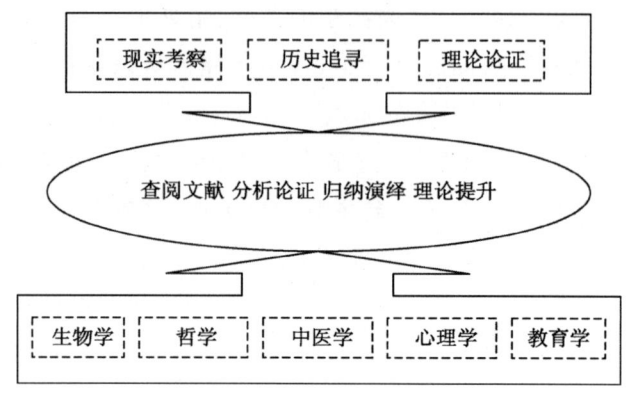

图1-2 研究思路图解

（四）技术路线

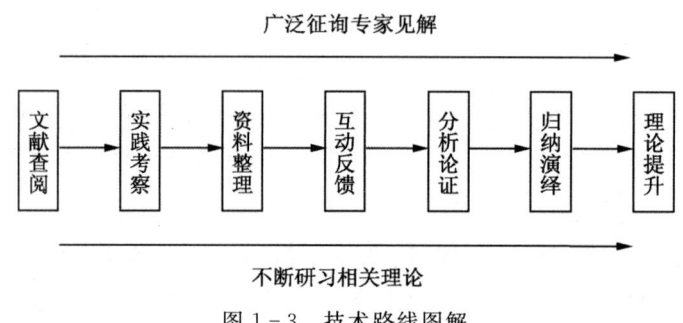

图1-3 技术路线图解

（五）研究方法

1. 文献法

广泛收集和查阅国内外相关研究文献资料，为本研究提供丰富的文本资源，基于相关研究的系统回顾与分析总结，从而确立本研究的起点和基础。目前国内对生成的研究尚停留在实践教学层面,因此直接论述该主题或者与该主题相关的资料相对较少。在研究该主题的过程中,笔者利用了图书馆、书店、电子文献检索系统等多种渠道搜集国内外相关文献资料,资料涉及生物学、哲学、中医学、心理学、教育学等多个领域的内容,并在此基础上进行分析、整理和思考,以期充分掌握相关研究资源,厘清生成取向的儿童教育基本内涵、理论基础等,建构生成取向的儿童教育理论。

2. 比较研究法

比较研究法主要用于对古今中西的思想资源的梳理和分析,通过对相关理论资源不同阶段的纵向比较和横向比较,对相关已有研究进行全面深刻的解读,将借鉴来的理论资源赋予教育学立场的内涵,厘定与选择适应于本文主旨的思想要素、基本概念和逻辑思维以及解释原则,从而初步构建出儿童生成教育理论样态。

3. 理论思辨研究法

本研究主要采用理论思辨研究法,基于开放的思想资源和广阔的理论视阈,结合客观事实材料,以较为严密的理论论证方式,进行分析、概括、演绎、推理,阐释教育现象,揭示教育问题,论证教育机制,建构教育理论。

4. 非参与性观察法

选取江苏省南通市三所幼儿园进行非参与性观察,观察内容为儿童的一日活动,以轶事记录的方式记录儿童的一日生活,为理论论证和现实考察提供有利的佐证。此外,不定期的幼儿园教科研合作活动以及定期的见习、实习指导也可以作为点断式辅助观察。

5. 访谈法

依据研究情况进行访谈,了解相关细节问题。访谈对象主要为教师、家长、幼儿。访谈形式为正式的面谈、非正式的网络访谈以及座谈,访谈过程采用现场录音或同伴记录方式。

6. 行动研究法

选取江苏省南通市三所幼儿园、山东省潍坊市两所幼儿园为实验园,与一线教师在自然、真实的教育环境中,进行生成取向的儿童教育路径探寻,探寻过程生发性目标、自然生成性环境、问题探究性活动、互动分享式评价对儿童发展的实际意义，尤其详细验证完善了互动分享式评价对儿童教育的实践价值，并提出了具体的可行性操作策略，践行了理论指导实践、实践完善理论的研究范式。

第二章 儿童——教育的原点

在中国文字中,"教"的甲骨文的写法是 ✎,它左上方的"爻"代表一种类似八卦的经典,是教的内容;左下方的"子",表示儿童,是教的对象;右边的"攴",表示成人的一只手,手里拿着一根棍子或鞭子,是教的方法和手段,以强调督责指导之意。从甲骨文的字形来看"教"的本意就是手持棍棒对着孩子,其本质就是外施内效,是成人对儿童心智引导的过程。许慎在《说文解字》中说:"教,上所施,下所效也。"《中庸》曰:"天命之为性,率性之为道,修道之为教。"教育就是顺应人性,引导人性发展的活动。"育",甲骨文 ✎(人,指女人)+ ✎(即倒写的"子"✎,意指出生的婴儿),表示妇女生子。造字本义:孕妇生子。篆文异体字 ✎(头朝下出生的婴儿)+ ✎(肉,长肉),表示生子并喂养,使孩子长大。从甲骨文的字形来看"育"的本意就是妇女生育孩子,其本质就是孕育、养育,是身体生长、发育的过程。"育,养也。"①"学"字的写法是 ✎(甲骨文);✎、✎(金文);✎、✎(小篆)。"学"与"教"同源。《说文·教部》:"斅,觉悟也。从教,从冖。冖,尚朦也。臼声。學,篆文省。"意谓双手(臼)启蒙(冖)。故本义为对儿童进行启蒙教育使之觉悟。整个"学"字,形象地表示了儿童在房子里接受启蒙。《礼记·王制》中曰:"学者,觉也,以反其质。"学习的目的是实现人性的觉悟,使之朝人性方向发展。由此可见,"教"是一个心智生成过程,"育"是一个身体生成过程,"学"是一个儿童接受成人引导的过程,其词源指向的都是成人对儿童的身心引导、养育,

---

① 胡奇光,方环海撰.尔雅译注.[M].上海:上海古籍出版社,2012:69.

使其身心顺性发展。

在西方语言中,法语"教育"一词为"éducation",英语"教育"为"education",德语"教育"为"erziehung",皆起源于拉丁语"educare"。名词"educare"由动词"educĕre"转换而来,意为"引出",即采用一定的手段,把某种潜藏于人身体的东西引发出来,将"潜质"转变为"现实"。①这意味着"教育"一词在西语中表示:引发儿童的内在潜能,使之变为现实。从西文"教育"词源来看,"教育"一词有内发之意,强调教育是一种顺其自然的活动,旨在把自然人所固有的或潜在的素质自内而外引导出来,以使之成为现实的发展状态。

通过词源考察可见,无论是中国的象形文字"教""育""学",还是西语中的"教育",表示的都与儿童有关,是关于儿童、以儿童为本的一种活动,这种活动在于顺应自然天性以"生成"人。因此,"教育"一词其原意即为儿童教育,是作为引导儿童天性发展的一种方式出现的。这是对教育最根本的释义,也是最原始的解释,因而也是对教育原点的解释。原点是事物最初的点,开始的点,也是事物原初的点。追寻教育的原点就是要澄清教育本来是什么,什么才是教育本来的出发点。对教育原点的追问,可以使教育回到本真状态。追寻历史,溯源教育之本;考量当下,反思缘何"儿童缺位"。

一、"儿童为本"的教育历史图景

谁应该受教育?教育的目的或目标是什么?教育应根据儿童天然的兴趣和能力而有所不同吗?这是教育中的永恒问题,每一个时代每一个社会都必须回答这些问题。古今中外的教育家们,以各自的努力与探索描绘了追寻"儿童为本"的动人的教育历史画卷。

---

① 冯建军.生命与教育[M].北京:教育科学出版社,2004:31.

（一）西方教育中的"儿童发现"之旅

1. 启蒙

古希腊智者派创始人普罗泰戈拉(Protagoras)提出了"人是万物尺度"，从而看出其对人的尊重。苏格拉底(Socrates)也突出强调对作为认知主体的人的研究，他将这种思想归结为德尔斐神庙墙上铭刻的"认识你自己"这句箴言，将对自然宇宙的认识转向人自身的认识，使古希腊哲学发生了根本性转向。有人认为古希腊哲学家柏拉图(Plato)的《理想国》是乌托邦的梦想，而这实际上也是关于教育的梦想。柏拉图是西方教育史上第一个提出学前教育思想的人，认为应尽早对儿童进行教育，甚至提出了优生、胎教的问题。"凡是开头最重要，特别是生物。在幼小柔嫩的阶段，最容易接受陶冶，你要把他塑成什么型式，就能塑成什么型式。"①"先入为主，早年接受的见解总是根深蒂固不容易更改的。"②他提出了实行儿童公育的制度，主张儿童教育应由国家负责，把0—6岁划为学前教育期，0—3岁儿童应交给国家特设的养育院由乳母养育，3—6岁儿童应到附设在神庙里的儿童场由保姆监护。柏拉图认为应根据儿童的天性资质和能力而施教，20世纪伟大的教育家、哲学家杜威曾经满怀钦佩地谈及柏拉图的这一敏锐观察，但柏拉图将人的天性资质分为金、银、铜、铁是错误的。苏格拉底提倡运用"产婆术"，认为真正的教育是将存在于儿童身上的潜在能力引发出来，亚里士多德(Aristotle)则首次提出了教育必须适应自然(儿童天性)的思想，并据此作了划分儿童教育年龄阶段的尝试，开创了后世"遵循自然"教育思想的先河。"自然乃是以它为基本属性的东西之所以被推动或处于静止的一个根源或原因。"③"教育的目的及其作用犹如一般的艺术，原来就在效法自然，并对自然的任何缺漏加以殷勤的补缀而已。"④亚里士多德把人的发展和教育分为三个阶段，每7年为一

---

① [古希腊]柏拉图.理想国[M].郭斌和,张竹明,译.北京:商务印书馆,1986:71.
② [古希腊]柏拉图.理想国[M].郭斌和,张竹明,译.北京:商务印书馆,1986:73.
③ Aristotle . Physics[M]. Princeton University Press, 1992:21—52.
④ 滕大春,戴本博主编.外国教育通史第1卷[M].济南:山东教育出版社,1989:290.

段。第一个阶段为0—7岁。第一阶段又被细分为两个时期：0—5岁为前期,应顺应自然,以儿童的身体养护为主；5—7岁为后期,应以习惯的培养为主。7—14岁为第二个阶段,是初等教育阶段,主要学习读、写、算以及体操和音乐。14—21岁为第三个阶段,是中高等教育阶段,学习一些高级课程。亚里士多德把这个年龄分期建立在生物学原则的自然适应性的基础上,考虑到了人的机体发育的生理特征。在亚里士多德看来,在每一种实体和物质中自然都赋予发展（即过渡到更完善的形式）的可能性。犹如一颗棕树的种子,虽然蕴藏着发展为一棵树的全部可能性,但是只有具备适当的条件,即适当的土壤、阳光和雨露,棕树的种子才能发展成为棕树。他认为人的发展与事物的发展同理,就是一个由可能性转变为现实性的过程。在人类中,这种天赋的可能性依靠教育变为现实。自然密切联系着人类心灵的三种本源（它的三种状态）：植物的本源（繁殖、营养和生长的能力）、动物的本源（运动和感觉的能力）和理性的本源（思维的能力）。教育应当遵循着人的本性,但要把体育（植物的本源）和抑制人的动物本源（人的情欲）的德育跟发展着的理性本源（思维能力）的智育密切联系起来。亚里士多德关于教育的自然适应性原则的主张是简略的,但他的思想却是深刻而富有内涵的,开创了西方教育史上"教育遵循自然"理论的先河。

古罗马著名的教育家昆体良（Marcus Fabius Quintilianus）认为,天性是教育的原材料,教育是铸范这个原材料的艺术。没有原材料,艺术无所作为。昆体良强调教育的统一要求必须与照顾儿童的个别差异相结合,认为要想做到因材施教,首先必须了解儿童的能力和天赋素质,掌握每个儿童特殊的天性倾向。在了解了儿童之后,应当从两个方面入手因材施教：一是把握儿童不同的性格特点采取不同的教育方法,长善救失；二是要善于使每个儿童扬长避短。昆体良认为教育应培植各人的天赋特长,最应注意的是不能让儿童扬短而避长,放弃能胜任的事去做不能胜任的事。昆体良指出,教师应和儿童的步调一致,免得儿童跟不上。他反复告诫要防止儿童负担过重,因为越出儿童的能力之上的东西是不能进入他头脑的。昆体良举例说："如果我们取一个紧口瓶子（我们可以将它比作儿童的智力）,企图猛烈地将大量的水灌进去,而不允许一滴一滴地慢慢流进去,结果将如何呢？无疑,大量的水将倒在瓶子外面,最后,瓶中的水将比慢慢地灌进去的水更少。有些人教学生时,不是学生能吸收多少就教多少,而是他们自己愿意教多少就教多少,这种行为是十足的愚蠢,因为才能需要支持而不能负担过重。教师也如同医生,他是自然的仆役而不是自然的主人。"①这个紧口瓶子的比喻后来被夸美纽斯(Jan Amos Komenský)在《大教学论》中引用。普鲁塔克(Plutarchus)则认为,儿童不是一个需要填满的罐子,而是一颗需要点燃的火把。

由于当时的人对人本身的科学认识肤浅,未认识到儿童与成人的区别,把儿童当作小大人,把成人的天性理解为儿童的天性,把儿童的发展也简单地等同于自然界万事万物的自然秩序,认为教育就是唤醒沉睡在心灵中的能力,就如同给种子浇水、施肥,使它自己发芽、开花、结果,教育的过程是一个自然的过程。总之,强调教育是人类天性的自内而外的一种扩充与生成过程,教育的内在根据在人的天性。在古希腊、古罗马的教育思想中得到了初步的阐释,是自然教育思想的启蒙,为自然教育理论奠定了基础。

2. 觉醒

中世纪的教育是一种极端扭曲人性的教育,被认为出生就带有"原罪"的儿童遭受鞭笞、体罚。针对扭曲人性的儿童教育,尊重儿童和反对体罚成为一些教育家的强烈要求,亚里士多德提出的根据儿童的天性进行自然教育的主张被重新提出,并付诸实践。维多里诺(Vittorino da Feltre)举办的"快乐之家",注重儿童的个性发展,要求教师的教导应跟随自然,成为儿童接近自然、充满欢乐的地方。托马斯·莫尔(St. Thomas More)的《乌托邦》、托马斯·康帕内拉(Tommas Campanella)的《太阳城》、弗朗索瓦·拉伯雷(Francois Rabelais)的《巨人传》、德西德里乌斯·伊拉斯谟(Desiderius Erasmus)的《愚神颂》等,无不是人文主义者的教育梦想。蒙田(Michel Eyquem de Montaigne)也提出了培养"完人"的教育目标:"我们所训练的,不是心智,也不是身体,而是一个完整的人,我们决不能把二者分开。"②他告诫人们:"绝不要揽起你的孩子天性的责任,让他们凭运气按自然和人类的规律发展吧。"③蒙田主张教育应遵循自然的思想直接影响了夸美纽

---

① [古罗马]昆体良.昆体良教育论著选[M].任钟印,选译.北京:人民教育出版社,1989:24.
② 华东师范大学,杭州大学教育系编.西方古代教育论著选[M].北京:人民教育出版社,1985:396.
③ [法]蒙田.我知道什么呢——蒙田随笔集[M].辛见,沈晖,译.上海:生活·读书·新知三联书店,1988:142.

斯和卢梭。夸美纽斯在尊重儿童天性的人性化教育呼吁声中觉醒，开启了自然教育的真正历史旅程。

继亚里士多德之后，夸美纽斯提出了自然适应性教育法则，孜孜以求和自然相适应的教育。"我们从考察知道，真正维系我们这个世界的结构，至于它的细枝末节的原则不是别的，只是秩序而已。"①"秩序就叫做事物的灵魂。"②"秩序是把一切事物教给一切人们的教学艺术的主导原则。"③"教导的恰切秩序应当从自然去借来。"④夸美纽斯强调教育活动必须"小心地注视自然的作用"⑤，并模仿自然，通过透视自然，以自然为师。"我们的格言应当是：凡事都要跟随自然的领导，去观察能力发展的次第，要使我们的方法依据这种顺序的原则。"⑥由此，夸美纽斯强调应顺天性而发展。基于"教育适应自然"的思想，夸美纽斯论证并阐述了启发诱导原则、量力性原则、循序渐进原则、因材施教原则等教学原则以及相应的教学方法。

夸美纽斯把儿童比作"上帝的种子"，认为儿童是比金银珠宝还要珍贵的"无价之宝"，颠覆了儿童被看成与生俱有"原罪"的生灵的观念，由此在西方教育史上树起了一面光辉的旗帜，成为西方教育从神学化向人本化过渡的一个重要标志，为后世"儿童的发现"开辟了道路。夸美纽斯依据儿童年龄特点，把人从出生到成年接受教育的过程分为4个时期，每期6年，各有相应的学校进行教育，分别是母育学校、国语学校、拉丁语学校和大学。他认为，每一个发展阶段及相应教育机构都有自己专门的教育任务，同时各阶段又存在着联系：每个前一阶段都是为后一阶段打基础的，每个后一阶段又是前一阶段的合乎逻辑的发展，最终实现教育所要达到的目的。夸美纽斯拟定了西方教育史上第一个从学前教育到大学教育的单轨学制，后来更发展为一个系统的终身教育体系，成为近现代单轨学制及终身教育的先驱者。母育学校包括儿童生活的头六年，是为儿童以后所要

---

① ［捷］夸美纽斯.大教学论[M].傅任敢,译.北京:教育科学出版社,1999:70.
② ［捷］夸美纽斯.大教学论[M].傅任敢,译.北京:教育科学出版社,1999:71.
③ ［捷］夸美纽斯.大教学论[M].傅任敢,译.北京:教育科学出版社,1999:76.
④ ［捷］夸美纽斯.大教学论[M].傅任敢,译.北京:教育科学出版社,1999:76.
⑤ ［捷］夸美纽斯.大教学论[M].傅任敢,译.北京:教育科学出版社,1999:76.
⑥ ［捷］夸美纽斯.大教学论[M].傅任敢,译.北京:教育科学出版社,1999:28.

学习的一切奠定基础,是前后衔接的统一学制系统的第一个必不可少的阶段。夸美纽斯强调,人的最有成效的教育是在幼年时期,他撰写了历史上第一部学前教育专著《母育学校》,详细列举了儿童"百科全书"式启蒙教育的学习科目。夸美纽斯在教育史上第一次从普及教育的角度和儿童心理发展的连续性和阶段性的角度,提出学前阶段教育的重要性,认为在母育学校里所应进行的是"播种"的教育。"任何人在幼年时代播下什么样的种子,那他老年就要收获那样的果实。"①值得注意的是,夸美纽斯的母育学校还不是现代意义上的幼儿教育机构,而是家庭条件下的学前教育,但《母育学校》一书勾画了幼儿教育机构的雏形,成为福禄倍尔创建幼儿园的主要依据。此外,夸美纽斯还编写了世界上第一部图文并茂、生动有趣的儿童教材——《世界图解》,这或许是夸美纽斯最伟大的作品,甚至歌德在少年时期都拜读过此书②。《世界图解》描绘了一个"看得见的世界",试图为儿童展现一幅关于世界作为一个有意义的整体的图画,一切呈现的图像和概念都不是介绍事物目前的状态,而是要说明它们之间的联系——一个主题式的关系世界,这也可以说是当今幼儿园主题教学的雏形。夸美纽斯不愧为"教育史上的哥白尼",几乎所有18、19世纪教育理论的萌芽都可在他的著作中找到。他不仅是教育科学的真正奠基人,更是世界幼儿教育的真正奠基者。

尽管夸美纽斯的自然适应性原则不是以科学严谨的儿童身心发展研究与分析为根据,而是由更普遍的规律性或基本原理引申出来的,但其关于教育的观点植根于他的博识与乐观,代表了一个美好世界的教育梦想,其教育梦想贯穿于整个近代史,直至今日无数的教育工作者仍在沿着他所指引的方向前行。

3. 发现

继夸美纽斯之后,探索儿童身心发展特点、研究教育教学规律,成为教育理论关注的重点。在西方思想史上具有崇高学术地位的约翰·洛克(John Locke)大力倡导"白板说",彻底否定了基督教"原罪说"的儿童观。他论证了"天赋人权"原则,要求尊重儿童的人格、尊重儿童的权利,强调研究儿童的一般心理特征

---

① [捷]夸美纽斯.夸美纽斯教育论著选[M].任钟印选编.任宝祥,等译.北京:人民教育出版社,2004:22.

② [德]武尔夫.教育人类学[M].张志坤,译.北京:教育科学出版社,2009:15.

和个性特征对教育方法的重要意义,坚持认为教学方法必须考虑儿童的特殊需要、兴趣和能力,并根据自己对儿童年龄特征和心理特点的观察,精辟论述了教育儿童的具体方法,丰富和发展了文艺复兴以来人文主义教育家"教育遵循自然"的方法。"上帝在人类的精神上面印上了各种特性,这些特性正同他们的体态一样,稍微改变一点点是可以的,但是很难把他们完全改变成一个相反的样子。"① 由于"不可改移的本性",洛克建议教育者应在儿童年幼还不会装模作样掩饰自己的时候去观察和研究他们的天性和才能,然后采取不同的方法教育儿童。"把身体上与精神上的训练相互变成一种娱乐,说不定就是教育上的最大秘诀之一。"② 深受洛克思想影响的卢梭,对教育问题的讨论大多基于洛克提出的问题,或是提出异议,或是修正和发展。卢梭关于天赋人权、尊重儿童权利以及教育适应自然等主张是对洛克有关思想的详尽发挥。

卢梭继夸美纽斯之后再次提出并强调了教育中的自然适应性原则,"回归自然,发展天性"为其主要的教育思想。卢梭把"自然"又称为"原始的倾向"或"内在的自然",认为儿童的发展由自然控制,必须让儿童按自然的进程去发展,要求教育适应人的内在自然发展的要求。也就是说,儿童在生长发展过程中,有其节律性、阶段性,教育应遵循儿童发展的自然进程,考虑其年龄特点,适应其本性。卢梭根据儿童发展的自然进程,将儿童教育划分为四个阶段:第一个阶段婴儿期(0—5岁),着重进行身体养护;第二个阶段儿童期(5—12岁),着重进行感官教育;第三个阶段少年期(12—15岁),着重进行智育和劳动教育;第四个阶段青年期(15岁—成年),着重进行道德、宗教、情感教育。③ 他主张尊重和研究儿童,强调应将儿童当作"儿童":"大自然希望儿童在成人以前就要像儿童的样子。如果我们打乱了这个次序,我们就会造成一些早熟的果实,它们长得既不丰满也不甜

---

① [英]洛克.教育漫话[M].傅任敢,译.北京:人民教育出版社,1985:61.
② [英]洛克.教育漫话[M].傅任敢,译.北京:人民教育出版社,1985:197.
③ 刘晓东,卢乐珍等.学前教育学[M].南京:江苏教育出版社,2004:4.关于爱弥儿生长的第一阶段的分期,卢梭并未说得具体,只指出第一阶段是"幼儿期"。学者们据此见仁见智,有的定为0—5岁(如美国学者S.E.弗罗斯特、格莱夫斯),有的定为0—2岁(如苏联学者及美国学者W.C.格莱茵),本书采用后一分期。

美,而且很快就会腐烂;我们将造成一些年纪轻轻的博士和老态龙钟的儿童。"①
"在人生的秩序中,童年有他的地位;应当把成人看作成人,把儿童看作儿童。"②
"儿童是有他特有的看法、想法和感情的;如果想用我们的看法、想法和感情去代替他们的看法、想法和感情,那简直是愚蠢的事情。"③卢梭呼吁让稚嫩天真的儿童享受稍纵即逝的童年时光,强调儿童期的重要意义,并要求教育者考虑儿童的年龄特征、个别差异以及性别特征,在此基础上决定教育的程序、内容与方法。卢梭认为儿童首先是人,有人的一般本性;其次,儿童有不同于成人的特性,而且每个阶段、每个儿童又有其特殊性。卢梭发现了独立意义上的儿童,发现了儿童期的价值,发现了教育中活生生的、各具特色的、具体的儿童,确立了儿童在教育中的主体地位,吹响了解放儿童天性的历史号角,把重视儿童、遵循自然推上了一个新的境界,完成了教育中儿童观的革命,成为教育史上"发现儿童"的历史转折点,并使教育发展方向发生了根本的转变,世人常将其著作《爱弥儿》作为"儿童的发现"。毫无疑问,卢梭的儿童观奠定了"儿童本位"的坚定基础,具有重要的里程碑意义。尽管卢梭缺少对儿童心理发展的科学阐明或揭示,"但是,他的关于教育根据受教育者的能力和根据研究儿童的需要以便发现什么是天赋能力的主张,是现代一切为教育进步所做的努力的基调。他的意思是,教育不是从外部强加给儿童和成人某些东西,而是人类天赋能力的生长。从卢梭那时以来教育改革家们所强调的种种主张,都源于这个概念。"④

4. 践行

卢梭发出了尊重儿童权利的呐喊,真正开启了儿童研究的大门,为教育找到了出发点,开始了科学化的教育研究与践行之旅。德国的教育家巴泽多(J.B. Basedow)受《爱弥儿》影响,决心实践卢梭的自然教育观。1774年,巴泽多在德绍创办"泛爱学校",第一次使卢梭顺应儿童天性发展的思想付诸实践。德国哲学家伊曼努尔·康德(Immanuel Kant)不仅称赞巴泽多的工作是"快速的革命",他还以花木生长

---

① [法]卢梭.爱弥儿[M].李平沤,译.北京:人民教育出版社,2001:88.
② [法]卢梭.爱弥儿[M].李平沤,译.北京:商务印书馆,1996:74.
③ [法]卢梭.爱弥儿[M].李平沤,译.北京:人民教育出版社,2001:57.
④ [美]杜威.学校与社会·明日之学校[M].赵祥麟,任钟印,译.北京:人民教育出版社,1994:221.

为例,论证教育必须重视儿童自然的发展,要求保育阶段应完全让儿童顺应自然。

受卢梭的影响,瑞士著名的教育家裴斯泰洛齐认为每一个人都具有一些自然所赋予的潜在的力量和才能,并且都具有渴求发展的倾向。教育就在于顺应儿童的自然发展进程,以发展人的一切天赋力量和才能。因此,他与夸美纽斯、卢梭一样,将教育适应自然作为最根本的教育原则。裴斯泰洛齐主张教育应以心理学规律作为依据,提出:"我试图将人类的教学过程心理化"。[①] 裴斯泰洛齐第一个明确提出"教育心理学化",掀起了"教育心理学化"运动,激励着后人不断沿着他所开创的道路前进。

约翰·弗里德里希·赫尔巴特(Johann Friedrich Herbart)在对他所教的3个儿童的个性和需要进行研究的过程中,体验并认识到了心理学对教育学的价值,并开始研究教育学中的心理学问题。就在此间,他与裴斯泰洛齐结下忘年之交,并于1799年专程到布格多夫访问了这位充满爱心的伟大教育家。裴斯泰洛齐要使教育心理学化的思想给了赫尔巴特以极大的启迪,使之开辟教育科学之路的努力有了真正的起点。赫尔巴特认为,教育方法的确定必须依据心理学,教育学作为一门科学,必须以心理学为基础。基于对儿童心理的研究,赫尔巴特特别关注儿童的兴趣,将"多方面兴趣"作为其教学论的理论前提和基础。赫尔巴特从其观念、兴趣、统觉等心理学思想中寻找其教学论的理论依据,首次提出了心理学是一门科学,并将其教学论建立在心理学基础之上。这是赫尔巴特的一个极为重大的理论贡献。从柏拉图、亚里士多德到夸美纽斯、洛克、卢梭、裴斯泰洛齐等人,虽然都提出教育适应自然思想,但都缺乏心理学依据,往往以苍白无力的自然类比法来推导和建立其各自的教学论,只有赫尔巴特第一次使裴斯泰洛齐的"我要使教育心理学化"的伟大目标由空想走向科学,因此他被誉为"科学教育学之父"。

有"德国的裴斯泰洛齐"之称的阿道尔夫·第斯多惠(Friedrich Adolf Wilhelm Diesterweg)强调教育要紧密结合人的天性,将教育遵循人的自然发展规律誉为教育的首要原则。"教学必须符合人的天性及其发展的规律。这就是

[①] [瑞士]裴斯泰洛齐.裴斯泰洛齐教育论著选[M].夏之莲,等译.北京:人民教育出版社,1992:189.

任何教学的首要的、最高的规律。"①"你要倾听和遵从自然的声音,准确地遵循自然所指示的道路。"②此外,福禄倍尔也深受裴斯泰洛齐的自然教育思想影响。自幼丧母的福禄倍尔度过了一个没有幸福和快乐的童年,但也正因童年失去母爱,使福禄倍尔后来产生了要把欢乐给予其他儿童的想法。他希望所有儿童都能有一个幸福和快乐的童年,并为这个理想而奋斗终生。福禄倍尔曾研究过夸美纽斯的《母育学校》,还曾用两年时间跟随裴斯泰洛齐学习。受夸美纽斯和裴斯泰洛齐的影响,1837年福禄倍尔在德国的勃兰根堡建立了一所教育机构,专收3—7岁的儿童。直到1840年6月28日,他才正式把自己创办的幼儿教育机构命名为"幼儿园",这标志着世界上第一所幼儿园的诞生。"'幼儿园'的具体和完整的思想在它的名称上体现出来,那就是'儿童的花园'。因此,幼儿园的基本思想要求它应该是儿童进入的花园。"③"我们所做的努力以及所有真正的教育的目的,就是要使一个人有可能作为一个整体的人从幼儿期起就得到自由和独立的发展,同时作为一个个体与整体生活协调一致。"④因此,在福禄倍尔看来,幼儿园就是"儿童的花园",就是儿童快乐幸福的标志。人们称赞福禄倍尔"不愧是一位真正的预言家",甚至认为"现代教育思想的所有的最好的倾向,都在福禄倍尔的言行中达到了顶点"。福禄倍尔首创了"没有书本的学校"——幼儿园,被世人誉为"幼儿园之父"。在长期的幼儿教育实践中,他建立起了较为完备的近代学前教育理论体系,其幼儿园教育实践和理论引发了19世纪后半期的幼儿园运动,使得福禄倍尔"幼儿园"模式成为一种主要的幼儿教育机构,并在世界上一直沿用至今。

意大利幼儿教育家玛利亚·蒙台梭利(Maria Montessori)精通生理学,认为儿童在出生之前便孕育了一种"心理胚胎",并具有种子般发芽、生长的"内在潜力"。因此,儿童不是容器,更不是可以任意揉捏的蜡或泥,儿童应该是能动发展的活生生的人。"人并不仅仅是由文化构成的,在人身上存在着某种更本质的东

---

① 张焕庭主编.西方资产阶级教育论著选[M].北京:人民教育出版社,1979:352.
② 张焕庭主编.西方资产阶级教育论著选[M].北京:人民教育出版社,1979:352.
③ S. S. F. Fletcher and J. Welton(ed.), Froebel's Chief Writings on Education, London: Edward Arnold & Co. ,1912, p. 237.
④ M. Lilley, Friedrich Froebel, a selection from his writings, Cambridge: Cambridge University Press, 1976, p. 94.

西，如果这部分东西仍然被忽视，而仅仅强调文化，那么，人越是进步，它将越是危险。人已经发明了飞行，发现了原子能，但他还未能发现自己。"①因此，她把教育的基本目的定位为对儿童的"发现和解放"。② 教育的目的是发现，因为童年的秘密隐藏在儿童自身，儿童成长的秘密隐藏在天性中，所以教育是对儿童的发现或者说教育要发现儿童。③ 蒙台梭利一语中的，道出了教育的根本。

"教育心理学化"运动要求教育必须依据儿童的身心特点和个性差异，呼吁教育科学必须以心理学为基础。"教育心理学化"运动催发了空前的儿童研究盛况，皮亚杰等著名的儿童心理学家以科学方法研究儿童心理，揭示儿童心理发展的规律，创立了各具特色的儿童心理发展理论，为科学地认识儿童丰富的心理世界做出了贡献，并为教育革新提供了科学依据和方法论的基础。杜威是一位自然主义哲学家，批评赫尔巴特所谓的"教学心理学化"是教师的心理学化，而不是儿童的心理学化。20世纪前后，杜威向全世界宣告："现在，我们教育中将引起的改变是重心的转移。这是一种变革，一种革命，是哥白尼在天文学中从地球中心转移到太阳中心一类的革命。在这里，儿童变成了太阳，教育的一切措施要围绕他们而组织起来。"④杜威的宣告像灯塔一样照亮了新教育之路，即使人类历史进入了21世纪，"儿童为本"仍然是教育前行的指路明灯。

"儿童的发现"是对人类生命本性的探知，是"根"的研究，是"儿童本位"教育原则的自然呈现，开启了现代教育学的大门，成为现代教育学的旗帜和灵魂。

（二）中国的因材（性）施教溯源

1. 人性与教育

许慎《说文解字》六下生部，"生"之本义为"象草木生出土上"，故作动词用则为自无出有之出生，作名词用则为出生以后之生命。"性"字乃由"生"字孳乳而

---

① [意]蒙台梭利.童年的秘密[M].马荣根，译.北京：人民教育出版社,2004：前言.
② [意]蒙台梭利.童年的秘密[M].马荣根，译.北京：人民教育出版社,2004：116.
③ 杨日飞.教育与儿童的自然发展[D].南京：南京师范大学博士论文,2011.
④ [美]杜威.民主主义与教育[M].王承绪，译.北京：人民教育出版社,1990：15.

来。徐复观依据有关"性"字早期的典籍加以归纳,认为"'性'之原意,应指人生而即有之欲望、能力等而言,有如今日所说之'本能'"①。"性"是形声兼会意字,"性"与"生"实质是相通的:生为具体的生命,性为此具体生命之先天禀赋。教育的对象是人,对人性的探讨便成了中国古代教育的出发点和根基。"人性论,乃由追求人之本性究系如何而成立的。"②"自来论性者(这里的'性'指人之所以为人的本性)并非专为研究性而研究性,而是为讨论修养、教育、政治,不得不讨论性。应如何施教,应如何为政,须先看人之本来状态如何,于是便提起性的问题。"③中国古代思想家和教育家们将人性作为教育的基础,以性论教,充分显现了中国先哲们的睿智。

孔子第一个提出"性相近,习相远也"④,开创了人对自身研究的先河,具有发端意义。孔子肯定了人与人之间有着相近的共同本性,认为是后天的影响造成了人与人之间的差异。孔子认为"仁"是人性所固有的,"为仁由己"⑤如"有能一日用其力仁乎?我未见力不足者"⑥。孔子把"仁"看作人性的基础,认为只要人人努力,都能达到个人修养的最高境界"仁","仁远乎哉?我欲仁,斯仁至矣"⑦。孔子关于"有教无类"的教育思想与其"性相近"的人性观是一致的。

孔子之后,关于人性问题,曾发生过激烈的争论,出现了世硕的人性有善有恶论和告子的性无善无不善论。世硕说:"人性有善有恶,举人之善性,养而致之则善长;性恶,养而致之则恶长,如此,则性各有阴阳善恶,在所养焉。"⑧世硕认为人生来就有的善恶本性要表现出来,关键在于所"养",即后天的教育培养。告子提出"生之谓性"⑨和"食色,性也"⑩的观点,认为先天生来的本能为性,后天学习

---

① 徐复观.中国人性论史先秦篇[M].北京:九州出版社,2013:6.
② 徐复观.中国人性论史先秦篇[M].北京:九州出版社,2013:54.
③ 张岱年.中国哲学史大纲[M].北京:中国社会科学出版社,1982:250—251.
④ 论语[M].程昌明,译注.太原:山西古籍出版社,1999:188.
⑤ 论语[M].程昌明,译注.太原:山西古籍出版社,1999:125.
⑥ 论语[M].程昌明,译注.太原:山西古籍出版社,1999:34.
⑦ 论语[M].程昌明,译注.太原:山西古籍出版社,1999:75.
⑧ [东汉]王充.白话论衡[M].陈建初,等译.长沙:岳麓书社,1997:103.
⑨ 孟子[M].梁海明,译注.太原:山西古籍出版社,1999:167.
⑩ 孟子[M].梁海明,译注.太原:山西古籍出版社,1999:168.

养成的习惯为非性。他主张性无善无恶论,"性,犹湍水也,决诸东方则东流,决诸西方则西流。人性之无分于善不善也,犹水之无分于东西也"。① 他认为人性是随环境的影响而变化的,如同湍水是靠人力引导而流动的道理是一样的,人为善为恶关键在于如何对其教育引导。

孟子提出了性善论。"口之于味也,目之于色也,耳之于声也,鼻之于臭也,四肢之于安佚也,性也。有命焉,君子不谓性也。仁之于父子也,义之于君臣也,礼之于宾主也,智之于贤者也,圣人之于天道也,命也。有性焉,君子不谓命也。"②孟子认为,人性"并非外在于个体的人的社会规定性,而是内在于人的生命的先天规定性"③。"人性之善也,犹水之就下也。人无有不善,水无有不下。今夫水,搏而跃之,可使过颡;激而行之,可使在山。是岂水之性哉?其势则然也。人之可使为不善,其性犹是也。"④孟子认为人性善如同水下流一样是其本性所为,只有外力方能使水逆流而上,也只有改变本性才能使人不善。"恻隐之心,人皆有之;羞恶之心,人皆有之;恭敬之心,人皆有之;是非之心,人皆有之。恻隐之心,仁也;羞恶之心,义也;恭敬之心,礼也;是非之心,智也。仁义礼智,非由外铄我也,我固有之,弗思耳矣。"⑤孟子认为人性本善,为先天所固有。在孟子看来,人之为人就在于"人性本善",因此教育应"存心养性""求其放心",恢复人的先天的善性,以达到"尽心、知性、知天"的境界。

与孟子的"性善论"相反,荀子主张"性恶论"。"凡性者,天之就也,不可学,不可事。"⑥荀子从人的自然属性出发,认为人性非后天所得,是自然生成的。"生之所以然者谓之性。性之和所生,精合感应,不事而自然,谓之性。"⑦荀子认为"性"既包括耳目口鼻等感官功能的生理之性,如"目可以见,耳可以听……"⑧;又

---

① 孟子[M].梁海明,译注.太原:山西古籍出版社,1999:167.
② 柯继民编.四书五经[M].哈尔滨:黑龙江人民出版社,2003:316.
③ 于述胜,于建福.中国传统教育哲学[M].南京:江苏教育出版社,1996:40—42.
④ 孟子[M].梁海明,译注.太原:山西古籍出版社,1999:167.
⑤ 孟子[M].梁海明,译注.太原:山西古籍出版社,1999:171.
⑥ [战国]荀况.荀子[M].谢丹,书田,译注.呼和浩特:远方出版社,2007:183.
⑦ [战国]荀况.荀子[M].谢丹,书田,译注.呼和浩特:远方出版社,2007:169.
⑧ [战国]荀况.荀子[M].谢丹,书田,译注.呼和浩特:远方出版社,2007:183.

包括人与外界事物接触时的自然反应,即心理之性,"目好色,耳好声,口好味……"①。荀子认为人性本恶。"饥而欲食,寒而欲暖,劳而欲息,好利而恶害,是人之所生而有也,是无待而然者也,是禹、桀之所同也。"②由此可见,"荀子把人的生理欲求与心理欲求,视作性恶的根源"③。荀子认为"人之性恶,其善者伪也。"④"性者,本始材朴也。伪者,文理隆盛也。无性,则伪无所知;无伪,则伪不能自美。性伪合,然后成圣人之名,一天之功于是就也。"⑤荀子曾给教育下了一个定义,所谓"教育"就是"以善先人者,谓之教"⑥,强调必须通过善的教育从根本上加以改造,抑恶扬善。

　　汉代的董仲舒认为:"其生自然之质,谓之性。性者,质也。"⑦把人性看作是人天生就具有的自然资质、素质。"天地之所生,谓之性情。性情相与为一瞑。情亦性也……身之有性情也,若天之有阴阳也。言人之质而无其情,犹言人之阳而无其阴也。"⑧他认为天赋人性有性情,其中的"性"是指精神方面的属性,以仁、义、礼、智为内容;"情"是人的肉体方面的特征,它以人的情感和欲望为内容。"善如米,性如禾。禾虽出米,而禾未可谓米也。性虽出善,而性未可谓善也。米与善,人之继天而成于外也,非在天所为之内也。故曰:性有善质,而未能为善也。"⑨董仲舒认为人有善质,需继天为教以成善。董仲舒将人性分为三种:一是"圣人之性",不教自善;二是"斗筲之性",难教为善;三是可为善亦可为恶的"中民之性"。⑩王充也把人性分为三种,有生来就善的人,是中人以上的人;有生来就恶的人,是中人以下的人;有无善无恶,或善恶混的人,是中人。王充认为极善极恶的人,其本性不易改变,而中人之性则可通过教育使之定型。"夫中人之性,

---

① [战国]荀况.荀子[M].谢丹,书田,译注.呼和浩特:远方出版社,2007:184.
② [战国]荀况.荀子[M].谢丹,书田,译注.呼和浩特:远方出版社,2007:32.
③ 唐子畏,宋晓.人性与人际关系[M].长沙:湖南大学出版社,1997:25.
④ [战国]荀况.荀子[M].谢丹,书田,译注.呼和浩特:远方出版社,2004:183.
⑤ [战国]荀况.荀子[M].谢丹,书田,译注.呼和浩特:远方出版社,2004:155.
⑥ [战国]荀况.荀子[M].谢丹,书田,译注.呼和浩特:远方出版社,2004:10.
⑦ [春秋]董仲舒撰.春秋繁露[M].[清]凌曙,注.北京:中华书局,1975:362.
⑧ [春秋]董仲舒撰.春秋繁露[M].[清]凌曙,注.北京:中华书局,1975:367.
⑨ [春秋]董仲舒撰.春秋繁露[M].[清]凌曙,注.北京:中华书局,1975:373.
⑩ 姜国柱,朱葵菊.中国人性论史[M].郑州:河南人民出版社,1997:247.

在所习焉。习善而为善，习恶而为恶也。"①在人性论上，王充强调了后天的环境教育对人性形成的作用。唐代韩愈进一步完善了性三品说，提出了人的性情三品说："性也者，与生俱生也。情也者，接于物而生也。性之品有三，而其所以为性者五。情之品有三，而其所以为情者七。"②他认为人性是先天固有的，情由接触外物而生。性包括仁、义、礼、智、信，即"五德"；情的具体内容是喜、怒、哀、惧、爱、恶、欲。韩愈把性与情并提，并以性为情的基础，情由性而产生，性通过情而显露。他提出性三品说，认为上品为善性，下品为恶性，中品则可以通过引导而达上达下。性与情品级对应，即"性之于情视其品"③，或"情于性视其品"④。依据人性品级，韩愈认为"上者可教而下者可制"⑤。韩愈的人性论为后来宋儒提出气质之性、天理人欲之说开辟了道路。

　　张载认为人性分为"天地之性"和"气质之性"。"天地之性"是人所普遍具有的先验善性，而"气质之性"则是"形而后有"⑥，并因人而异，便如"天下无两物一般"⑦。朱熹对张载的性二元论观点作了进一步论证，提出"性即理"。"人之有生，性与气合而已。即其已合而析言之，则性主于理而无形，气主于形而有质。"⑧这就是说，天命之性加上气质之性，才形成了具体的人。朱熹区分天命之性和气质之性，是要在理论上解决中国思想史性善性恶的争论。他认为只要严格区分天命之性和气质之性，人性问题的各种争论才能得到圆满的解决。"性者，心之理，情者，性之动，心者性情之主。"⑨这就是所谓"心统性情"。朱熹认为明确了心统性情，也就解决了心、性、情的善恶问题。"心如水，性犹水之静，情则水之流。"⑩正如位于源头的水是清的，人性在源头上也是善的。随着源头的水不断流动，它就容易受到环

---

① ［东汉］王充.白话论衡·论衡·本性篇[M].陈建初，等译.长沙:岳麓书社，1997:105.
② ［唐］韩愈.韩昌黎集[M].上海:商务印书馆，1933:64.
③ ［唐］韩愈.韩昌黎集[M].上海:商务印书馆，1933:64.
④ ［唐］韩愈.韩昌黎集[M].上海:商务印书馆，1933:64.
⑤ ［唐］韩愈.韩昌黎集[M].上海:商务印书馆，1933:65.
⑥ ［清］王夫之.张子正蒙注 9 卷[M].北京:古籍出版社，1956:9.
⑦ ［宋］黎清德编.朱子语类[M].北京:中华书局，1986.
⑧ ［宋］黎清德编.朱子语类[M].北京:中华书局，1986.
⑨ ［宋］黎清德编.朱子语类[M].北京:中华书局，1986.
⑩ ［宋］黎清德编.朱子语类[M].北京:中华书局，1986.

境的污染而变浊。朱熹可谓中国古代人性论集大成者,对于人性的解释比过去严密、完整,从宋代晚期一直到清末为止的近七百年中,始终是代表统治阶级的官方御用哲学,占有不可动摇的权威地位。他认识到人性差异的根源,主张"存天理、灭人欲",为当时的教育找到了理论依据,并一直沿承后世至清末为止。

"天命之谓性,率性之谓道,修道之谓教。"①中国古代先哲们对于人性的争论与探寻,无不源于对人本质的认识,并以此作为教育的依据。

2. 因材施教

"力不同科,古之道也。"②孔子认为教育应根据学生的不同能力而进行不同的教育。在教育实践中,孔子让学生"各言尔志""各言其志"③。同时,"听其言而观其行"④"视其所以,观其所由,察其所安"⑤,并"退而省其私"⑥,因而对其弟子了如指掌:"柴也愚、参也鲁、师也辟、由也喭"⑦;"由也果""赐也达""求也艺"⑧;"师也过,商也不及"⑨;"求也退""由也兼人"⑩。颜回能"闻一知十",子贡只能"闻一知二"。孔子在准确了解学生的基础上,因材而教,使其弟子成为"贤才君子"。"德行:颜渊、闵子骞、冉伯牛、仲弓。言语:宰我、子贡。政事:冉有、季路。文学:子游、子夏。"⑪因此,程颐说:"孔子教人,各因其材。"⑫朱熹就此批注:"圣贤施教,各因其材。小以小成,大以大成,无弃人也。"⑬后人简称为"因材施教"。虽然孔子本人并没有直接提出"因材施教",但他却是有史以来最早将因材施教原则运用于教学过程的教育家。孔子将因材施教作为教育原则贯彻于日常的教

---

① 柯继民编.四书五经[M].哈尔滨:黑龙江人民出版社,2003:15.
② 孔子.论语[M].程昌明,译注.太原:山西古籍出版社,1999:26.
③ 孔子.论语[M].程昌明,译注.太原:山西古籍出版社,1999:121.
④ 孔子.论语[M].程昌明,译注.太原:山西古籍出版社,1999:44.
⑤ 孔子.论语[M].程昌明,译注.太原:山西古籍出版社,1999:14.
⑥ 孔子.论语[M].程昌明,译注.太原:山西古籍出版社,1999:13.
⑦ 孔子.论语[M].程昌明,译注.太原:山西古籍出版社,1999:117.
⑧ 孔子.论语[M].程昌明,译注.太原:山西古籍出版社,1999:56.
⑨ 孔子.论语[M].程昌明,译注.太原:山西古籍出版社,1999:116.
⑩ 孔子.论语[M].程昌明,译注.太原:山西古籍出版社,1999:119.
⑪ 孔子.论语[M].程昌明,译注.太原:山西古籍出版社,1999:111.
⑫ [宋]朱熹编.河南程氏遗书(卷十九)[M].北京:商务印书馆,1935:276.
⑬ [宋]朱熹编.四书章句集注(卷十三)[M].北京:中华书局,1983:362.

育工作中,不愧为"万世师表"。

　　墨家代表人物墨翟要求"量力"而教,强调在施教时要考虑学生的力之所能及。"深其深,浅其浅,益其益,尊其尊。"①孟子主张"教亦多术"。"君子之所以教者五:有如时雨化之者,有成德者,有达财(材)者,有答问者,有私淑艾者。"②《学记》中要求教师应该知道学习失败的原因所在:"学者有四失,教者必知之。人之学也,或失则多,或失则寡,或失则易,或失则止。此四者,心之莫同也,知其心,然后能救其失也。"③"多、寡、易、止,虽各有失,但多者便于博,寡者易于专,易者勇于行,止者安于序,亦各有善焉,救其失则善长矣。"④作为教师,应该"教也者,长善而救其失者也"⑤。秦汉时期的徐干强调,"导人必因其性,治水必因其势,是以功无败而言无弃也"⑥。郑玄将孔子的"求也退,故进之;由也兼人,故退之"⑦概括为"各因其人之失而为之"⑧,在注释经籍中有关"因材施教"的言论时,多提出自己的见解,并使其系统化、具体化,使"因材施教"进一步原则化。

　　汉代的贾谊继承了孔子"少成若天性,习惯成自然"的思想,强调早期教育的重要性,认为"自为赤子,而教固已行矣"⑨。他主张量力而教,并主张根据儿童不同的年龄特征恰当地转换教育方法。"习与智长,故切而不愧;化与心成,故中道若性。"⑩贾谊强调根据儿童身心发展的程度来确定教育要求和采用相应的教育方法,是具有一定科学性的。其对儿童教育的关注,使得"儿童"开始出现在教育视野中,成为中国教育史上"儿童发现"的启蒙。继贾谊之后,颜之推再次强调儿童早期教育的重要性,引用孔子"少成若天性,习惯成自然"之语及俗谚"教妇初来,教儿婴孩",认为幼儿时期是教育的最佳期,对儿童的教育应自幼儿能感知外

---

① 王讚源.墨经正读[M].上海:上海科学技术文献出版社,2011:185.
② 柯继民编.四书五经[M].哈尔滨:黑龙江人民出版社,2003:305.
③ 礼记[M].程昌明,译注.呼和号特:远方出版社,2007:79.
④ 礼记[M].程昌明,译注.呼和号特:远方出版社,2007:79.
⑤ 礼记[M].程昌明,译注.呼和号特:远方出版社,2007:79.
⑥ [汉]徐干撰.中论[M].龚祖培,校点.沈阳:辽宁教育出版社,2001.
⑦ 孔子.论语[M].程昌明,译注.太原:山西古籍出版社,1999:118—119.
⑧ 顾树森.中国古代教育家语录类编[M].上海:上海教育出版社,1961.
⑨ 贾谊集校注·增订版[M].吴云,李春台校注.天津:天津古籍出版社,2010:161.
⑩ 贾谊集校注·增订版[M].吴云,李春台校注.天津:天津古籍出版社,2010:162.

界事物时便开始进行。"人生小幼,精神专利。长成已后,思虑散逸。故需早教,勿失机也。"①他写出了中国第一部系统完整的家庭教科书《颜氏家训》,也算是中国最早的幼儿教育专著,书中针砭教育时弊,并依据儿童的身心发展特点论述了儿童教育的原则和方法。

隋唐时期,韩愈"因材而用"的思路扩大了因材施教的外延,以形象的比喻说明了因材施教、因材而用的重要性。"吁,子来前!夫大木为杗,细木为桷,欂栌侏儒,椳闑扂楔,各得其宜,施以成室者,匠氏之工也。玉札、丹砂、赤箭、青芝、牛溲、马勃、败鼓之皮,俱收并蓄,待用无遗者,医师之良也。登明选公,杂进巧拙,纤徐为妍,卓荦为杰,校短量长,惟器是适者,宰相之方也。"②柳宗元强调"顺木之天,以致其性",主张教育顺性而教,才能收到最佳效果。

宋代胡瑗善于根据学生的兴趣、爱好、特长来组织教学,其创设分斋教学的思想基础正是因材施教。南宋著名理学家朱熹总结发展了孔子"因材施教"的教育思想,结合自己的教育实践,基于对儿童的心理特征的初步认识,把一个人的教育划分为"小学"和"大学"两个阶段。主张先入为主,及早施教,并要求儿童教育应形象、生动,注意激发儿童的兴趣。

"圣人教人不是个束缚他通做一般,只如狂者便从狂处成就他,狷者便从狷处成就他。人之才气,如何同得。"③明代的王守仁主张根据儿童的个性特点来发展他的才能和专长,"因人而施,质异也;同归于善,性同也"④。王守仁揭露和批判当时的儿童教育不顾儿童的身心特点,反对"小大人式"的儿童教育方法和"鞭挞绳缚,若待拘囚"⑤的粗暴教育手段,使得儿童"视学舍如囹圄而不肯入,视师长如寇仇而不欲见"⑥。王守仁的揭露与批判,成了中国教育史上"儿童发现"的先声。王夫之亦提倡教学应"深知其心""因人而进""因材而授"。王夫之指出,儿童之间存在着个别差异,"质有不齐""志量不齐"、德行不同、知识不同等。

---

① 颜氏家训[M].檀作文译注.北京:中华书局,2007:110.
② [唐]韩愈.韩昌黎集[M].上海:商务印书馆,1933:78.
③ [明]王阳明.传习录[M].郑州:中州古籍出版社,2004:238.
④ [明]王阳明.传习录[M].郑州:中州古籍出版社,2004:238.
⑤ [明]王阳明.传习录[M].郑州:中州古籍出版社,2004:238.
⑥ [明]王阳明.传习录[M].于自力,孔薇,杨骅骁,注译.郑州:中州古籍出版社,2004:238.

因此教师应首先熟悉、了解学生。"始则视其质,继则问其志,又进而观其所勉与其所至,而分量恕焉。"①在此基础上根据儿童的实际情况,有针对性地施教,即"因人而进"。"必知其人德行之长而利导之,尤必知其人气质之偏而变化之。"②"顺其所易,教其所难,成其美,变其恶,教非一也,理一也,从人者异耳。"③"君子之教因人而进之,有不齐之训焉。"④也就是说,虽然具体教学方法各不相同,但道理是一样的,就是因人而异。如果不顾儿童的个别差异,采取"一概而施",学习就不能循序渐进,教学也难以成功。颜元主张:"人之质性各异,当就其质性之所近,心志之所愿,才力之所能以为学,则易成圣贤,而无龃龉捍格、终身不就之患。"⑤戴震认为:"因材质而进之以学,皆可至于圣人。"⑥"不别其性,则杀人也。"⑦郑观应强调:"别类分门,因材施教"⑧,才能有利于儿童的发展。

"因材施教"由孔子倡导实施,得到了历代教育家的关注,并对其进行充实和完善,经历了一个漫长的发展过程。随着西方教育思想的引入,尤其受杜威教育思想的影响,在"人的发现"与"儿童的发现"以及"教学心理化"运动的历史氛围中,鲁迅、周作人等新文化倡导者由"人的发现"到"妇女的发现"再到"儿童的发现",发出了"救救孩子""解放儿童"这一振聋发聩的呐喊,成为中国"儿童发现"的标志,提出了儿童研究和儿童教育重建的时代课题,促进了儿童研究和教育的科学化,有力地推进了中国教育的近代化。陶行知、陈鹤琴、张雪门等教育家重视因材施教,在科学研究儿童的基础上,依据儿童身心发展特点,提出了"教的法子必须根据学的法子""教学做合一"等教育思想,进一步完善了因材施教理论,开启了中国的儿童发现之旅,为中国的儿童研究与儿童教育奠定了坚实的基础。

大浪淘沙,散落在历史沙滩上的思想珍珠,用逻辑之线串起了对儿童的认

---

① [清]王夫子.舟子山全书 第7册 四书训义[M].长沙:岳麓书社,1991.
② [清]王夫子.舟子山全书 第7册 四书训义[M].长沙:岳麓书社,1991.
③ [清]王夫子.舟子山全书 第7册 张子正蒙注[M].北京:古籍出版社,1945:138.
④ [清]王夫子.舟子山全书 第7册 四书训义[M].长沙:岳麓书社,1991.
⑤ [清]颜元.颜习斋先生 四书正误[M].上海:上海古籍出版社,1996.
⑥ [清]戴震.孟子字义疏证[M].北京:中华书局,1982.
⑦ [清]戴震.孟子字义疏证[M].北京:中华书局,1982.
⑧ [清]郑观应.盛世危言[M].曹冈,译.呼和浩特:内蒙古人民出版社,2006.

知。追寻历史,可以深切地感受到教育前行脉搏的跳动,先哲们无不把认识和研究儿童作为教育的前提。在这个意义上,与其说教育培养了儿童,不如说不同时期对儿童的发现造就了教育。认识儿童、发现儿童贯穿了整个教育史,从西方的"认识你自己"到"儿童中心",从中国的"人性争论"到"因材施教","儿童为本"成为中外教育的历史主脉络。不断发现儿童的生命真谛,基于儿童的身心特点,把潜伏在儿童身体内部的能力巧妙地激发出来,成为先哲们前仆后继、努力探索的主题。一部人类文明史就是人类不断认识自己、发现自己的历史,一部教育史也是人类不断揭示童年秘密、发现儿童的历史。我们追寻的结果是有价值的,先哲们的历史足迹已清晰昭示:"在整个教育,儿童是起点,是中心,而且是目的。"①儿童为本——这将为我们研究儿童与儿童教育架起一座桥梁。

二、"儿童缺位"的教育现实

　　认识儿童、理解儿童,不仅要走一段遥远的历史路程,还要穿越当下教育丛林,小心谨慎地考察教育现场,综合纵向的历史追寻和横向的当下考量,基于教育现实构筑儿童教育之路。然而,在当下教育丛林中,我们依然没有"发现儿童"。
　　教育领域中的儿童发现引发了科学的儿童心理学的建立以及它的方兴未艾,"尊重儿童"的呼声愈益高涨,使儿童成为全人类共同瞩目的焦点之一。文学、哲学、历史学、生物学、发展心理学、人类学、经济学等学科也都进入了儿童研究的行列,儿童成为研究的中心,人们努力地从各个角度审视儿童,呈现出对儿童的关注。教育要尊重儿童天性、顺应儿童身心发展的自然规律成为众多学者的共识,儿童的权益得到了全社会的关注。1948年《世界人权宣言》第一次明确提出了儿童权利保护的思想,1959年《儿童权利宣言》在国际法层面上确定了各国儿童应当享有的各项基本权利,规定了儿童应享有健康成长、发展和受教育的

---

① [美]杜威.学校与社会·明日之学校[M].赵祥麟,任钟印,译.北京:人民教育出版社,1994:44.

权利。1989年第四十四届联合国大会通过了《儿童权利公约》，并向各国开放供签署、批准和加入，从而使尊重、爱护儿童成为全人类通过政治、法律途径携手进行的国际行动。中国于1990年签署《儿童权利公约》，1991年制定颁布《中华人民共和国未成年人保护法》。经多次修订的《幼儿园工作规程》明确规定了幼儿教育原则："遵循幼儿身心发展规律，符合幼儿年龄特点，注重个体差异，因人施教，引导幼儿个性健康发展。"①"幼儿园应当充分尊重幼儿的个体差异，根据幼儿不同的心理发展水平，研究有效的活动形式和方法，注重培养幼儿良好的个性心理品质。"②"不得开展任何违背幼儿身心发展规律的活动。"③2001年颁布实施的《幼儿园教育指导纲要（试行）》规定："幼儿园教育应尊重幼儿的人格和权利，尊重幼儿身心发展的规律和学习特点，以游戏为基本活动，保教并重，关注个别差异，促进每个幼儿富有个性的发展。"④"幼儿园的教育是为所有在园幼儿的健康成长服务的，要为每一个儿童，包括有特殊需要的儿童提供积极的支持和帮助。"⑤"尊重幼儿在发展水平、能力、经验、学习方式等方面的个体差异因人施教，努力使每一个幼儿都能获得满足和成功。"⑥由此可见，尊重儿童，让每个儿童获得个性化的发展已成为儿童教育的行动指南。然而，教育理想的"丰满"难以遮蔽教育现实的"骨感"。

爱伦·凯（Ellen Key）曾预言：20世纪是儿童的世纪。然而，在刚刚过去的20世纪，在大多数地方和学校依然少见"儿童的身影"，儿童还处在被遗忘的角落，以至于满足"儿童发展的需要几乎成为一种奢侈品"⑦。在21世纪的今天，由于对儿童的认识和理解的匮乏，儿童教育依然"遗失"了儿童：人们深知暴饮暴食

---

① 中华人民共和国教育部.幼儿园工作规程.[M].北京:首都师范大学出版社,2016.
② 中华人民共和国教育部.幼儿园工作规程.[M].北京:首都师范大学出版社,2016.
③ 中华人民共和国教育部.幼儿园工作规程.[M].北京:首都师范大学出版社,2016.
④ 中华人民共和国教育部.幼儿园教育指导纲要（试行）.[M].北京:北京师范大学出版社,2001.
⑤ 中华人民共和国教育部.幼儿园教育指导纲要（试行）.[M].北京:北京师范大学出版社,2001.
⑥ 中华人民共和国教育部.幼儿园教育指导纲要（试行）.[M].北京:北京师范大学出版社,2001.
⑦ 陆有铨.躁动的百年——20世纪的教育历程[M].济南:山东教育出版社,1997:916.

不利于身体健康,却热衷于填鸭式教育;人们拒绝催熟食品,却急切于催熟教育;人们深知拔苗助长的无知,却趋之若鹜于拔苗助长式教育……无视儿童的自然生命进程,急切的催熟式教育不仅夭折了儿童,造成了童年消逝,更窒息了教育的生命力,造成了"儿童缺位"的"无根"病态教育。

(一)拔苗助长式的家庭教育

儿童在家庭中占据了中心地位,尤其在中国实行独生子女政策时期,儿童便成为家庭生活的全部,集万千宠爱于一身,中国家庭对孩子的溺爱程度当列世界之首。家长倾其所有望子成龙、望女成凤,在教育上的"拔苗助长"程度也不亚于其他任何国家。甜蜜的溺爱与焦急的"成才"美梦相结合,便演变成了儿童的噩梦,"拔苗助长"斩断了儿童的生命之根,急切地"催肥"摧毁了儿童的生命之力,多少儿童饱受痛苦,甚至葬送掉绚丽的童年生活。丰子恺几十年前的漫画,形象地描画了当今家长的"似爱之虐"式家庭教育。

图 2-1　似爱之虐①

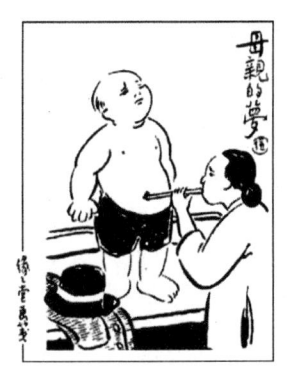

图 2-2　"立竿见影"盼成效②

母亲盼儿速成长,火棍对着肚脐眼,
一口吹成大人样,省去含辛茹苦养!

---

① 丰子恺.似爱之虐.[EB/OC].http://mp.weixin.qq.com2017.05.10.
② 丰子恺.母亲的梦.[EB/OC].http://mp.weixin.qq.com2017.05.10.

案例一：没伙伴没玩具没童年①

2004年8月25日,《新民晚报》以"没伙伴没玩具没童年"为题,报道了湖南"神童"魏永康的故事。出生于1983年的魏永康,2岁时就掌握1 000多个汉字,4岁便掌握初中文化,8岁开始上重点中学,13岁考进湘潭大学物理系,17岁考入中科院高能物理研究所的硕博连读,父母结束陪读生涯。然而,2003年魏永康因无法继续完成学业,从中科院肄业回家,"神童"梦破灭。

案例二：六龄童学3门外语患上失语症②

2007年10月28日,《新民晚报》以"六龄童学3门外语患上失语症"为题,报道了重庆女孩月月在父母的训练下6岁就会说不同程度的英、法、日三门外语,但由于多种语言的混杂使得月月无法与同伴正常交流,而被小朋友嘲笑为"外星人"。月月因此突然变得内向起来,总将自己关在房内。经重庆市儿童医院医生的诊断,月月患了失语症。

案例三：因孩子不会写数字"8",父亲失手打死4岁儿子③

2012年1月9日,父亲因孩子不会写数字"8"失手打死4岁儿子,江苏南通市通州区人民法院少年法庭以故意伤害罪判处孩子的父亲徐某有期徒刑七年六个月。

由于父母缺乏正确的育儿观念和科学的育儿方法而导致的家庭悲剧时有报道,让人触目惊心。此类事件的发生,无不源于家长对"儿童"的无知。"父母,不是容易做的,一般人以为结了婚,生了孩子,就有做父母的资格了,其实不然。我们知道,栽花的人,先要懂得栽花的方法,花才能栽得好;养蜂的人,先要懂得养蜂的方法,蜂才能养得好;育蚕的人,先要懂得育蚕的方法,蚕才能育得好;甚至养牛、养猪、养羊、养马、养鸟、养鱼,都要先懂得专门的方法,才可以养得好。难道养小孩,不懂得方法,可以养得好吗?可是一般人对于自己的孩子,反不如比养蜂、养蚕、养牛、养猪看得重要。对于养孩子的方法,事先既毫无准备,事后又不加以研究,好像孩子的价值,不及一只猪,一只羊。这种情形,在我国目前,到

---

① 没伙伴没玩具没童年——"神童"肄业回家的背后[N].新民晚报,2004-8-25.
② 六龄童学3门外语患上失语症.新民晚报[N],2007-10-28.
③ 父亲失手打死4岁儿子,因孩子不会写数字"8"[N].中国江苏网,2012-01-18.

处可以看见,真是一件奇怪的事。"①

(二) 催熟造人式的学校教育

1. 幼儿教育小学化

"正如在一个花园中,……在一个有技能和有智慧的园丁照料下,根据自然法则而栽培的幼苗正在生长一样,在我们的花园里,我们的幼儿园里,人是所有正在生长的东西中最崇高的,将根据他们自己的生存法则以及上帝和自然的法则而得到培养。"②"称之为'幼儿园',与通常称为'幼儿学校'的类似机构是不同的。幼儿园并不是一所学校,在其中的儿童不是受教育者,而是发展者。"③幼儿园是儿童的花园,成人是护花使者,"百花齐放""百花争妍"是福禄倍尔对幼儿园命名的旨归。尽管早在 2001 年国家就颁布并实施了《幼儿园教育指导纲要(试行)》,为幼儿教育提出了行动指南。全国上下进行了多种形式的培训与学习,希望将观念转化为教师的实际教学行动。然而,幼儿教育小学化倾向在我国仍然普遍存在,成为幼儿教育的顽疾。2010 年 12 月,针对幼儿教育小学化倾向和入园难问题,国务院印发了《关于当前发展学前教育的若干意见》,强调:"遵循幼儿身心发展规律,面向全体幼儿,关注个体差异,坚持以游戏为基本活动,保教结合,寓教于乐,促进幼儿健康成长。"④"防止和纠正幼儿园教育'小学化'倾向。"⑤2012 年 10 月,教育部颁布了《3~6 岁儿童学习与发展指南》(以下简称《指南》),"对防止和克服学前教育'小学化'现象提供了具体方法和建议"⑥。《指南》开篇便明确其宗旨:"帮助幼儿园教师和家长了解 3—6 岁幼儿学习与发展的基本规

---

① 陈鹤琴.怎样做父母[J].父母必读,1983(12).

② Alexander B. Hanschman, The Kindergarten System. London:Swansonneoschein, 1897, p. 119.

③ H. Courthope Bowen, Froebel and education through Self-Activity. New York:Seribner, 1897, p. 3.

④ 关于当前发展学前教育的若干意见.

⑤ 关于当前发展学前教育的若干意见.

⑥ 3—6 岁儿童学习与发展指南.

律和特点,建立对幼儿发展的合理期望,实施科学的保育和教育,让幼儿度过快乐而有意义的童年。"①着重要求:"遵循幼儿的发展规律和学习特点"②"关注幼儿身心全面和谐发展"③"尊重幼儿发展的个体差异"④。强调"既要准确把握幼儿发展的阶段性特征,又要充分尊重幼儿发展连续性进程上的个别差异,支持和引导每个幼儿从原有水平向更高水平发展,按照自身的速度和方式到达《3~6岁儿童学习与发展指南》呈现的发展'阶梯',切忌用一把'尺子'衡量所有幼儿"⑤。"严禁'拔苗助长'式的超前教育和强化训练。"⑥《指南》颁布实施后,各地也组织了形式多样的学习,但在调查中发现教师对儿童认识的缺失还处于集体无意识状态。"语言上的巨人,行动上的矮子"现象较为普遍,多数教师并未真正了解儿童的身心发展规律,仅限于经验层面的一知半解状态;对于教育活动的组织也不是出于儿童的兴趣和需要,而更多的是成人(教师、家长)的兴趣和需要。媒体曝光的"虐童"事件以及"幼儿园喂药"事件中教师的"集体失声"现象,从另一侧面说明了"目无儿童"的教育现实。

2. 中小学教育削足适履化

"是故凫胫虽短,续之则忧;鹤胫虽长,断之则悲。故性长非所断,性短非所续,无所去忧也。"⑦意思是说,野鸭的腿虽然很短,给它接上一截它就要发愁;仙鹤的腿虽然很长,给它截去一段它就要悲伤。这说明,人为地截长补短,改造物之天然本性,反而导致各物之痛苦与悲伤。因此,正确的态度应是"长者不为有余,短者不为不足"⑧,合理的做法是"顺其自然""自然而然"。然而,在"大一统"的知识选拔性教育模式之下,多姿多彩的儿童个性特质几乎被抹杀殆进而变得"千人一面",中小学教育成为"削足适履"式的同一化教育。为不同儿童提供同

---

① 3—6岁儿童学习与发展指南.
② 3—6岁儿童学习与发展指南.
③ 3—6岁儿童学习与发展指南.
④ 3—6岁儿童学习与发展指南.
⑤ 3—6岁儿童学习与发展指南.
⑥ 3—6岁儿童学习与发展指南.
⑦ [战国]庄周.庄子[M].雷仲康,译注.上海:书海出版社,2001.
⑧ [战国]庄周.庄子[M].雷仲康,译注.上海:书海出版社,2001.

一尺码、同一样式、同一材质、同一款式的鞋子,注定步履维艰、难以前行到远方。这种"一刀切"的方式是一种典型的"物"的生成方式,无视人与物的不同,更认识不到儿童的独特性。于是,教育远离了活生生的儿童,学校成了加工厂,儿童成了被加工的物品,儿童在其中被动地、屈辱地被改造,毫无尊严可言。作为有头脑的教育工作者或许要问,因学校的教育不适合儿童发展需要,有多少个含苞待放的"爱因斯坦"在今天的学校中遭遇到失败?(据说在常规学校里,爱因斯坦的学习遇到了很大的麻烦,当他来到瑞士的一所裴斯泰洛齐式的学校以后,终于感到高兴,学习也非常成功①)教育过程中的儿童,没有被当作儿童看待。儿童生命特有的自由、灵性和创造被划一的教育制度、刚性的规则,被技术化、程式化的教学,被居于主体和霸权地位的成人所限制、摧残,教育过程不再是丰富多彩的儿童的生活过程和活动,而成为机械化的造人流水线,正如丰子恺笔下的教育图景。

图 2-3 一个模子做教育②

一块模子印泥巴,以为自己是女娲?
千个人儿一个样,这种教育太可怕!

图 2-4 一个模子做教育③

一块模子量小大,一个标准走天下?
生搬硬套用力塞,哪管孩子哭哇哇!

今天的儿童过着被"圈养"的生活,被封闭在狭小的空间中,过着家庭、学校

---

① See Lewis Pyenson,The Young Einstein. Bristol and Boston:Adam Hilger,Ltd. ,1985.
② 丰子恺.某种教育.[EB/OC].http://mp.weixin.qq.com2017.05.10.
③ 丰子恺.某种教育(二).[EB/OC].http://mp.weixin.qq.com2017.05.10.

两点一线的单调生活,造成了生活中"人"的缺场。儿童被剥夺了自由活动的时间和空间,没有小伙伴的嬉笑和追逐,有的仅仅是"学习""学习""再学习",不能不说这是对生命的折磨和摧残。在这种"非人"的控制之中,儿童的个性被压抑,生命的自由被剥夺,儿童成了唯唯诺诺的被动的木偶,失去了生命的灵性,变得麻木、迟钝。教师、家长绑架儿童的意愿,儿童成为成人随心而造的物,造成了教育中儿童的缺席。成人立场的教育过程成为一种训练和控制的过程,成人与儿童成为一种控制与被控制、压迫与被压迫的关系。在这种关系中,儿童变成了物,有生命的、灵动的儿童被当作了无生命的木偶与容器。成人的控制是外在的,但是这种控制是对生命自由本性的一种窒息式压抑。这种压抑使儿童没有了创造力,没有了想象力,没有了激情和个性。"我们对儿童是一点也不理解的:对他的观念错了,所以愈走就愈入歧途。最明智的人致力于研究成年人应该知道什么,却不考虑孩子们按其能力可以学到些什么,他们总是把小孩子当大人看待,而不想一想他们还没有成人哩。"①

童年应该是快乐的、幸福的,应该是多姿多彩、无忧无虑的。沉重的学习负担,使得儿童的生活处于一种高压的紧张状态,年幼的生命不堪重压,处在岌岌可危的病态之中,何言快乐的童年生活?儿童缺位的教育是病态教育,吞噬着儿童的生命,使儿童承受了不应有的生命之重。"使教员可以少教,学生可以多学,使学校成为更少喧闹、更少令人厌恶的事、更少无效的劳作,而有更多闲逸、更多乐趣和扎实进步的场所……"②几百年前夸美纽斯的教育梦想,今天依然是我们的教育梦想。

"昔者庄周梦为蝴蝶,栩栩然蝴蝶也。自喻适志与! 不知周也。俄然觉,则蘧蘧然周也。不知周之梦为蝴蝶与? 蝴蝶之梦为周与? 周与蝴蝶则必有分矣。此之谓物化。"③梦与现实的界限是模糊的,人们通过梦可以自由到达幻想的境地。只有当认知发展到一定阶段的时候,人们才能区分梦想与现实。经过漫长

---

① [法]卢梭.爱弥儿(上)[M].李平沤,译.北京:商务印书馆,1996:2.
② [捷]夸美纽斯.夸美纽斯教育论著选[M].任钟印选编.任宝祥,等译.北京:人民教育出版社,2004:6.
③ [战国]庄周.庄子[M].雷仲康,译注.上海:书海出版社,2001.

的时间,生活在不同文化中的人们才慢慢认识到梦境与现实、幻想与真实之间的区别。经历了多少世纪,教育的车轮缓慢地前行着。当回顾过去先哲们所进行的艰辛探索时,心中敬意澎湃;而当读着先哲们所提出的精湛理论而又不见实施时,却又不免惋惜沮丧,感叹教育演进的迟缓。教育家们对教育的探索此起彼伏,教育改革潮起潮落,呈现钟摆式的循环现象,犹如徘徊在空泛的无根状态中。在新旧表征中,是否能寻求到相同点,探查到教育的平衡基点?教育领域的儿童发现推动了哲学、生物学、人类学等多学科领域内的儿童研究,并取得了丰硕的研究成果。然而,"墙内开花墙外香",教育领域内自身的儿童研究却被远远地抛在了后面,摇摆不停的各种教育改革热衷于研究怎样教育,而忽视研究自身——儿童是什么?教育是什么?正如卡尔·西奥多·雅斯贝尔斯(Karl Theodor Jaspers)所言:"如果变得日益严重的教育本质问题,竟被人们如此的忽略,那么教育就会变得丧失根本目标而不稳定和支离破碎。它带给学生的不再是包罗万象的整体教育,而是混杂的知识。"①教育学需以哲学、生理学、心理学等多学科的先行发展为前提,需要及时将相关领域的研究成果进行教育场域的转换和融合。教育的问题如同灌木丛一样错综复杂,但追根溯源,教育中最根本的问题是如何认识儿童。因为儿童是教育的原点,是教育的永恒主题,是教育的全部秘密。儿童教育源于对儿童的发现,教育是基于对儿童的发现而产生和发展起来的。认识儿童是所有教育理论的基石和源泉,对儿童认识到什么程度,就有什么样的教育,就有什么样的教育理论。时至今日,作为21世纪的人们应更加理解、尊重和敬畏儿童。从根本上认识儿童,以完整的视野,更加谨慎、正确地把握儿童,发现儿童的本真,探知儿童生命的自然进程,循自然而动,才能实施儿童本位的儿童教育,才能建构合生命规律的儿童教育理论。

"儿童"是一个历史建构的概念。"作为孩子不是实体性的存在,而是一个方法论上的概念。"②正是在这种方法论的视野之下,儿童才成为可研究的对象。儿童概念的形成,是众多价值系统发生作用的场所,是一个永远处于正在形成状

---

① 杨斌编.什么是真正的教育——50位大师论教育[M].福州:福建教育出版社,2010:28.
② [日]柄谷行人.现代日本文学的起源[M].赵京华,译.北京:生活·读书·新知三联书店,2006:124.

或是生成状态的存在。儿童概念的产生就是一系列从具体到抽象、从经验到理性的生成过程。人类发展至今，我们依然对儿童缺乏认识、理解，这使得无论是教育理论层面，还是教育实践层面，都存在着深层的儿童的缺失。这种缺失，正是儿童教育缺乏生机、毫无个性的根源所在。任何缺失儿童的教育都不是真正的儿童教育，任何偏离儿童生命的教育都不是科学的儿童教育。"无论是对一个医生还是一个教师来说，最重要的就是必须首先认识人的一般天性和特殊天性，然后才能对症下药，因材施教。"①儿童，是教育的逻辑起点，儿童为本的教育才是真正的儿童教育。了解儿童、认识儿童应是教育的必然前提与基础，研究儿童、发现儿童的生命成长奥秘应是教育学永恒的课题。教育失却了原点，也就失却了存在的坐标；教育失却了儿童，也就失却了教育的真谛。"在万物的秩序中，人类有它的地位；在人生的秩序中，童年有它的地位；应当把成人看作成人，把孩子看作孩子。"②回归教育的原点——儿童，成为儿童生命呼唤的最强音，以儿童为本也是教育的生命使然。

---

① [德]第斯多惠.德国教师培养指南[M].袁一安,译.北京:人民教育出版社,2001:99.
② [法]卢梭.爱弥儿(上)[M].李平沤,译.北京:商务印书馆,1996:74.

第三章 儿童的生命是生成的

生命,为教育根基之所在。这意味着,对教育的考量应从对生命的考量开始。生命的逻辑是教育哲学和儿童教育学的逻辑起点,儿童发展与教育研究是循着生命的逻辑展开的。从生命的视角去观察、理解和阐发教育,进而深入到生命存在的境界之中建构教育。儿童是教育的原点,因而对儿童生命的探求,成为教育学研究的必然前提与基础。只有真正发现儿童,充分了解儿童的生命本质,掌握儿童的生命生成规律,才能为儿童的生命成长提供合规律性的教育。"只有对人和人的本性的彻底的、充足的、透彻的认识,根据这种认识,加以勤恳的探索,才能使真正的教育开花结实。"①

一、生命的多元理解

"生",甲骨文为 ψ。许慎《说文解字·生部》云:"生,进也,象草木出土上。"②"生"是会意字,引申为发生、生育,进一步指活着的物,更具体的指生命的存在。故"生"作动词用为自无出有之出生,作名词用则为出生以后之生命。"性"由"生"孳乳而来,"生"为具体之生命,"性"为此具体生命之先天禀赋。在甲骨文中"命"与"令"同源,后分化。"命",甲骨文 ᗡ=△(朝下的"口")+ 人(人,等候

---

① 张焕庭.西方资产阶级教育论著选[M].北京:人民教育出版社,1979:315.
② [汉]许慎.说文解字全6卷[M].北京:中华书局,2013:123.

指示的下级），指人跪着接受训示，体现了崇敬和臣服。造字本义是：上级向下级开口发话，做出权威性指示。金文 ⌘ 承续甲骨文字形。有的金文 ⌘ 再加 ⌘ 另造"命"，强调开口发令。"命"在《说文解字》卷二中解释为："命，使也。从口，从令。"① 由此可见，"生"和"命"合成的"生命"一词，意味着某种规定性、遵循性的存在，这不免使得生命具有了神秘的面纱。古今中外的学者们对生命进行了不懈的探索，一直试图探求生命的奥秘，解答"什么是生命？"，但至今仍为不解之题。人们对事物的认识总是经历由表及里、由浅入深、去伪存真的过程，对于生命的认识也要经历漫长而曲折的过程。从古至今，人们对生命的认识即"生命观"提出了许多不同的见解，其中不乏偏见与迷惘，但累累成果也给予我们极大的启示和思考。

（一）生物学视野下的"生命"

生物学（biology）是研究生命的科学，是研究生命现象的本质及探讨生物发生、发展及其活动规律的科学，又称生命科学（bioscience）。② 发达的科学技术和正确的理论思维是人们获得真理的两个不可偏废的重要因素，而正确的生命观是生命科学得以迅速发展的根本。

1. 上帝创造了生命？

特创论认为上帝创造生命。基督教的教义是最有代表性的特创论观点，这种观点显然是错误的，但却长期禁锢着人们的思想。特别是在中世纪时期的欧洲，特创论被奉为最高圣典，不容有丝毫怀疑，严重阻碍了科学思想的发展。文艺复兴之后，自然科学和技术如雨后春笋般蓬勃发展起来，可是特创论的观点却依然长时期地牢固盘踞在人们的脑海里，尤其在地质学界和生物学界表现得特别明显。在生物学界，瑞典生物学家卡尔·冯·林耐（Carl von Linné）和法国古生物学家乔治·居维叶（Georges Cuvier）是最典型的代表人物。林耐创立了动植物分类的二名法③和分类原则，为近代生物学的发展奠定了第一块基石，使得

---

① ［汉］许慎.说文解字［M］.北京：中华书局，2013：26.
② 王元秀.普通生物学电子课件［M］.北京：化学工业出版社，2012：1.
③ 所谓二名法就是规定动植物名称由属名（名词）和种名（形容词）构成，属名在前，种名在后，并规定属名和种名均使用拉丁文，属名的第一个字母要大写。人类的学名 Homo sapiens（智人）即为林耐所命名。

"植物学和动物学由于林耐而达到了一种近似的完成"①。林耐虽然对植物学和动物学的发展做出了巨大贡献,但是他却顽固地坚持特创论观点。由于他在学术上的权威性,他的错误观点对当时和以后相当长的时期的各国学者产生了很深的不良影响。居维叶在比较解剖学、动物分类学研究方面取得巨大成就,是古生物学的奠基人,他根据《创世纪》中大洪水的故事提出了"灾变论"。居维叶的学生、法国著名古生物学家、层位学家德奥宾尼(Deo Binney)把灾变论推向极端,直言不讳地说生命是上帝重复创造的。此等说法严重阻碍了科学的发展,直到1830年均变理论的提出,才给予灾变论以毁灭性打击。英国地质学家查尔斯·莱尔(Charles Lyell)主张地球一直缓慢进化,是理化的动因和过程所致,而非超自然的灾变所引起。1859年,英国伟大的生物学家达尔文出版《物种起源》一书,以自然选择为核心的生物进化理论终于结束了特创论对生物学界的统治。

《物种起源》发表至今已一个多世纪了,生物学突飞猛进,成为自然科学领域中的前沿学科,但一些特创论者仍在负隅顽抗。1985年美国一教会组织出版《生命从何而来?进化抑或创造》,特创论观点贯穿其中。2000年6月人类基因组框架草图绘制成功,这是具有里程碑意义的科学成就。但在2000年7月,日本《牛顿》杂志发表了由詹姆斯·沃森(James Watson)等美国著名学者撰写的专辑,专辑的封面上写有醒目的大字:"一切是从DNA开始的神的设计图"②,其中"神的设计图"五个字尤为突出,占据了封面的核心位置,由此可见特创论的幽灵仍然游荡在一些生物学家的头脑中。很有意思的是,英国行为学家理查德·道金斯(Richard Dawkins)在其《自私的基因》一书中,曾提出了上帝或神是由基因创造出来的。道金斯认为,人类诞生以后出现了一种新型的自我复制子即传递文化的复制子(meme)(此词源于古希腊语的单词 mimemem,意为模仿)。Meme 为人类所独有,和基因一样可以进行自我复制。如某一科学家的想法通过演讲或发表论文等渠道传递给同行、学生和大众,这个精彩的想法就从那位科学家的头脑传递到另一个人或很多人的头脑中,这就等于(meme)复制了一次或多次,它

---

① [德]恩格斯.自然辩证法[M].中共中央马克思恩格斯列宁斯大林著作编译局,译.北京:人民出版社,1971:10.
② 庚镇城.生命本质的探索[M].上海:上海科学技术出版社,2004:15.

所包含的信息也随之扩大传播。像基因从亲代传到子代一样，文化基因也可以绵延持久地传递。道金斯认为，人是承载文化复制子（meme）的载体，神的传说和宗教信仰也是一种人类文化复制子（meme）传递复制的结果，是进化的基因创造了神。换言之，是基因经过40亿年的进化终于在人的头脑中创造出神、宗教这样的文化复制子。道金斯的基因创造上帝论破解了上帝创造生命、物种不变的谬论，无疑是对特创论有力的批驳。然而，在未搞清楚人的基因组和其他生物的基因组的进化机理之前，根除特创论还有待时日，任重而道远。

2. 万物有灵？抑或生物有命？

万物有灵论又称物活论，认为世上万物都是活的，都是有生命的。① 物活论的主张最早出现在古希腊米利都学派哲学家的文献中。17世纪的巴鲁赫·德·斯宾诺莎（Baruch de Spinoza）也主张物活论，提出了自身原因理论，试图从世界本身去说明世界。法国启蒙时代的哲学家让·巴蒂斯特·勒奈·罗比耐（Jean Baptiste René Robinet）也认为整个自然界是由具有生命及感受性的物质胚芽组成。随着时代的前进和科学技术的发展，人们逐渐把物活论淡忘了。但随着自然环境的破坏、生态的失衡、气候的异常，不仅无数的生物濒临灭绝，人类也正遭到自然界的报复，生存状况堪忧。日本现代哲学家梅原猛（Umehara Takeshi）由此提出复活物活论，希望回归崇尚自然精神。人类是大自然的伙伴，应认真研究、正确运用自然规律，爱护自然万物而不应恣意妄为，但是通过复活不科学的物活论来达到保护环境也不过是缘木求鱼的天真幻想。

生机论也称活力论，认为只有生物才具有生命，生命是由非物理、化学性质的超自然力量操纵的，因而才能产生出非生物体所没有的合目的性的行为，故生机论者又是目的论者。② 最早提出生机论的是阿那克西曼德罗斯（Anaximander），他认为灵魂支配着人类。恩培多克勒（Empedocles）提出了"pneuma"的概念，意为元气、精神、灵魂。他认为心脏是脉管系统的中心，元气栖息于脉管中的血液里，心脏通过脉管把元气搬运到全身，从而支撑生命活动。③ 古希腊生理学家克劳迪

---

① 庚镇城.生命本质的探索[M].上海：上海科学技术出版社，2004：19.
② 庚镇城.生命本质的探索[M].上海：上海科学技术出版社，2004：27.
③ 庚镇城.生命本质的探索[M].上海：上海科学技术出版社，2004：27.

亚斯·盖仑(Claudius Galenus)将其融入生理学中,认为 pneuma 原是空气中的生命元气,人或动物将其吸进体内,然后进入心脏,和血液结合,就成为生命的 pneuma,成为生命有机体的原动力。亚里士多德进一步发展了生机论思想,将自然界分为无生物界和生物界,提出了金字塔式的自然观。亚里士多德认为生物之所以为生物,在于其内部存在着 entelechiea(希腊文,生物体的一种活力)。植物位于生物界的最底层,其 entelechiea 水平最低,对生命的支配能力最少,只管生命体的营养、生长和繁殖。位于植物之上的是动物,除了具有植物的营养、生长、繁殖的功能外,动物的 entelechiea 还使动物体具有感觉和运动的功能。人处于金字塔的顶端,人的 entelechiea 使人不仅具有动物的全部功能,还具有理性。亚里士多德将人放在了自然界金字塔的顶端,这与孔子的"惟人万物之灵"[1]的观点一致。

亚里士多德的 entelechiea 观点曾有若干学者追随,但在试图以物理学、化学的观点解释生命现象的机械论观点兴起之后,生机论观点曾一度沉寂。然而,德国著名的动物学家汉斯·阿道夫·爱德华·德里施(Hans Adolf Eduard Driesch)于 19 世纪末再度扬起生机论的旗帜,试图将生机论与当代生物学统一起来。德里施基于一卵双生子的研究发现,认为受精卵分裂成两个卵裂球后,每个卵裂球还能发育成一个完整的与原来一样的成体的原因在于,每个卵裂球独自含有造成一个个体的指导原理,它指导生命体发育的展开。德里施将此指导原理称为"隐德来希"(显然来源于亚里士多德的 entelechiea),是指导、控制生物体发育的指令,如同雕塑家脑海中的创造意图或规则,寓于生命体中的超物理生机,控制着个体发育向成体目标进行,并控制、指导蛋白质及其他物质组装成生物成体。在 20 世纪初期,德里施就设想出在生物体内存在着一种控制个体发育方向、进程以及能量作用步骤的指导原理,这无疑是非常睿智的。今天分子生物学已经证明,在生物体中确实存在着指导控制生物体发育和不同发育阶段生命活动的指令,那就是编写在 DNA 分子中的遗传信息即基因组中的 4 种碱基的排列顺序。[2] DNA 分子中的 4 种碱基的排列顺序是怎样被决定的呢?这依然是未来生命科学要研究的重大课题之一。

---

[1] 柯继民编.四书五经[M].哈尔滨:黑龙江人民出版社,2003:586.
[2] 庚镇城.生命本质的探索[M].上海:上海科学技术出版社,2004:35.

3. 生命是"一台纯粹机械的钟"？①

由于天文学、力学、数学和物理学的蓬勃发展，新的规律与法则不断被发现，人们认识世界的范围越来越大，解释自然现象的精确度也越来越高，机械论生命观由此兴盛起来。机械论生命观与生机论完全对立，认为生物与非生物并无本质差别，生命运动也只是机械的、物理的、化学的运动。机械论生命观认为通过具体的观察和实验即可以认识和理解生命，并可以用化学的、力学机械的原理加以阐释说明。

勒内·笛卡尔（Rene Descartes）是机械论生命观的创始者，他主张生命现象可以用纯力学（机械论）加以解释，此观点被称为古典的机械论生命观。笛卡尔的古典机械论生命观被认为是盖仑的解剖学和17世纪物理学相结合的产物，他在其著作《论人》中试图以纯力学（机械论）的法则来说明生命有机体的全部过程，这在生理学史上是最初的尝试。笛卡尔认为，神经是通导灵魂精气的构造，根据精气注入多寡，肌肉发生膨胀或收缩，而松果体便是人的灵魂的座位，灵魂精气就由松果体发出。笛卡尔还借鉴了英国医生威廉哈维（William Harvey）在其著作《血液循环原理》一书中把心脏当作一台发挥着机械性作用的泵的观念，认为动物和人都是以心脏为中心的自动机械，生命是机械性地联系在一起的，没有必要假定在机械之外还有其他的东西存在。

笛卡尔的机械论对后人影响很大。18世纪哲学家朱利安·奥夫鲁瓦·德拉梅特里（Julien Offroy de La Mettrie）的《人体机械论》，认为人体是自动卷发条的极复杂的机械，包括心理活动也是人体机械产生出来的一种作用。19世纪的德国著名动物学家、达尔文进化论的忠实拥护者恩斯特·海克尔（E. Haeckel）也是完全的机械论者，他甚至认为生命体的一切活动与无机现象相等。进入20世纪以后，生物学迅速发展，一元论的机械论主导生物学领域。许多学者认为生物体和机器一样，构成生物体的有机物质受物理、化学规律的制约，生命现象完全由物理的或化学的法则加以解释。人体是一部严格服从物理、化学规律运转的"机器"，其他生物亦然，这便是现代机械论，也被称为还原论。英国著名动物学家达西·温特沃斯·汤普森（D'Arcy Wentworth，Thompson）、现代遗传学奠基人，

---

① [奥]薛定谔.生命是什么[M].罗来鸥,罗辽复,译.长沙:湖南科学技术出版社,2007:81.

美国生物学家托马斯·亨特·摩尔根(Thomas Hunt Morgan)都秉持这种观点,奥地利理论物理学家埃尔温·薛定谔(Erwin Schrödinger)也是著名的现代机械论者。1944年薛定谔出版《生命是什么》,从理论角度对生物学中的遗传问题和生命本质及特征问题做了阐释。薛定谔指出,地球上的有序有两种方式:一种有序来自无序,存在于无生命世界中;另一种有序来自有序,存在于生命世界中。他提出了"以负熵为生"的观点,把生命的特征和热力学联系了起来,认为生物不是封闭的体系,而是不断地和外界环境进行物质交换的开放体系。生物在形态结构、生理功能与遗传特征上具有稳定性,外界环境即使发生改变,生物体一般也能保持其稳定性,即保持其原来的有序状态,不使熵增大。薛定谔认为生物的新陈代谢实际是有机体吸收负熵并以此消除在活着时必然产生的正熵的过程,以维持自身在一个稳定而又很低的熵的水平,而负熵就存在于吃进的有机食物中,食物中物质状态的极其有序便是负熵。薛定谔认为生命并不是真正的"钟表装置",即并非是我们日常生活中使用的钟表,而是"一台纯粹机械的钟,不必有发条,也不必上发条,一旦开始运动,就将永远进行下去"。① 他认为染色体纤维是生命的物质载体,是生命的有序来自有序的物质基础,摆脱了热运动的无序,是生物体中的"有机的机器的齿轮","这种单个的齿轮不是粗糙的人工制品,而是沿着上帝的量子力学路线做成的从未有过的最精美的杰作"。② 显然,"上帝的量子力学路线"又让薛定谔陷入了生命的宗教起源泥潭。薛定谔坦然承认仅靠当前的物理学和化学的知识是不足以解开生命的奥秘的,呼吁人们必须准备发现在生命物质中占支配地位的新的物理学定律。正是薛定谔关于生命的论述和应该去发现新的物理学定律的呼唤成为吸引当时许多物理学家转向生物学研究的动力,其中包括后来发现DNA双螺旋结构,拉开分子生物学帷幕的几位学者如沃森、弗朗西斯·哈里·康音顿·克里克(Francis Harry Compton Crick)、莫里斯·休·弗雷德里克·威尔金斯(Maurice Hugh Frederick Wilkins)等人。

4. 生命是有机联系的整体?

全体论又称为整体论,是在机械论与生机论斗争的背景下产生的,是对生机

---

① [奥]薛定谔.生命是什么[M].罗来鸥,罗辽复,译.长沙:湖南科学技术出版社,2007:81.
② [奥]薛定谔.生命是什么[M].罗来鸥,罗辽复,译.长沙:湖南科学技术出版社,2007:84.

论和机械论的超越。全体论认为生物体是一个整体,是由各个器官或部分组成,但整体并非是各个部分的简单相加或整合,整体是各个部分通过有机联系形成的,整体会产生在部分中看不到的新质。① 全体论者认为全体和部分在质上是不同的,生命(全体)具有新的性质,而部分仅是机械的过程。生命并非是身体中各个生理过程的简单相加或总和,而是诸多生理过程按一定秩序相互联系、相互作用才生成生命这种新质的。

在生物学领域,南非心理学家斯马茨(Smuts)在其著作《全体性与进化》中,最早使用"全体性"一词。全体论得到了很多生物学家的支持,乔治·科勒(Georges Kohler)曾对全体论作过系统的阐述。英国植物生理学家霍尔丹(J.B.S. Haldane)将全体论扩展到生物体与外界环境的关系上,认为只有在包括外界环境的整体中才能认识并把握生命的姿态。苏联的李森科(T.D.Lysenko)学派也持类似观点,特别强调生物体与其外界的生活条件是相互作用的统一整体。新全体论的经典著作《发生生物学与全体性》由波兰动物胚胎发生学家杜尔金(Durkin)撰写,他成为新全体论的代表人物。新全体论者认为,生物体各部分的活动在有机联系中创造出生命,部分构成全体,但部分受全体支配或控制,只有辩证地看待部分和全体之间的相互关系才体现出全体论的真谛。

全体论者强调必须把生物体解释为机能活动的整体,而不能仅仅用物理学和化学来理解生命。也就是说,生命有机体的独特性在于整体性,与机械装置不同,本质上是完整的、不可分割的系统,因而必须用全体论或整体论的观点去研究。整体大于它的部分之和,仅仅是部分的聚积并不能构成一个整体,因为缺乏生命有机体所显示的整体性,而没有这种整体性就仅仅是物理性的集合体。因此,生命是只有显示出这种统一性的整体才具有的属性。"生命本身只有通过整个有机体作为它们在与环境的相互作用中的内部关系的一种机能才能显现出来,有机体的任何一部分都是不可能孤立地显现出生命来的。"②

特创论源于宗教泥潭,物活论出于原始认知,生机论将生命运动的特殊性绝

---

① 庚镇城.生命本质的探索[M].上海:上海科学技术出版社,2004:60.
② [美]瓦托夫斯基.科学思想的概念基础——科学哲学导论(新校译本)[M].范岱年,等译.北京:求实出版社,1989:472.

对化,机械论抹杀了生命运动的特殊性将生命运动降低为化学、物理、机械的运动。从用古典方法研究生物学到以全体论研究生物学,是生物学领域的一场"哥白尼革命",实现了从部分到整体,从结构到过程的转移,揭示出了生物体全体与部分的相互依赖性和联系性,考虑到了生命的整体性,但仍然带有生机论和机械论的烙印。随着科学的发展,人们对生命的认识一定会在不断扬弃中走向某种形式的整体论和生成论。

生物学为生命之学,有关生命之成果可为教育科学的核心理论给予本质的说明,使教育工作者获得生物学依据,在教育过程中遵循儿童生命规律。随着自然科学的发展,其科学方法与原理,逐渐贯彻于教育学领域之中,以探求指导的准则,不致有违反自然的倾向,借以解决教育难题。生物学生命观对教育的影响,很显然地表现在教育学者或教育思想家的观点中。例如尼古拉斯·默里·巴特勒(Nicholas Murray Butler)、霍恩(H.H.Horne)、基廷(Keatmge)、鲁迪格(Ruediger)、刘易斯·麦迪逊·推孟(Lewis M. Terman)及杜威等人,在他们的著作中,都可看出其运用生物学之生命原理作为理论根据。鲁迪格在其所著《教育原理》中写道:"教育完全是一种生物学的历程。"推孟在其《学校儿童卫生学》一书中也写道:"我们从事教育的人,一切思想都应该运用生物学的观点,借以探求教育哲理于发育的法则之中。"但由于生命是一个非常复杂的系统,把复杂的生命现象分解为生物过程明显存在局限性。生物学的缺陷是从物的角度认识人,用物种的方法和逻辑认识人的生命,把人物化了而忽视了人的社会属性。对人生命的认知,必须突破物种的认识逻辑和方法,用活生生整体人的方式来认识人,认识人的生命,才能确立真正意义上的人的生命观。

(二)哲学视野下的"生命"

人类对自身生命问题的思考和探究,伴随着人类历史的自始至终。哲学的产生和出现,开启了哲学理解和阐释人类的生命问题的篇章。而这种对生命的哲学探求是不断生成和发展着的,是通过许多思想家、观察家的集体努力,在循序渐进中实现的。他们相互补充、相互修正、相互促进,为我们解读生命奥秘提出一种视角和方法，使我们看到这种视角和方法在某些基本点上付诸实施的可能性。

1. 西方柏格森的生命创造进化论

生命哲学于 19 世纪末在德、法两国产生，是关注人的生命价值和意义的一种哲学思潮。康德的"审美直观"与约翰·克里斯托弗·弗里德里希·冯·席勒(Johann Christoph Friedrich von Schiller)的"形式冲动"开启了以感性生命为对象的哲学之路，成为生命哲学的萌芽。叔本华在生命哲学上继承并改造了康德哲学，认为解释世界的方法不再是理智与逻辑的，而是直觉与体验的。叔本华改造传统理性哲学为以生命为逻辑核心的新型哲学。尼采也将生命意志视为世界的本源动力，称为强力生命哲学。叔本华与尼采都将"生命意志"视为世界的本源，并且以此为出发点，成为最早以现实与感性的人作为哲学出发点的先驱。叔本华与尼采主张，世界永恒发展的终极内因应该是生生不息的意志。正是因为叔本华与尼采二人的强力反叛，生命观念才渐渐深入人心。狄尔泰主张通过感性的体验把握生命现象，提出了"体验—表达—理解"分析框架，奠定了生命哲学的认识论基础。① 在他看来，生命是活生生的、具体的，它有过程、有历史，但却不重复。生命总在变化，人置身在自己的生命之流中，又能与他人的生命融合在一起。19 世纪末，西方近代生物科学的产生，促使人们对生命现象有了新的认识并去进行新的探索。柏格森提出了生命创造进化论，试图用创造的、运动变化的和整体联系的观点说明生命现象。柏格森总结前人成果，将生命哲学的基本精神发扬光大，从理论上系统地证明了"创造性地生成"乃是生命的本质，成为生命哲学集大成者。

正如前文所述，生机论（即目的论）生命观认为，一切生命活动可以预测。机械论则单纯从力学观点解释生命现象，把整个有机自然界的发展看作量的机械进化。生机论和机械论已严重阻碍着人们对生命的认识，达尔文的微小变异理论也依然未摆脱其机械性倾向。② 柏格森深受进化论思想启迪，被生命进化中的新奇性和创造性所打动。1907 年，柏格森出版了《创造进化论》，"因为他那丰

---

① 徐洁莹.狄尔泰美学思想中的"生命"范畴[J].吕梁教育学院学报,2011(12).
② [法]柏格森.创造进化论[M].姜志辉,译.北京：商务印书馆,2004:60.

富的且充满生命力的思想,以及所表现出来的光辉灿烂的技巧",①批驳了机械论与目的论生命观,应时之需树起生命哲学大旗,破天荒地指出了一条生命"创造进化"的道路。柏格森认为世界就是一个生命冲动永不停歇的变易场,批判传统的静止孤立、非连续性和机械性的生命观,强调生命的"生成"和"创造"。他认为整个宇宙是一个创造进化的过程,其动力主要来源于生命冲动。而世界的本质即是人的本质,人的本质就是生命,而绵延便是生命本质的体现,生命的本质更是创造。"绵延是入侵将来和在前进中扩展的过去的持续推进。在过去不断增长的时候起,过去也无限期地保留下来。"②"对于一个有意识的生命来说,存在在于变化,变化在于成熟,成熟在于不断地自我创造。"③绵延意味着创造,意味着全新事物的不断产生。活的有机体是在绵延之中的物体,"它的整个过去延伸到现在,成为现在的现实和起着作用。"④"我们的生命的每一个瞬间都是一种创造……我们在连续地创造我们自己。"⑤"生命是出生前生命进化的延伸。"⑥生物的演变也包含一种绵延的持续登记,包含过去在现在中的一种持续。"生物的目前状态不能在最近的过去中找出其原因,而是应该考虑有机体的整个过去,它的遗传,以及它的整个漫长的历史。"⑦真正的进化论着眼于现实的生成和发展,"沿着时间的路线前进,它因不断积累的绵延而扩张,可以说,它带着自身滚雪球。"⑧进化是不断生成和创新的过程,它是自己为自己开辟道路,外在因素不能左右其进程,也不能为其设定方向。"进化意味着过去通过现在的一种实在连续,意味着像连接符号一样的绵延。"⑨"一种可见的流动在某一时刻和在空间中的某些点产生,这种生命之流穿过它所组织起来的身体,从一代到下一代,它在各个物种之

---

① 柏格森的《创造进化论》1927年获得诺贝尔文学奖的得奖评语.
② [法]柏格森.创造进化论[M].姜志辉,译.北京:商务印书馆,2004:10.
③ [法]柏格森.创造进化论[M].姜志辉,译.北京:商务印书馆,2004:13.
④ [法]柏格森.创造进化论[M].姜志辉,译.北京:商务印书馆,2004:19.
⑤ [法]柏格森.创造进化论[M].姜志辉,译.北京:商务印书馆,2004:12.
⑥ [法]柏格森.创造进化论[M].姜志辉,译.北京:商务印书馆,2004:22.
⑦ [法]柏格森.创造进化论[M].姜志辉,译.北京:商务印书馆,2004:24.
⑧ [法]柏格森.创造进化论[M].姜志辉,译.北京:商务印书馆,2004:8.
⑨ [法]柏格森.创造进化论[M].姜志辉,译.北京:商务印书馆,2004:26.

间分流,分散到个体中,不但不失去自己的力量,反而在前进中不断得到加强。"①"生命好像是一种流动,它通过成熟的有机体,从一种质到另一种质。发生的一切,就像有机体本身只是一个增生体,只是一个花苞,它使一个旧的种质持续发展为一个新的种质。本质的东西是无限进行的发展的连续性,在这个不可见的发展中,每一个可见的有机体在其被赋予生命的短暂的时间间隔中相互重叠。"②

在此,柏格森向我们展示了蕴含着无限生机和动力的生命态,阐释了逐渐生成中的、创造的进化,突出了生命活动的动态性、生成性、过程性。柏格森的创造进化论带来了一个极具生命力的观念——生成,认为人没有一成不变的既定本质,把人看成是未定型的、未完成的、有无限发展可能的一种存在,这也就确立了人的生命属性的生成性,为我们研究人的生命属性提供了丰富的思想资源。柏格森的生命创生理论,将生成的种子播进了哲学沃土,催发了哲学研究的转向,使生成观念从此在哲学领域中深入人心。同时,现代科学也从中获得哲学启迪,并为现代自然科学的巨匠们提供了哲学思想基础,跳出了近代经典科学的机械决定论意识的樊篱,开启了现代科学研究的新篇章。

2. 中国传统哲学生命观

"中国文化之开端,哲学观念之呈现,着眼点在生命,故中国文化关心的是'生命',而西方文化的重点,其所关心的是'自然'或'外在的对象'。"③中国传统哲学以生命问题的思考和解决为其思想的旨归,对生命本质、生命存在与发展等与生命相关的问题给予了极大关注,具有鲜明的生命哲学取向。

(1) 精气学说。

精气学说是研究精气内涵及其运动变化规律,并用以阐释宇宙万物的生成及其发展变化的一种古代哲学思想。④ 其滥觞于先秦时期,两汉时被"元气说"同化。精与气在古代哲学范畴中基本上是同一的,为宇宙万物生成的本原。"气,

---

① [法]柏格森.创造进化论[M].姜志辉,译.北京:商务印书馆,2004:29.
② [法]柏格森.创造进化论[M].姜志辉,译.北京:商务印书馆,2004:29.
③ 牟宗三.中西哲学之会通十四讲[M].上海:上海古籍出版社,2007:11.
④ 孙广仁主编.中医基础理论[M].北京:中国中医药出版社,2007:24.

云气也。"①"精也者,气之精者也。"②"太虚无形,气之本体。"③

老子认为,"道生一,一生二,二生三,三生万物。"④庄子发展了老子学说,完善了"道—气—物(人)"的万物生成模式。"察其始而本无生;非徒无生也,而本无形;非徒无形也,而本无气。杂乎芒芴之间,变而有形,形变而有生,今又变而之死,是相与为春秋冬夏四时行也。"⑤"通天下一气耳。"⑥庄子认为天地万物及人类生灵皆由一气所生,揭示了"道—气—形—生"这一生命形成的全过程。两汉时期,精气学说被元气说同化,并逐渐发展为"元气一元论",开中国气本论哲学之先河。以王充为代表的"元气一元论"主张,气是化生宇宙万物的唯一本原或本体。"元者,为万物之本。"⑦"元者,气也。无形以起,有形以分,造起天地,天地之始也。"⑧

"精气为物。"⑨"天地感而万物化生。"⑩宇宙万物由精气构成。"宇宙生气,气有涯垠。清阳者薄靡而为天,重浊者凝滞而为地。"⑪精气分为阴阳二气,阳刚阴柔,二气交感聚合,万物乃生成形。因此,天地阴阳二气的交感合和是宇宙万物包括人类的发生、发展与变化的根本机制。"阴阳合而万物生。"⑫"人之生也,天出其精,地出其形,合此以为人。"⑬"天地合气,命之曰人。"⑭宇宙万物包括人类的发生机制是天地阴阳精气的交感合和。"烦气为虫,精气为人。"⑮人为宇宙

---

① [汉]许慎.说文解字[M].北京:中华书局,2013:8.
② [春秋]管仲.管子[M].呼和浩特:远方出版社,2006:58.
③ [清]王夫子.张子正蒙注[M].北京:古籍出版社,1945:3.
④ [春秋]李耳.老子[M].梁海明,译注.太原:山西古籍出版社,1999:77.
⑤ [战国]庄周.庄子[M].雷仲康,译注.太原:山西古籍出版社,1999:183.
⑥ [战国]庄周.庄子[M].广州:花城出版社,1998:334.
⑦ [汉]董仲舒.春秋繁露[M].凌曙,注.北京:中华书局,1975:186.
⑧ [战国]公羊高.春秋公羊传解沽 12 卷[M].1988.
⑨ 译注周易[M].方飞,译注.乌鲁木齐:新疆青少年出版社,1999:428.
⑩ 易经[M].梁海明,译注.太原:山西古籍出版社,1999:101.
⑪ 淮南子 承上启下的道家思想代表作[M].陈广忠,译注.北京:中华书局,2012:103.
⑫ 淮南子 承上启下的道家思想代表作[M].陈广忠,译注.北京:中华书局,2012:152.
⑬ 管仲.管子(下)[M].呼和浩特:远方出版社,2006:63.
⑭ 黄帝.黄帝内经[M].李克.南京:凤凰出版社,2012:138.
⑮ 淮南子 承上启下的道家思想代表作[M].陈广忠,译注.北京:中华书局,2012:337.

万物之一,宇宙万物皆由精气构成,人类也由天地阴阳精气交感聚合而生。但人类与宇宙中的他物不同,不仅有生命,还有精神活动,故由"精气",即气中的精粹部分所化生。人类禀受精气而生,动物禀受烦气而成,故人与动物不仅形体有异,而且人的精神、情感、智慧也为动物所不及。人类自身的繁衍,是男女生殖之精相结合而成。"男女构精,万物化生。"①古代哲人把男女两性生殖之精相结合形成胚胎之论,进一步推理为雌雄两性之精相结合而生成万物,进而再引申为天地阴阳精气相合而万物化生。"天地合而万物生,阴阳接而变化起。"②自然界一切事物之变化,皆由精气运动所致。"气之升降,天地之更用也……升已而降,降者为天;降已而升,升者为地。天气下降,气流于地;地气上升,气腾于天。故高下相召,升降相因,而变作矣。"③气的运动具有普遍性,宇宙中万事万物既是由运动着的气交感聚合而化生,其自身又具备着运动特性及升降聚散等运动形式。"太虚不能无气,气不能不聚为万物,万物不能不散而为太虚。"④"是以升降出入,无器不有。"⑤"人之生也,气之聚也,聚则为生,散则为死。"⑥人由天地阴阳精气凝聚而生,人死又复散为气。"阴阳之气,凝而为人;年终寿尽,死还为气。"⑦人的生命过程,便是气的聚散升降运动过程。气的升降聚散运动使整个宇宙充满了生机,既可促使无数新生事物的孕育生成,又能引致许多旧事物的衰败与消亡,如此维持了自然界新陈代谢的平衡与生生不息。

"人与天地相参也,与日月相应也。"⑧人与自然同呼吸,共生息。精气是天地万物生成的本原,天地万物之间又充斥着无形之气,且这无形之气亦渗入有形实体,与构成有形实体的气进行各种形式的交换活动,因而精气可为天地万物相互联系、相互作用的中介性物质。通过气的中介作用,人与天地万物的变化息息相

---

① 周易[M].方飞,译注.乌鲁木齐:新疆青少年出版社,1999:461.
② 荀子.荀子[M].谢丹,书田,译注.呼和浩特:远方出版社,2004:155.
③ [上古]黄帝.黄帝内经[M].南京:凤凰出版社,2012:329.
④ [清]王夫子.张子正蒙注[M].北京:古籍出版社,1945:5.
⑤ [上古]黄帝.黄帝内经[M].南京:凤凰出版社,2012:330.
⑥ 庄子[M].广州:花城出版社,1998:333—334.
⑦ [东汉]王充.白话论衡[M].陈建初,等译.长沙:岳麓书社,1997:777.
⑧ [上古]黄帝等.黄帝内经[M].南京:凤凰出版社,2012:917.

通。宇宙是一个万物相通的有机整体,并由于精气的运动变化而生生不息。精气学说作为古代哲学中朴素的唯物论思想,阐明了人类与自然万物有着共同的化生之源,形成了"天人合一"的同源性思维和相互联系的观点,构建了人与自然、社会环境统一性的整体观念,奠定了初步的生命生成观和生命整体观。中医学接纳了精气学说的精髓,将其作为一种方法论引入其中,创立了智慧独特的中医学精气生命理论。

(2)阴阳学说。

阴阳学说属于中国古代唯物论和辩证法范畴,是在气论基础上建立起来的对立统一理论,体现出朴素的辩证法思想,旨在探求宇宙本原,解释宇宙变化。阴阳学说认为:世界是物质性的整体,世界本身是阴阳二气对立统一的结果。阴阳二气的相互作用,促成了事物的发生并推动着事物的发展和变化。①"阴阳者,天地之道也,万物之纲纪,变化之父母,生杀之本始,神明之府也。"②

"阴阳者,一分为二也。"③阴阳的本义是指物体对日光的向背:"阴,暗也。水之南,山之北也。"④"阳,高明也。"⑤随着认识的发展,阴阳的朴素含义逐渐得到引申,几乎把自然界所有的事物和现象都划分为阴阳两个方面。西周时期即有多处文献记载,如《易经》中的阴爻与阳爻。"夫天地之气,不失其序。若过其序,民乱之也。阳伏不能出,阴迫阳蒸,于是有地震。今三川地震,是阳失其所而镇阴也。"⑥伯阳父将地震归于阴阳力量失调所致,是现存古代典籍中以阴阳为宇宙观的最早论述。春秋战国时期,诸子百家争鸣,阴阳学说也逐渐形成。"道生一,一生二,二生三,三生万物。万物负阴而抱阳,冲气以为和。"⑦庄子亦用阴阳二气的感应合和来解释天地万物乃至人的生成。"天地者,形之大者也;阴

---

① 孙广仁.中医基础理论[M].北京:中国中医药出版社,2007:32.
② [上古]黄帝.黄帝内经[M].李克.南京:凤凰出版社,2012:36.
③ 张景岳.类经[M].范志霞,校注.北京:中国医药科技出版社,2011:8.
④ [汉]许慎.说文解字[M].北京:中华书局,2013:306.
⑤ [汉]许慎.说文解字[M].北京:中华书局,2013:306.
⑥ [春秋]左丘明.国语[M].上海:上海古籍出版社,1998:26.
⑦ [春秋]李耳.老子[M].梁海明,译注.太原:山西古籍出版社,1999:77.

阳者,气之大者也。"①"至阴肃肃,至阳赫赫。肃肃出乎天,赫赫发乎地,两者交通成和而万物生焉。"②"阴阳于人,不翅于父母。"③古代先哲们逐渐把阴阳的存在及其运动变化,视为宇宙节律运动的最根本的原理与法则。"阴阳者,天地之大理也。四时者,阴阳之大经也。"④"春夏秋冬,阴阳之更移也;时之短长,阴阳之利用也;日夜晚之易,阴阳之化也。然则阴阳正矣,虽不正,有余不可损,不足不可益也,天地莫之能损益也。"⑤"阳至而阴,阴至而阳,日困而还,月盈而匡。"⑥"立天之道,曰阴曰阳。"⑦"一阴一阳之谓道。"⑧先哲们以阴阳相互作用、对立统一、消长转化视作事物运动变化之道,标志着阴阳学说作为古人认识世界的一种方法论的形成,从此也成了中国哲学数千年而盛行不衰的思想基础。

阴阳,既可以标示相互对立的事物或现象,又可以标示同一事物或现象内部对立着的两个方面。凡相关事物的相对属性,皆可划分为阴阳,具有普遍性。阴阳所分析的事物或现象,必须是在相互关联的基础上(同一范畴、同一层次或同一交点等),表现出相关性(见表3-1)。⑨事物阴阳属性有严格的划分,不可随意指定,其属阴或属阳一经确定,则不能颠倒反称。

表3-1 事物阴阳属性归类表

属性	空间	时间	季节	温度	湿度	重量	性状	亮度	运动状态
阳	上、外、左、南、天	昼	春、夏	温热	干燥	轻	清	明亮	弥散、上升、运动、兴奋、亢进
阴	下、内、右、北、地	夜	秋、冬	凉寒	湿润	重	浊	晦暗	凝聚、下降、静止、抑制、衰退

---

① 孙雍长注释.庄子[M].广州:花城出版社,1998:412.
② 孙雍长注释.庄子[M].广州:花城出版社,1998:320.
③ [先秦]庄周.庄子[M].雷仲康,译注.太原:山西古籍出版社,1999:67.
④ [春秋]管仲.管子(下)[M].呼和浩特:远方出版社,2006:16.
⑤ [春秋]管仲.管子(下)[M].呼和浩特:远方出版社,2006:64.
⑥ [春秋]左丘明.国语[M].上海:上海古籍出版,1998:653.
⑦ 周易[M].方飞,译注.新疆青少年出版社,1999:473.
⑧ 周易[M].方飞,译注.新疆青少年出版社,1999:429.
⑨ 孙广仁.中医基础理论[M].北京:中国中医药出版社,2007:34.

    阴阳学说以一分为二的观点,来说明相对事物或一事物的两个方面存在着相互对立、制约、排斥、互根、互用、互藏、交感、消长、转化、自和等运动规律和形式(见图3-1)。阴阳对立制约说明阴阳双方既是对立的,又是统一的,对立与统一之间,维持着动态平衡。"阴则能制阳矣,静则能制动矣。"① "阴平阳秘,精神乃至。"② 阴阳双方相互制约而达到协调平衡,则人体生命活动健康有序,人体便处于正常生理状态下。否则,"阴胜则阳病,阳胜则阴病。"③ 制约太过与制约不及都会引起动态平衡的破坏从而致病。阴阳互根则是阴阳双方相互依存、互为根本。"阳气根于阴,阴气根于阳,无阴则阳无以生,无阳则阴无以化。"④ 以"阳生阴长,阳杀阴藏"⑤ 来维持自然界气候的相对稳定,人体精与气的相互滋生和促进也可使人的生命活动处于健康状态。如果人体阴阳互根、互用的关系失常,就会出现"阳损至阴"或"阴损及阳"的病理变化,甚至"阴阳离决,精气乃绝"⑥ 而死亡。阴阳运动是阴阳交感得以实现的基础,是阴阳二气在运动过程中的一种最佳状态,这种最佳状态即为"和"。"道生一,一生二,二生三,三生万物。万物负阴而抱阳,冲气以为和。"⑦ 管子在论人之生成时特别强调了"和"与"生"的关系:"凡人之生也,天出其精,地出其形,合此以为人。和乃生,不和不生。"⑧ 阴阳交感是生命产生的基本条件。"天地氤氲,万物化醇;男女构精,万物化生。"⑨ "天本阳也,然阳中有阴;地本阴也,然阴中有阳,此阴阳互藏之道"⑩(见图3-2⑪)。在一定条件下,阴阳双方还可以向其相反的方向转化,即阴转化为阳,阳转化为阴。"物生谓之化,物极为之变。"⑫ 任何事物都存在着物极必反的规律。阴阳转化既可以表

---

① [春秋]管仲.管子[M].何怀远,等译.呼和浩特:远方出版社,2006:339.
② [上古]黄帝.黄帝内经[M].南京:凤凰出版社,2012:29.
③ [上古]黄帝.黄帝内经[M].南京:凤凰出版社,2012:38.
④ [明]张介宾.景岳全书[M].北京:中国中医药出版社,1994.
⑤ [上古]黄帝.黄帝内经[M].南京:凤凰出版社,2012:36.
⑥ [上古]黄帝.黄帝内经[M].南京:凤凰出版社,2012:29.
⑦ [春秋]李耳.老子[M].梁海明,译注.太原:山西古籍出版社,1999:77.
⑧ [春秋]管仲.管子[M].何怀远,等译.呼和浩特:远方出版社,2006:63.
⑨ 周易·系辞(下)[M].方飞,译注.乌鲁木齐:新疆青少年出版社,1999:461.
⑩ 张介宾.类经[M].范志霞,校注.北京:中国医药科技出版社,2011:440.
⑪ 孙广仁.中医基础理论[M].北京:中国中医药出版社,2007:38.
⑫ [上古]黄帝.黄帝内经[M].南京:凤凰出版社,2012:306.

现为渐变,又可以表现为突变。"寒甚则热,热甚则寒。"①四季更替、昼夜转化即为渐变,酷暑中的骤冷与冰雹、疾病的寒症与热症转换即为突变。"天地之气,莫大于和。和者,阴阳调。……阴阳相接,乃能成和。"②"阴阳匀平,以充其形。九候若一,命曰平人。"③阴阳运动推动着事物的变化发展,只有阴阳处于平衡和谐状态,人才可能保持健康的生命态,昭示了生命在于阴阳之和。

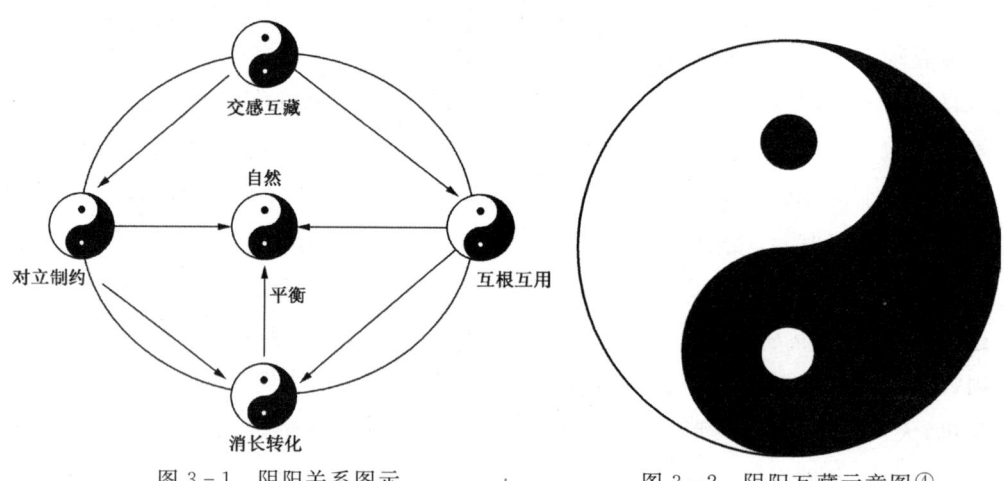

图 3-1　阴阳关系图示　　　　图 3-2　阴阳互藏示意图④

　　阴阳的对立制约、互根互用、交感互藏、消长转化以及自和与平衡,从不同角度说明了阴阳之间的相互关系及其运动规律,表达了阴阳之间的对立统一关系。阴阳之间的这些关系及其运动规律并非孤立的,而是互相联系的。阴阳的对立互根是阴阳最普遍的规律,说明了事物之间既相反又相成的关系。事物的阴阳双方通过对立制约而取得平衡协调,通过互根互用而相互促进,不可分离。阴阳交感是万物产生和发展的前提,万物在阴阳交感过程中产生。阴阳的互藏则是阴阳交感的动力根源,也是阴阳消长转化的内在根据。阴阳的消长与转化是阴阳运动的形式,

---

　　① 　[上古]黄帝.黄帝内经[M].南京:凤凰出版社,2012:882.
　　② 　淮南子[M].陈广忠,译注.北京:中华书局.2012:733.
　　③ 　黄帝等.黄帝内经[M].南京:凤凰出版社,2012:285.
　　④ 　大圆圈表示太极。其中黑色部分表示阴,阴从右降;白色部分表示阳,阳从左升。黑色部分中的小白圆圈为阴中之阳;白色部分中的小黑圆圈为阳中之阴,即所谓阴中有阳,阳中有阴。

阴阳消长是在阴阳对立制约、互根互用基础上表现出的量变过程，阴阳转化则是在量变基础上的质变，是阴阳消长的结果。阴阳的动态平衡由阴阳之间的对立制约、互根互用及其消长转化来维系，而阴阳自和表达了其自动维持和自动恢复这一动态协调平衡的能力与趋势。如果阴阳的这种动态平衡遭到了破坏，又失去了自和的能力，在自然界就会出现反常现象，在人体则会由生理健康状态进入到疾病状态，甚至死亡。阴阳学说阐释了事物内部阴阳两方面的运动是宇宙万事万物发生、发展以及变化的根本原因，论证了阴阳的相互作用、对立统一、消长转化是事物运动变化的基本规律，进一步昭示了生命活动的动态性、平衡性与整体性。成书于秦汉时期的《黄帝内经》运用阴阳学说来阐释医学中的诸多问题以及人与自然界的关系，使阴阳学说与中医学密切结合起来，成为中医学的重要思维方法之一。

（3）五行学说。

五行学说是研究木、火、土、金、水五行的概念、特性、生克制化、相乘相侮的规律，并用以阐释宇宙万物的发生、发展、变化及相互关系的一种古代哲学思想，属于中国古代唯物论和辩证法范畴。[①] 五行学说是一种原始而质朴的系统论，以数术的方式力图说明宇宙的根本秩序，强调事物之间的相互影响与关联。它用普遍联系的五行系统将人体生命活动与自然界的万事万物联系起来，形成了联系内外环境的五行系统，阐明了人体生命活动的整体性及其与外界环境之间的统一性，成为论证天人合一、天地人相参的宇宙和谐思想的依据。在中国古代社会中，这一思想不仅对于自然科学、应用技术和人文科学的发展影响十分巨大，并在一定程度上推动着中国古代的思维发展，决定着中国哲学在一定时期内的基本走向。"五行，是中国人的思想律，是中国人对于宇宙系统的信仰；两千余年来，它有极强固的势力。"[②]

五行，即木、火、土、金、水五种物质极其运动变化。五行最初与"五材"有关，"天生五材，民并用之，废一不可"，[③]是人类日常生产和生活中最为常见和不可缺少的基本物质。"水火者，百姓之所饮食也；金木者，百姓之所兴作也；土者，万物

---

① 孙广仁.中医基础理论[M].北京:中国中医药出版社,2007:46.
② 顾颉刚.古史辩自序(下册)[M].石家庄:河北教育出版社,2000:430.
③ 柯继民编.四书五经全译[M].哈尔滨:黑龙江人民出版社,2003:1799.

之所资生,是为人用。"①"以土与金、木、水、火杂,以成万物。"②"言五者,各有材干也。谓之行者,若在天,则为五气流注;在地,世所行用也。"③"五行"一词最早见于《尚书》:"鲧堙洪水,汩陈其五行。"④"五行:一曰水,二曰火,三曰木,四曰金,五曰土。水曰润下,火曰炎上,木曰曲直,金曰从革,土爰稼穑。"⑤古人将水火木土金作为五种代表物,抽象出五行特性,并以此为基本依据,将自然界万事万物进行归属分类为彼此联系的五行系统(见表3-2⑥)。

表 3-2 事物属性的五行归类表

自然界						五行	人体					
五音	五味	五色	五化	五气	五方	五季		五脏	六腑	五官	形体	情志	五声	变动
角	酸	青	生	风	东	春	木	肝	胆	目	筋	怒	呼	握
徵	苦	赤	长	暑	南	夏	火	心	小肠	舌	脉	喜	笑	忧
宫	甘	黄	化	湿	中	长夏	土	脾	胃	口	肉	思	歌	哕
商	辛	白	收	燥	西	秋	金	肺	大肠	鼻	皮毛	悲	哭	咳
羽	咸	黑	藏	寒	北	冬	水	肾	膀胱	耳	骨	恐	呻	栗

五行学说以五行特性区分事物与现象,天地万物的运动也都受五行生克、制化、胜复法则的支配,人体脏腑、组织、器官之间也不例外。五行相生相克是指五行间存在着动态有序的相互滋生和相互制约的关系,五行制化和胜复是指五行系统中具有的自我调节机制。由于五行之间存在着相生相克与制化胜复的关

---

① [汉]孔安国.尚书正义[M].上海:上海古籍出版社,2007.
② 左丘明.国语[M].上海:上海古籍出版社,1998:515.
③ [汉]孔安国.尚书正义[M].上海:上海古籍出版社,2007.
④ 尚书[M].罗庆云,戴红贤,译注.呼和浩特:远方出版社,2004:74.
⑤ 尚书[M].罗庆云,戴红贤,译注.呼和浩特:远方出版社,2004:74.
⑥ 孙广仁.中医基础理论[M].北京:中国中医药出版社,2007:49.

系,从而维持五行结构系统的平衡与稳定,促进事物的生生不息。① 五行之间的关系:①五行相生与相克(见图3-3②)。五行相生是指五行之间存在着有序的递相滋生、助长和促进的关系。③ 五行相克是指五行之间存在着有序的递相克制、制约的关系。④ ②五行制化与胜复。五行制化是指五行之间既相互资生,又相互制约,以维持平衡协调,推动事物稳定有序的变化与发展,属五行相生与相克的自我调节。⑤ "亢则害,承乃制,制则生化。"⑥ "盖造化之机,不可无生,亦不可无制。无生则发育无由,无制则亢而有害。"⑦五行胜复是指五行中一行亢盛(胜气),则引起其所不胜(复气)的报复性制约,从而使五行之间复归于协调和稳定,属于五行之间相克规律的自我调节。⑧ ③五行相乘与相侮(见图3-4⑨)。五行相乘指五行中一行对其所胜的过度制约或过度克制,又称"倍克"。⑩ 相克为正常情况下的五行制约关系,相乘则是五行的异常制约现象。在人体,相克表现为正常生理现象,相乘表现为病理性变化。五行相侮是指五行中一行对其所不胜的反向制约和反向克制,又称"反克"。⑪ 五行的相乘与相侮都是不正常的相克现象,前者为相克次序上的过度克制,后者为相克次序上的反向克制。"气有余,则制己所胜而侮所不胜;其不及,则己所不胜,侮而乘之,己所胜,轻而侮之。"⑫④五行的母子相及。五行的母子相及包括母病及子和子病及母,皆属于五行之间相生关系异常的变化。⑬

---

① 孙广仁.中医基础理论[M].北京:中国中医药出版社,2007:49.
② 孙广仁.中医基础理论[M].北京:中国中医药出版社,2007:51.
③ 孙广仁.中医基础理论[M].北京:中国中医药出版社,2007:49.
④ 孙广仁.中医基础理论[M].北京:中国中医药出版社,2007:49.
⑤ 孙广仁.中医基础理论[M].北京:中国中医药出版社,2007:50.
⑥ 黄帝.黄帝内经[M].南京:凤凰出版社,2012:322.
⑦ [明]张介宾.类经图翼[M].北京:人民卫生出版社,1965.
⑧ 孙广仁.中医基础理论[M].北京:中国中医药出版社,2007:50.
⑨ 孙广仁.中医基础理论[M].北京:中国中医药出版社,2007:51.
⑩ 孙广仁.中医基础理论[M].北京:中国中医药出版社,2007:50.
⑪ 孙广仁.中医基础理论[M].北京:中国中医药出版社,2007:51.
⑫ 黄帝.黄帝内经[M].南京:凤凰出版社,2012:317.
⑬ 孙广仁.中医基础理论[M].北京:中国中医药出版社,2007:52.

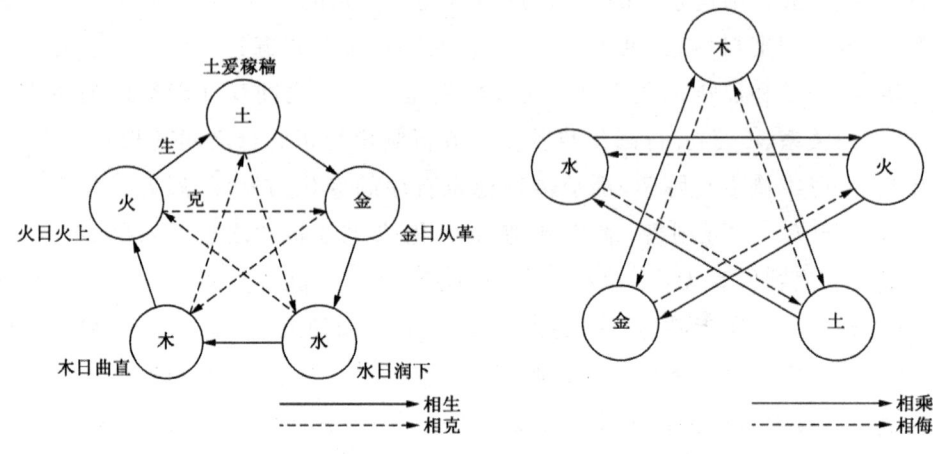

图 3-3　五行相生相克示意图　　图 3-4　五行乘侮规律示意图

中国传统哲学是以生命为中心的生命哲学,其着眼的重心在于生命,关心的是生命本质的探求。"'使生命成为智慧的而非智慧为役于生命'一句话,这是从根本上道出了东方学术之真髓的。一般生命乃至人类的生命皆有很大盲目性和机械性。人类的智慧虽高,但此智慧却恒在生命所役使之下向外活动。只有东方古人却把它收回来还用诸其身,使生命成为智慧的,而非智慧为役于生命。"① 精气学说认为精或气生成了宇宙万物,其升降聚散运动推动着宇宙万物的生成、发展和变化,人体之精是人体生命的本原,阐明了天地万物的同源性及物质统一性,构建了生命的生成观。阴阳学说认为宇宙运动总规律就是阴阳的对立统一,生命过程亦为阴阳对立统一过程,阐释了生命的动态、平衡性。五行学说认为五行是构成物质世界的基本元素,天地万物的运动都受五行生克、制化、胜复法则支配,阐明了生命的统一、整体性。精气学说、阴阳学说和五行学说是朴素的唯物论和辩证法,是中国传统文化的思想基础,借此中华民族形成了独特的民族精神和整体辩证的思维方式。精气学说、阴阳学说和五行学说着眼于宇宙天地、立足于人类自身,以思辨的方法认识自然、解读宇宙,从不同角度和层次阐释了宇

---

① 郑大华,任菁编.孔子学说的重光——梁漱溟新儒学论著辑要[M].北京:中国广播电视出版社,1995:496.

宙万物的生成、发展与变化规律，探讨了生命奥秘，建构了一种有机的、整体的、动态的、变化的、生成的生命观，初步建立了古代的生命哲学体系，也为当今的生命研究与思考提供了智慧的启迪和润泽，成为儿童生命研究的思想渊源。

（三）中医学视野下的"生命"

中医学，发祥于中国古代的研究人体生命、健康、疾病的科学[1]，是一门以自然科学为主体、多学科知识相交融的医学科学。它以整体观念为主导思想，以精气、阴阳、五行学说为哲学基础和思维方法，以脏腑经络及精气血津液为生理病理学基础，以辩证论为诊治特点的独特的医学理论体系。[2] 中医学采纳天文、历算、地理、气象、生物、物理、心理等学科知识，运用中国古代哲学思想与方法，基于长期的医疗实践，针对人体组织结构、生理功能、养生、病理、治则等所进行总结、分析、归纳和整理而成的科学知识体系，是中华民族认识生命、维护健康、战胜疾病的宝贵经验总结，是中国传统文化的结晶。中医学包含了中国古代之科学、哲学等学科的诸多方面，这意味着中医学从一开始就是一条从生命探索人生、从哲学探索生命的道路。

1. 形神一体观

中医学以精气学说为指导，关注人与环境的统一性，构建了以精为人体生命本原、气为生命活动动力的精气生命理论。先天之精化生胎元，在母体内发育而逐渐化生成人体。"人始生，先成精，精成而脑髓生，骨为干，脉为营，筋为刚，肉为墙，皮肤坚而毛发长，谷入于胃，脉道以通，血气乃行。"[3]人体生命形成之后，在先天之精所提供的生命活力的推动下，后天之精得以不断化生；同时，在后天之精的滋养下，先天之精得以不断充盈，后天之精和先天之精相互依存、融为一体，共同为生命活动提供物质基础。

气既是构成人体的基本物质，又是人体生命的动力，是生命活动的根本保

---

[1] 孙广仁.中医基础理论[M].北京:中国中医药出版社,2007:1.
[2] 孙广仁.中医基础理论[M].北京:中国中医药出版社,2007:2.
[3] 黄帝.黄帝内经[M].南京:凤凰出版社,2012:613.

证。"天食人以五气,地食人以五味。"①"出入废则神机化灭,升降息则气立孤危,故非出入,则无以生长壮老已;非升降,则无以生长化收藏。"②从生命活动来看,人体可分为形和神。形即形体,是指构成人体的脏腑、经络、五体和官窍及运行或贮藏于其中的精气血津液等。③它们以五脏为中心,以经络为联络通路,构成一个有机整体,并通过精气血津液的贮藏、运行、输布、代谢,完成机体统一的机能活动。④"五味入口,藏于肠胃,味有所藏,以养五气。气和而生,津液相成,神乃自生。"⑤精气血津液是化神养神的基本物质。"血气者,人之神。"⑥神,是指人体生命活动的主宰及外在总体表现,包括人的意识、思维、情感、性格等精神活动。⑦"两精相搏谓之神。"⑧神来源于先天之精,又依赖于后天之精的滋养。"根于中者,命曰神机,神去则机息。根于外者,命曰气立,气止则化绝。"⑨神机,即主宰生命活动的机制,生命活动在内根于神机,在外根于四时气候的变化。精能生神,神能御精,精足而形健,形健而神旺;反之,精衰则形弱,形弱则神疲。"形具而神生。"⑩在活的机体上,形与神二者之间相辅相成,相互依附而又不可分离。无形则神无以附,无神则形无以活;形为神之宅,神为形之主,形神统一是生命存在的根本保证。⑪"人之血气精神者,所以奉生而周于性命者也。"⑫

中医学将神分为神、魂、魄、意、志,分别归藏于"五神脏"。⑬"心藏神,肺藏

---

① [上古]黄帝.黄帝内经[M].南京:凤凰出版社,2012:59.
② [上古]黄帝.黄帝内经[M].南京:凤凰出版社,2012:330.
③ 孙广仁.中医基础理论[M].北京:中国中医药出版社,2007:12.
④ 孙广仁.中医基础理论[M].北京:中国中医药出版社,2007:12.
⑤ [上古]黄帝.黄帝内经[M].南京:凤凰出版社,2012:59.
⑥ [上古]黄帝.黄帝内经[M].南京:凤凰出版社,2012:143.
⑦ 孙广仁.中医基础理论[M].北京:中国中医药出版社,2007:12.
⑧ [上古]黄帝.黄帝内经[M].南京:凤凰出版社,2012:596.
⑨ [上古]黄帝.黄帝内经[M].南京:凤凰出版社,2012:369.
⑩ [战国]荀况.荀子[M].谢丹,书田,译注.呼和浩特:远方出版社,2004:124.
⑪ 孙广仁.中医基础理论[M].北京:中国中医药出版社,2007:12.
⑫ [上古]黄帝.黄帝内经[M].李克.南京:凤凰出版社,2012:769.
⑬ 孙广仁.中医基础理论[M].北京:中国中医药出版社,2007:89.

魄，肝藏魂，脾藏意，肾藏志。"①"心者，生之本，神之变（处）也。"②"肝藏血，血舍魂……脾藏营，营舍意……心藏脉，脉舍神……肺藏气，气舍魂……肾藏精，精舍志。"③五脏精气充盛、机能协调，五神便安藏守舍而神旺，情志活动正常；否则神衰，就会出现精神方面的异常变化。"心者，君主之官也，神明出焉。"④"所以任物者谓之心，心有所忆谓之意，意之所存谓之志，因志而存变谓之思，因思而远慕谓之虑，因虑而处物谓之智。"⑤"人有五脏化五气，以生喜怒悲忧恐。"⑥"心气虚则悲，实则笑不休。"⑦"血有余则怒，不足则恐。"⑧"五脏藏五神"、"五脏主五志"，反映了生命存在的形神统一观。

神既是生命活动的总体现，又是生命活动的主宰，主宰着人体生理活动和心理活动，对人体生命活动具有重要的调节作用。"虽神由精气而生，然所以统驭精气而为运用之主者，则又在吾心之神。"⑨"得神者昌，失神者亡。"⑩"一身所宝，惟精气神。神生于气，气生于精，精化气，气化神。故精者身之本，气者神之主，形者神之宅也。"⑪精、气、神为生命三宝，精是生命的物质基础，气是生命的动力，神是生命的主宰，构成了"形与神俱"的有机整体。精、气、神三者密不可分，三者协调统一，维持"形神一体"的正常生命状态。形健则神旺，神的盛衰是生命力盛衰的综合体现，神是机体生命存在的根本标志，形离则神亡。精足则气充，气充则神旺，精足、气充、神旺是生命充满活力的根本保证。形为阴，神为阳，形是神的藏舍之处，神是形的生命体现，形纳神，神主形，形神一体（见图3-5）。形神一体观，即形体与精神的结合与统一，阐释了身心和谐的整体生命观，为教育促进

---

① ［上古］黄帝.黄帝内经[M].李克.南京：凤凰出版社，2012：134.
② ［上古］黄帝.黄帝内经[M].李克.南京：凤凰出版社，2012：59.
③ ［上古］黄帝.黄帝内经[M].南京：凤凰出版社，2012：600.
④ ［上古］黄帝.黄帝内经[M].南京：凤凰出版社，2012：54.
⑤ ［上古］黄帝.黄帝内经[M].南京：凤凰出版社，2012：597.
⑥ ［上古］黄帝.黄帝内经[M].南京：凤凰出版社，2012：38.
⑦ ［上古］黄帝.黄帝内经[M].南京：凤凰出版社，2012：600.
⑧ ［上古］黄帝.黄帝内经[M].南京：凤凰出版社，2012：281.
⑨ ［明］张景岳.类经[M].范志霞，校注.北京：中国医药科技出版社，2011：3.
⑩ ［上古］黄帝.黄帝内经[M].南京：凤凰出版社，2012：74.
⑪ ［清］林佩琴.类证治裁[M].孙玉信，等校.上海：上海第二军医大学出版社，2008：3.

儿童身心和谐发展提供了立论依据。

图3-5 形神一体示意图

2. 阴阳平衡观

生命是天地之气运动的产物,生命的过程也是一个运动变化着的过程。阴阳学说把阴阳的对立统一看成是世界万物的普遍规律,认为自然的一切事物都是阴阳运动的结果,阴阳运动无所不包、无处不在,是自然界一切事物产生、发展、变化的根源和动力。中医学借鉴了阴阳学说的对立统一理论,用来广泛说明人体的组织结构、生理功能、病理变化,并指导疾病的诊断和治疗以及养生保健,阐释人的生命过程也是阴阳对立统一的结果。

"人生有形,不离阴阳。"[1]一般人体上部为阳,下部为阴;体表属阳,体内属阴;背为阳,腹为阴;四肢外侧为阳,内侧为阴;五脏属里为阴,藏精气而不泻,六腑属表为阳,传化物而不藏。[2] 由于阴阳之中复有阴阳,所以分属于阴阳的脏腑形体组织还可以再分阴阳。[3] "背为阳,阳中之阳,心也;背为阳,阳中之阴,肺也。腹为阴,阴中之阴,肾也;腹为阴,阴中之阳,肝也;腹为阴,阴中之至阴,脾也。"[4] 经络系统也分阴阳:十二正经中有手足三阴三阳经,奇经八脉中亦有阴阳之分。

---

[1] [上古]黄帝.黄帝内经[M].南京:凤凰出版社,2012:139.
[2] 孙广仁.中医基础理论[M].北京:中国中医药出版社,2007:42.
[3] 孙广仁.中医基础理论[M].北京:中国中医药出版社,2007:42.
[4] [上古]黄帝.黄帝内经[M].南京:凤凰出版社,2012:33.

"阴在内,阳之守也;阳在外,阴之使也。"①总之,人体脏腑经络及形体组织结构的上下、内外、表里、前后各部分之间,无不包含着阴阳的对立统一。②

中医学运用阴阳对立统一的运动规律来阐释人体的生理活动,认为健康的生命状态源于阴阳运动的协调平衡。"阳生阴长,阳杀阴藏。"③人体的整体生命活动,正是由于阴阳二气的升降出入运动,推动着人体内物质与物质之间、物质与能量之间的相互转化,调控着人体的生命活动进程,使各种生理功能得到稳定发挥,精神旺盛而身体健康。若阴阳失调,机体功能失和,则引起疾病,甚至死亡。"阴平阳秘,精神乃治;阴阳离决,精气乃绝。"④"阴胜则阳病,阳胜则阴病。"⑤疾病的发生标志着阴阳协调平衡的破坏,中医学运用阴阳理论来分析病因的阴阳属性,并以此掌握病理变化的基本规律。"阴不胜其阳,则脉流薄疾,并乃狂。阳不胜其阴,则五藏气争,九窍不通。"⑥调整阴阳,使之保持或恢复相对平衡,达到阴平阳秘,便是中医学防治疾病的基本原则。"阴阳四时者,万物之终始也,死生之本也,逆之则灾害生,从之在苛疾不起。"⑦"夫四时阴阳者,万物之根本也,所以圣人春夏养阳,秋冬养阴,以从其根,故与万物沉浮于生长之门。逆其根,则伐其本,坏其真矣。"⑧"凡诊病施治,必须先审阴阳,乃为医道之纲领。阴阳无谬,治焉有差?医道虽繁,而可以一言以蔽之者,曰阴阳而已。故证有阴阳,脉有阴阳,药有阴阳……设能明彻阴阳,则医理虽玄,思过半矣。"⑨"谨察阴阳所在而调之,以平为期。"⑩

"自古通天者,生之本,本于阴阳。"⑪中医学以阴阳说明人体结构的对立统一

---

① [上古]黄帝.黄帝内经[M].南京:凤凰出版社,2012:41.
② 孙广仁.中医基础理论[M].北京:中国中医药出版社,2007:42.
③ [上古]黄帝.黄帝内经[M].南京:凤凰出版社,2012:36.
④ [上古]黄帝.黄帝内经[M].南京:凤凰出版社,2012:29.
⑤ [上古]黄帝.黄帝内经[M].南京:凤凰出版社,2012:38.
⑥ [上古]黄帝.黄帝内经[M].南京:凤凰出版社,2012:28.
⑦ [上古]黄帝.黄帝内经[M].南京:凤凰出版社,2012:23.
⑧ [上古]黄帝.黄帝内经[M].南京:凤凰出版社,2012:23.
⑨ [明]张景岳.景岳全书[M].北京:中国中医药出版社,1994.
⑩ [上古]黄帝.黄帝内经[M].南京:凤凰出版社,2012:457.
⑪ [上古]黄帝.黄帝内经[M].南京:凤凰出版社,2012:24.

关系,把人看作由阴阳构成的整体,阐释了人体内外环境的统一整体性;用阴阳变化的规律来说明生命活动之间的协调联系,对生命活动的阴阳对立统一关系做了更深入的推演,确立了健康源于阴阳平衡的和谐生命观。

3. 五行统一观

中医学在天人相应思想指导下,把五行学说应用于医学领域,以五行为中心,以空间结构的五方、时间结构的五季、人体结构的五脏为基本框架,将自然界的各种事物和现象以及人体的生理病理现象,按其属性进行归纳,从而将人体的生命活动与自然界的事物或现象联系起来,形成了联系人体内外环境的五行结构系统,用以阐释人体局部与局部、局部与整体、体表与内脏的有机联系以及人体与外在环境的统一(见图3-6①)。②"南方生热,热生火,火生苦,苦生心,心生血,血生脾,心主舌。其在天为热,在地为火,在体为脉,在脏为心,在色为赤,在音为徵,在声为笑,在变动为忧,在窍为舌,在味为苦,在志为喜。喜伤心,恐胜喜,热伤气,寒胜热,苦伤气,咸胜苦。"③"天至广不可度,地至大不可量,大神灵问,请陈其方。草生五色,五色之变,不可胜视;草生五味,五味之美,不可胜极。嗜欲不同,各有所通。天食人以五气,地食人以五味。五气入鼻,藏于心肺,上使五色修明,音声能彰;五味入口,藏于肠胃,味有所藏,能养五气,气和而生,津液相生,神乃自生。"④"五味所入,酸入肝,辛入肺,苦入心,咸入肾,甘入脾。"⑤"东方生风,风生木,木生酸,酸生肝,肝生筋……肝主目。"⑥"东方青色,入通于肝,开窍在目,藏精于肝,其病惊骇,其味酸,其类草木……是以知病在筋也。"⑦

---

① http://www.360doc.com/content/14/0427/10/10983756_372583968.shtml.
② 孙广仁.中医基础理论[M].北京:中国中医药出版社,2007:48.
③ [上古]黄帝.黄帝内经[M].南京:凤凰出版社,2012:40.
④ [上古]黄帝.黄帝内经[M].南京:凤凰出版社,2012:59.
⑤ [上古]黄帝.黄帝内经[M].南京:凤凰出版社,2012:132.
⑥ [上古]黄帝.黄帝内经[M].南京:凤凰出版社,2012:39.
⑦ [上古]黄帝.黄帝内经[M].南京:凤凰出版社,2012:33.

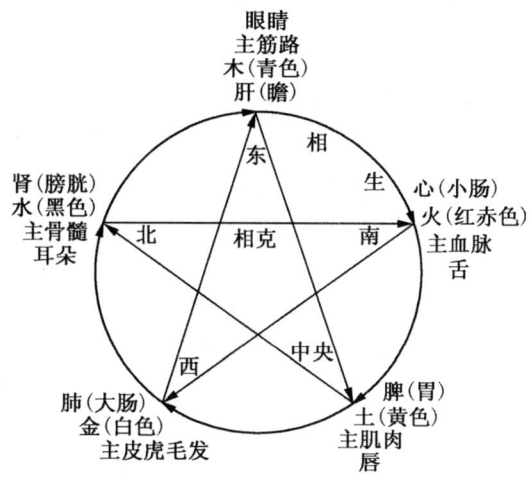

图3-6 中医五行示意图

中医学运用五行理论不仅说明在生理情况下脏腑间既相互滋生又相互制约的关系,而且用以阐释脏腑间的病理影响。相克关系的传变包括相克太过致病的相乘和反向克制致病的相侮。按照相生规律传变时,母病及子病情较浅,子病及母病情较重。"邪挟生气而来,虽进而易退。"①"受我之气者,其力方旺,还而相克,来势必盛。"②按照相克规律传变时,相乘传变病情较深重,相侮传变病情较轻浅。③"所不胜,克我者也。脏气本已相制,而邪气挟其力而来,残削必甚,故为贼邪。"④"所胜,我所克也。脏气既受制于我,则邪气亦不能深入,故为微邪。"⑤依据五行学说,五脏中的每一脏都具有生我、我生和克我、我克的生理关系。五脏之间的生克制化,说明每一脏在功能上因有他脏的资助而不致于虚损,又因有他脏的制约而不致于过亢。本脏之气太盛,则有他脏之气制约;本脏之气虚损,又可由他脏之气补之。如脾(土)之气,其虚,则有心(火)生之,其亢,则有肝(木)克

---

① 南京中医学院校释.难经校释[M].北京:人民卫生出版社,2012:98.
② 南京中医学院校释.难经校释[M].北京:人民卫生出版社,2012:98.
③ 孙广仁.中医基础理论[M].北京:中国中医药出版社,2007:54.
④ 南京中医学院校释.难经校释[M].北京:人民卫生出版社,2012:98.
⑤ 南京中医学院校释.难经校释[M].北京:人民卫生出版社,2012:98.

之;肺(金)气不足,脾(土)可生之;肾(水)过亢,脾(土)可克之。这种制化关系将五脏紧紧联系成一个整体,从而保证了人体内环境的统一与协调。同时,中医学还运用五行学说说明五脏发病与季节的关系,阐释了人体内外环境的相互影响。五脏外应五时,因此五脏发病的一般规律,是在其所主之时受邪而发病。"五脏各以其时受病……乘秋则肺先受邪,乘春泽肝先受之,乘夏则心先受之,乘至阴则脾先受之,乘冬则肾先受之。"①

人体是一个有机整体,当内脏有病时,其功能活动及其相互关系的异常变化,可以反映到体表相应的组织器官,出现色泽、声音、形体、脉相等诸方面的异常变化,即"有诸内者,必形诸外"。② 中医学将人体五脏与自然界的五色、五音、五味等都做了相应联系,构成了天人一体的五脏系统,通过观察分析望、闻、问、切四诊所搜集的外在表现,依据事物属性的五行归类和五行生克乘侮规律,可确定五脏病变的部位,推断病情进展并判断疾病的预后,即"视其外应,以知其内脏"。③ "望而知之者,望见其五色,以知其病。闻而知之者,闻其五音,以别其病。问而知之者,问其所欲五味,以知其病所起所在也。切脉所知之者,诊其寸口,视其虚实,以知其病,病在何脏腑也。"④通过望、闻、问、切"四诊合参",对疾病进行正确的诊断后,须依据五行的生克乘侮规律,控制疾病的传变,确定治则治法。疾病的传变与否,主要取决于脏气的盛衰,盛则传,虚则受。疾病治疗时除对本脏进行治疗之外,还要依据其传变规律,治疗其他脏腑,以防止传变。"见肝之病,则知肝当传之于脾,故先实其脾气。"⑤"虚则补其母,实则泻其子。"⑥

中医学还以药物天然色味为基础,以其不同性能与归经为依据,按照五行归属确定药物的五色、五味与五脏的关系。青色、酸味入肝;赤色、苦味入心;黄色、甘味入脾;白色、辛味入肺,黑色、咸味入肾。除色味外,脏腑用药还必须结合药

---

① [上古]黄帝.黄帝内经[M].南京:凤凰出版社,2012:190.
② 语出丹溪心法·能合色脉可以万全。源于《黄帝内经·灵枢·外揣》:"司外揣内,司内揣外。"见黄帝等.黄帝内经[M].南京:凤凰出版社,2012:763.
③ [上古]黄帝.黄帝内经[M].南京:凤凰出版社,2012:779.
④ 南京中医学院校释.难经校释[M].北京:人民卫生出版社,2012:113.
⑤ 南京中医学院校释.难经校释[M].北京:人民卫生出版社,2012:137.
⑥ 南京中医学院校释.难经校释[M].北京:人民卫生出版社,2012:127.

物的四气(寒、热、温、凉)和升降沉浮等理论综合分析,辨证应用。在针灸疗法中,中医学将手足十二经近手足末端的井、荥、输、经、合这"五腧穴",分别配属于木、火、土、金、水五行。在治疗脏腑病症时,根据不同的病情以五行的生克规律进行选穴治疗。此外,中医学根据悲、恐、怒、喜、思五种情绪与金、水、木、土、火五行相配的特点,提出了悲胜怒、恐胜喜、怒胜思、喜胜思、思胜恐的情志疗法。人的情志活动属五脏功能之一,而情志活动异常,又会损伤相应内脏。由于五脏之间存在相生相克的关系,故人的情志变化也有相互抑制作用,运用不同情志变化的相互抑制关系可以达到治疗的目的。"怒伤肝,悲胜怒……喜伤心,恐胜喜……思伤脾,怒胜思……忧伤肺,喜胜忧……恐伤肾,思胜恐。"①由此可见,中医学将人体各组织器官、生理和心理现象与自然界的类似事物作了联系和比较,用五行普遍联系的方法将人体生命活动与自然界的事物和现象联系起来,将自然界的五方、五气、五色、五味等与人体的五脏联系起来,建立了以五脏为中心的天人一体的五脏系统,将人体内外环境连接成一个密切联系的统一整体。

  中医学认为,人体是一个由多层次结构构成的有机整体。构成人体的各个部分之间,各个脏腑形体官窍之间,结构上不可分割,功能上相互协调、相互为用,病理上相互影响。人生活在自然和社会环境中,人体的生理机能和病理变化,必然受到自然环境、社会条件的影响,人类在适应和改造自然与社会环境的斗争中维持着机体的生命活动。中医学运用精气学说阐明了人体之精是人体生命的本原,人体之气的升降出入运动推动和调控着人体的生命活动进程;运用阴阳学说阐释了一切生命现象皆源于阴阳的对立统一,阴阳的协调平衡维持着人体的生命健康状态;运用五行学说具体说明了人体脏腑经络整体功能保持动态平衡的特殊规律。中医学借助于古代哲学的精气—阴阳—五行的矛盾运动,以相互联系、互为补充的精气、阴阳、五行理论在人体生命层面作了具体的推演,从不同角度阐释了人体生命活动、病理变化及养生防病等重大问题,阐述了人体生命活动基本规律以及人与自然的联系,建构了整体、动态、和谐的生命观。中医学博大精深,关注人的生命存在,强调从中国传统哲学、自然科学、社会科学等不

---

① [上古]黄帝.黄帝内经[M].南京:凤凰出版社,2012:39.

同层面全方位考察研究人的生命,建构起人体生命活动的解释性模型,不仅是人类维护生命健康的医疗保健技术,也是人类探究自身生命的理性认识,为生命研究奠定了方法论基础。

"天下殊途而同归,一致而百虑。"①意思是说思路不同,目的一致,用这句话来形容各领域对生命的探求,是再恰当不过的了。哲学和生物学是儿童生命研究的基础学科,中医学则是中国传统哲学基础上的生命科学。生物学、哲学、中医学对生命的揭示和诠释,是审视儿童教育现状、探讨儿童教育问题的重要参照系。生物学的发展不断揭开生命的奥秘,为生命探求提供技术支持和科学依据,但其生命观为生物的生命观,"生命表现为无数种植物和动物的形态",②把对人的生命认识还原为动物的生命观,是对人的物化。哲学提出思辨性的见解和方法论指导,为科学论证形成假设。中国传统哲学和西方现代生命哲学都以人的生命为关注点,为生命理解提供了方法指导,但却是逻辑上对人的生命的认知,是抽象化的人的生命观。博大精深的中医学吸精纳华,融合中国传统文化、自然科学、社会科学,建构了人的动态的、生成的、统一的、整体的生命观,流传千古却呼应时代之所求,历久弥新,给予人的生命探求以智慧的启迪,更为育人学科——教育学提供了丰富的思想资源。多学科的生命探求昭示:生命的特质在于生成,生命永恒地运动着变化着,直至终结。多学科语境中的生命阐释,呈现了儿童生命的共通之"道",求证了儿童生命的生成本性。

二、儿童生命的生成特性

生命是思想家、科学家探讨的主题,亘古而常新。古今中外的思想家、科学家从不同角度揭示了生命的特性,曾试图为生命下一个定义,但由于生命现象错

---

① 译注周易[M].方飞,译注.乌鲁木齐:新疆青少年出版社,1999:491.
② [奥地利]贝塔朗菲.生命问题:现代生物学思想评价[M].吴晓江,译.北京:商务印书馆,1999:6.

综复杂,始终未能如愿。不过,在错综复杂的生命现象中,蕴含着生命成长的秘密和生命的本性,呈现出生命的共同属性。"实际存在物是如何生成的构成了这个实际存在物是什么;因而实际存在物的这两种描述方式并不是相互独立的。它的'存在'是由它的'生成'所构成的。"①作为一种生命存在,人的生命历程是一个动态的生成变化过程,人的生命的根本特征是生成性,这是不证自明的事实,且已为各界所共识——也是儿童生命特性研究的逻辑起点。儿童是未定型的、未完成的,具有无限发展可能性,复演着人类的生命生成轨迹,也创生着独特的自我生命历程,演绎出儿童生命生成的历史持续性、整体性与独特性。

(一) 历史性——儿童的生命是历史的生成

人的生命是一个历时性的存在,也是一个历史性的过程。每个人都处在一定的时代坐标系中,也处在自我生命的历史里程中。人之生命的历史坐标被取消,便会茫然迷向。"生命是出生前生命进化的延伸。"②"活的有机体是在绵延之中的物体。它的整个过去延伸到现在,成为现在的现实和起着作用。"③人的生命浓缩着人类生命进化历史,也在自我生命体验中继往开来,人的生命是在历史中不断继承、检验、改造和生成自身的。

1. 人是历史之子

生命的目前状态不能在最近的过去中找出原因,而是应该考察有机体的整个过去,它的遗传,以及它整个漫长的历史。生命生成意味着过去通过现在的一种实在连续,意味着像连续符号一样的绵延。正是祖先传给后代共同保存的东西,每一个后代都带有其人类共有的生命遗传因素和种系特征,成为生命生成的物质前提和可能性。"一种可见的流动在某一时刻和在空间中的某些点产生,这种生命之流穿过它所组织起来的身体,从一代到下一代,它在各个物种之间分

---

① [英]怀特海.过程与实在[M].杨富斌,译.北京:中国城市出版社,2003:40.
② [法]柏格森.创造进化论[M].姜志辉,译.北京:商务印书馆,2012:22.
③ [法]柏格森.创造进化论[M].姜志辉,译.北京:商务印书馆,2012:19.

流,分散到个体中,不但不失去自己的力量,反而在前进中不断得到加强。"[1]人的生命是由世代的祖先之遗传物质所垒积或融合而成的。在这种垒积或融合而成的个体生命中,一一都有他的各个世代的祖先之遗传物质的本源。只是祖先的世代,隔得愈远,其所遗传之力量也渐次减少而已。因此,人的生命不仅限于父母二人,而是各个世代的祖先的生命合体,是种系生命演化史的浓缩,是历史之子。

人类个体通过遗传获得的基因型是个体生命成长的生物学前提,但高度保守的结构基因也是在个体生存适应中不断得以建构进化的,是预设中的生成。个体携带着种系进化的遗产开启了新的生命历程,演绎着生命推陈出新的奇迹。"生物的发育,是一个动的过程,不是静的变形。"[2]先天禀赋,生命在演进的过程中所获得的性质,是遗传所赋予的各种能力倾向,是可塑的。生命不但遗传父辈禀赋,还将适应所获得的新成分加入进去,再传给后代。先天禀赋也是生成的结果,人的生命是由其悠久的历史进化而来的。祖先遗传后世的生命特性,不仅包含种属的共同特性,也包含世代的生命在其特殊环境中为适应而产生的变异。生命的生成是遗传与变异、先天与后天的辩证统一,既不能简单地归结为先天程序的展开,也不能机械地归结为后天环境的复写。先天是后天的积累物,后天是先天的构成要素,先天亦曾为后天,后天也自成为先天。因为生命进化中,每一世代由于在一切环境中或社会生活中所获得的东西,若能使机体与机能有所改变而发生的变异,是后天获得的,但这一后天的获得,在下一代即成为先天禀赋。反之,每一世代的个体生命所承受于亲代的,也是由其亲代的生命传承其祖先每一世代所习练成功的,是后天获得的。先天遗传给后代,后天也必须遗传给后代,否则一切变异都归于无用。但后天的获得性并非无限制地遗传,这一方面取决于该获得性能否影响到生命组织或机能的变更,另一方面取决于子孙后代所处的环境能否给予其表现、发挥和发展的机会,否则也表现不出它的遗传,甚至会丧失先天的禀性。遗传与变异,是生命进化或发展的两个契机。生命因其是一个具有可塑性的有机体,所以能受环境影响引起机体或机能改变,而这进步性

---

[1] [法]柏格森.创造进化论[M].姜志辉,译.北京:商务印书馆,2012:29.
[2] 张栗原.教育生物学[M].福州:福建教育出版社,2007:14.

变异,即所谓后天的获得性是可以遗传的,而且也是能够遗传的。如果,获得性不能遗传、影响于子孙,则生命将无进化可言,但这种获得性能否变成固定的特性,依然决定于环境的影响。如果在继续的世代中有利于其发展的环境,则可以变成固定特性,否则即归于消灭。遗传是生命与环境长期相互作用的结果,是种系以机能结构的形式固定下来的对环境作用的反映。由此可见,生命是一个不断生成、发展的过程,历史所赋予生命的是一种发展的倾向或可能性,只是各种特定的能力,而无特定的内容,是可塑性的出发点。环境与现实将历史赋予的可能性转化为现实,在与不同的环境、不同的事物、不同的人进行着各种不同的能量、信息交换过程中,人不断地调适、改变自我的生命生存状态,并依靠后天的活动来完善、滋养、生成生命。个体经由遗传获得的肉身都承载着祖先的生存经验,也在后天环境中不断地进行着自我实现、自我创造。认识儿童的生命成长,应首先关注经由遗传获得的天赋资源,重视这些天赋资源得以发挥的后天生存环境。历史性遗传与生存性环境作为生命的生成要素既相互依存、渗透,又相互制约、转化,对立统一于一体。因此,人的生命是未特定化的生命,是历史性、生存性辩证统一的生成存在。

2. 儿童是历时之子

德国胚胎学家沃尔夫(C. F. Wolff)1759年发表《发生论》,提出生物体由其本身建构而成,揭示了生命的生成创造过程,成为探索生命起源奥秘的先驱者。异常微小的生殖细胞包含了过去所有的遗传,体现了人类发展的整个历史。胚胎学揭示了生命的奇迹,展现了自然中所有奇迹和奥秘的魅力。生命按照历史进化的程序进行,前后相继、依次展开,呈现出生命生成的顺序性、连续性、阶段性与律动性。

一切事物的运动发展,都从量变开始,量变积累到一定程度,才能突破度的界限,引起事物的质变。然后,事物又在新质的基础上发生量变,通过由量变到质变再由质变到量变,如此往复,使发展全程表现为一个个连续的阶段。[①] 整个人生就是一个连续变化和绵延的生成过程,人的一生经历生长壮老死,从逐渐量

---

① 刘晓东.儿童教育新论[M].南京:江苏教育出版社,1998:84.

的变化到迅速的质变,呈现出生命的连续性、阶段性,演绎着个体生命的历史发展轨迹。童年是生命的奠基阶段,是个体生命的历史起点。历史的都是逻辑的,一切历史过程都是逻辑过程。"逻辑不是关于思维的外在形式的学说,而是关于'一切物质的、自然的和精神的事物'的发展规律的学说。"① 同样,儿童的生命生成也是逻辑展开的过程。儿童的生命活动起于胚胎,新生命诞生之后,便始终处于生长发育的动态过程中。儿童的生命发展是一个连续建构的生成过程,这种连续的生成总是由前后紧密相连的阶段构成,各个阶段都有其不同的生命体现,并依此组成了儿童的生命发展统一体。古代中国医家用"变蒸"阐述儿童的生命生成规律,认为儿童处于人一生中生长发育的旺盛阶段,其形体、神智都处在较快地发展变化中,蒸蒸日上,故称"变蒸"。变者,变其情智,发其聪明;蒸者,蒸其血脉,长其百骸。② 儿童变蒸呈现出一定的顺序性和律动性:自出生起,32 日为一变,两变(64 日)为一小蒸,十变五小蒸,历时 320 日,小蒸完毕。小蒸以后是大蒸,前两个大蒸各为 64 日,第三个大蒸为 128 日,合计 576 日,变蒸完毕。③ 变蒸学说揭示了儿童在婴幼儿时期生长发育的最快,并且是一个连续不断地变化过程,呈现连续性和顺序性,不可逾越或倒退。每经过一定的时间周期,儿童显示出显著的生长发育变化,表现为质的差异,具有年龄阶段性特征。在儿童周期性生长发育变化中,形神相应发育、同步发展,呈现出儿童生命生成的整体性。变蒸周期的逐步延长,显示出儿童生长发育随着年龄增长而逐步减慢,之后趋于平缓。"儿童身体生长的状态,不论在一年中或是全部儿童期中,都是充分表现出律动的变化。"④

古今中外对儿童生命发展进行分期的标准各不相同,但通常按年龄进行分期:如,胎儿期(孕期 280 天,又称"怀胎十月")、新生儿期(从出生那天~28 天或第一个月)、婴儿期(第一个月~1 岁)、幼儿早期(1 岁~3 岁)、幼儿期(学龄前期 3 岁~6、7 岁)、童年期(学龄初期 6、7 岁~10、11 岁)、少年期(学龄中期 11、12 岁~

---

① [苏联]列宁.哲学笔记[M].中共中央马克思恩格斯列宁斯大林著作局,编译.北京:人民出版社,1974:90.
② 王叔和.脉经[M].北京:中国中医药出版社,2007:12.
③ 段逸山编著.诸病源候论通检[M].上海:上海辞书出版社,2008:245.
④ 张栗原.教育生物学[M].福州:福建教育出版社,2007:19.

14、15岁)、青年初期(学龄后期14、15岁~16、17岁)。此外,柏曼(L. Berman)以内分泌腺作为分期标准,西格蒙德·弗洛伊德(Sigmund Freud)以性本能为分期标准,施太伦(L.W. Stern)以种系进化为分期标准,爱利克·埃里克森(Erik H. Erikson)以人格特征为分期标准,艾尔·康宁(Al Canning)以主导活动为分期标准,劳伦斯·科尔伯格(Lawrence Kohlberg)以道德发展为分期标准,皮亚杰以认知发展为分期标准等等。尽管古今中外对儿童的发展分期标准各不相同,但实际却大同小异,呈现出年龄阶段上的一致性,说明了儿童生命生成的年龄阶段特点。儿童的生命生成的每一阶段都有其渊源和前提,而且又都为后来的发展阶段做准备,所有发展阶段都具有一种连续的属性,按照固定而连续的次序出现。① 一个阶段不仅要依赖前一个阶段,而且儿童生命中的每一个因素的存在都有其存在的逻辑原因和历史前提。前一阶段是后一阶段的基础和前提,后一阶段是前一阶段的完善和提高。在后一阶段中,前一阶段并不是消失,而是被整合吸收。一个新阶段是从它以前阶段的内部衍生出来的,是自然的生成,是有中生有。各个发展阶段之间并不是一种简单的叠加关系,而是继承、消化、吸收、包含的。后一阶段的发展内涵既是新的建构与生成,又是对原有水平的重新塑造。所有的发展阶段在内部是连贯的、联系的,呈现出顺序性的,共同构成一个既没有绝对起点、又不是间断跳跃的循序生成的历时发展流程——儿童是历时之子。

人类生命的特点表现在历史的过程中,人的一切表现都是历史过程的一部分,历史过程也就是人类生命的过程。人类个体通过遗传获得的基因型是种系生命演化史的浓缩,也是个体生命成长的生物学前提。自然天赋是过去历代祖先保存下来的成就,以天赋的方式通过遗传使后代继承了一大笔遗产。"儿童是历史之子"②,儿童的生命世界"来源于他的历代祖先的世界",是"历代祖先的世界的叠加"。③ 儿童的生命以其浓缩的形式表达着集体的生活、类的生活,"儿童的全部生活,都是史诗,都是描绘历史的诗篇。儿童的生命宛若史诗"。④ "儿童

---

① 刘晓东.儿童教育新论[M].南京:江苏教育出版社,1998:84.
② 刘晓东.儿童精神哲学[M].南京:南京师范大学出版社,2003:321.
③ 刘晓东.解放儿童[M].北京:新华出版社,2001:101.
④ 刘晓东.解放儿童[M].北京:新华出版社,2001:101.

的成长是历代祖先血肉相继的进化历史的一个缩影。"①人类的生命是历史的生成,儿童的个体生命亦是历时的生成。儿童生命的历史生成性,意味着"它的整个过去延伸到现在,成为现在的现实和起着作用",②为历史所决定,又决定历史。"尽管我们对它们并没有清晰的观念,但还是朦胧地感觉到我们的过去仍然在我们的现在之中。"③人生活在历史和现实之中,但却向往着未来,不断地走向未来,是一个不断生成的生命存在。纵观生命的整个生成过程,从上一代到下一代,从儿童到成人,有中生有、无中生有的先天与后天的统一性和持续性构成了一部不可分割的生命生成历史。

(二) 整体性——儿童的生命是整体的生成

生命系统具有整体性、层次性。人既是一个具有自身完整性的个体,也是自然、社会的组成部分,与自然、社会环境统一为一体。人的生命活动,如衣食住行等,都与自然、社会所构成的外环境紧密相连。儿童的生命不仅是自身整体的生成,也是与自然、社会环境相协调、统一的生成。

1. 与自然一体

人与自然界是统一的整体,彼此有密切的联系。"天地氤氲,万物化醇。"④人类是宇宙万物之一,与天地万物有着共同的生成本原。大自然是人类赖以生存、繁衍的最佳环境,人类生活其中,与自然万物息息相关。自然环境包括气候环境、地理环境和生态环境,直接或间接地影响人的生命活动,规定和影响着人的生命过程。

自然气候的运动变化有一定的规律性,如一年分四季,一日有四时。随着天地阴阳的消长,气候又有风、暑、湿、燥、寒的改变。这种季节、气候的变化规律也影响着人的新陈代谢,引起人的生理、心理变化,因而生命具有"生物钟"现象。

---

① 刘晓东.解放儿童[M].北京:新华出版社,2001:101.
② [法]柏格森.创造进化论[M].姜志辉,译.北京:商务印书馆,2012:19.
③ [法]柏格森.创造进化论[M].姜志辉,译.北京:商务印书馆,2012:11.
④ 柯继民编.四书五经[M].哈尔滨:黑龙江人民出版社,2003:491.

"人以天地之气生，四时之法成。"①人来源于大自然，生存于大自然，适应于大自然，成为大自然的一部分，在其生命中渗透着大自然的力量，禀赋着自然的天性与规律。"天暑衣厚则腠理开，故汗出……天寒则腠理闭，气湿不行，水下留于膀胱，则为溺与气。"②同样，气血的运行、人体的脉象也随着四季更替相应出现规律性变化与适应性调节。"春日浮，如鱼之游在波；夏日在肤，泛泛乎万物有余；秋日下肤，蛰虫将去；冬日在骨，蛰虫周密。"③此外，人体经络气血还受风雨晦明影响，天温日明，人体阳气充盛；天寒日阴，人体阳气亦弱，故气血凝涩而难行。"故阳气者，一日而主外，平旦人气生，日中而阳气降，日西而阳气已虚，气门乃闭。"④在四时气候影响下，人在长期的生命进化中形成了一系列与自然环境相适应的生命周期节律，具体而言有日节律、月节律、季节律、年节律等，这都反映了人体生命活动与自然的息息相关。

生命是在先天禀赋与后天环境的相互作用中，不断进行自我实现、自我创造、自我生成。由于受自然地理环境的长期影响，地域的差异、居住条件的不同，人的生活方式、风俗习惯、人文现象和身体素质也不相同。"人禀天地之气以生，故其气体随地不同。"⑤自然地理环境的不同，一定程度上也影响着人的生命活动，即所谓"一方水土养一方人"，呈现出生命的地域性特点。一般而言，舒适的气候环境会造就脆弱的体质和温顺的性格，恶劣的气候环境会造就健硕的体魄和强悍的体质。地域不同，气候各异，中国地理环境具有"东方生风""南方生热""西方生燥""北方生寒""中央生湿"的特点。某些地方性疾病的发生，与地域环境的差异密切相关。如东方傍海而居之人易得痈疡，南方阳热潮湿之地易生挛痹。长期居住某地的人，一旦迁居异地，常感到不适应，出现"水土不服"现象。这是由于地域环境的改变，肌体暂时不能适应所致。故土难离，身土不二，反映了生命与生养之地的联系性与协调性。同时，人与自然生物共生于天地之间，二

---

① [上古]黄帝.黄帝内经[M].南京：凤凰出版社，2012：137.
② [上古]黄帝.黄帝内经[M].南京：凤凰出版社，2012：736.
③ [上古]黄帝.黄帝内经[M].南京：凤凰出版社，2012：88.
④ [上古]黄帝.黄帝内经[M].南京：凤凰出版社，2012：28.
⑤ [清]徐灵胎.医学源流论[M].古求知，校注.北京：中国医药科技出版社，2011：39.

者在顺应自然环境的同时也影响着对方的生命存在方式。自然生物为人提供了丰富的衣食资源,人的存在也在一定程度上限制、改变了自然生物的发展,二者在互利互用却又相互制约的关系中趋向动态平衡与良性循环,这是生命正常生存的必备条件。一旦这种动态平衡与良性循环被打破,人的健康就会受到威胁,甚至生命堪虞。

人生于自然,长于自然,归于自然。"人与天地相应也。"[①]"自然便成了伟大的教育者。"[②]人类是宇宙万物之一,是自然之子,受到大自然的规定和影响。人的生命是长期在自然界的制约下进化、发展而来的,对外部环境和周围事物具有依赖性。但人对生存环境的适应不是消极的、被动的,而是积极的、主动的。人在主动适应自然中,实现人的生命系统"同化"外部环境与生命系统并"顺应"外部环境,取得人与自然的协调、统一。但值得注意的是,人类的自然适应能力是有限的,如果超越了生命的调适能力范围,则会出现机体的机能失常,导致疾病的发生。儿童作为自然的存在,在其生长发展的历程中,逐步形成和发展维持其生命的一般能力,这种能力的发展是一个自然的、有规律的历程。"不法天之纪,不用地之理,则灾害至矣。"[③]儿童只有在适宜的自然环境中,才能与外部环境进行物质、能量与信息交换,实现儿童生命的生成。"法于四时",只有遵循自然规律,顺应自然环境,将自身融入大自然之中,方能与自然保持协调统一、和谐融洽,达到"与天地共存""与日月同长"的生命和谐状态。

2. 与社会一体

人是自然人,更是社会人。人不仅是自然界的一部分,而且是社会环境的重要成员。社会环境是人类特有的生活环境,个体的生命发展不仅仅是一个适应自然环境的过程,更是一个社会化的过程,是一个社会文化背景塑造的过程。人的生命活动,受自然环境影响的同时,亦受社会环境影响。社会环境包含社会政治环境、经济环境、聚落环境、规范环境以及社会心理环境,它们之间存在着多种联系,从而构成一个对人类产生影响的社会环境系统。在生态学视野中,环境具

---

① [上古]黄帝.黄帝内经[M].南京:凤凰出版社,2012:861.
② 张栗原.教育生物学[M].福州:福建教育出版社,2007:66.
③ [上古]黄帝.黄帝内经[M].南京:凤凰出版社,2012:45.

有四个层次：微观系统、中间系统、外系统和宏观系统。[①] 微观系统是发展中的个体在特定的环境中对活动、角色以及人际关系的体验范型,[②]这里的环境主要是人们可以有准备地参与其中、面对面地发生相互作用的地方,如家庭、幼儿园、学校等。[③] 中间系统是指两个或更多的直接环境(微观系统)之间的相互联系,它是随着人进入新的生活环境而形成和扩展的。[④] 外系统是指本人没有参与其中的一个或更多的环境,这些环境中所发生的事件同直接影响发展中的个体的直接环境(微观系统)中发生的事件产生相互影响。[⑤] 宏观系统是指微观系统、中间系统和外系统中的共同的因素,表现所在社会的信念和思想体系,[⑥]如某一社会、某一文化区域、某一国家的思想观念体系等。环境的这四个层次在不同程度上影响着个体的发展,他们彼此相互关联,相互影响,处于动态平衡中。

社会环境一方面为人的生命提供了物质基础,另一方面又形成和制约着人的心理活动,影响着人的心理和生理的平衡。家庭是由血缘关系、婚姻关系所建立的社会生活的基本单位,是社会的细胞。除了家庭物质环境条件外,还有家庭的大小、家庭的社会经济地位、家庭内部的关系以及管教方式,家庭成员之间相互的态度和感情、家庭氛围以及家庭成员的兴趣与活动、父母的指导与暗示等,都影响着人的发展。院落环境是家庭环境的放大,它会产生许多交叉的影响,影响着人的群性发展。学校是一个人工生态环境,是一种特别的社会环境,它用专门的设备由专职人员来影响人的身心发展,对人的发展起着决定性作用。除了学校的目的、功能、内容、形态与方法对人产生显性影响外,学校的校舍建筑、设备条件、校风校纪等都对人起着隐性影响作用。社区是一个以空间形式反映人们社会生活的概念,作为一种社会环境也影响着人的发展。社区环境拥有区别于其他社区的独特的行为系统,明显的居住形式,特殊的语言,一定的经济体系,一种特定的社会组织,以及某种价值观念。它有力地约束着社区内人们的行为

---

① 虞永平.学前教育学[M].南京:江苏教育出版社,1996:54—60.
② 虞永平.学前教育学[M].南京:江苏教育出版社,1996:54.
③ 虞永平.学前教育学[M].南京:江苏教育出版社,1996:54.
④ 虞永平.学前教育学[M].南京:江苏教育出版社,1996:59.
⑤ 虞永平.学前教育学[M].南京:江苏教育出版社,1996:60.
⑥ 虞永平.学前教育学[M].南京:江苏教育出版社,1996:60.

方式和思维方式,对人的发展方向具有潜在的影响,使生命具有了地域文化特征。整个社会环境以不同的层次与人发生互动,在互动中使生命打上社会化的烙印,并与社会统一为整体。

人在社会互动中生成着,体现人与社会环境的统一性。不同的社会环境形成不同的生活方式、人际关系以及不同的欲望追求,心态环境,社会环境直接影响着人的身心机能与体质。一旦人与社会的稳态失调,如暴力社会、经济萧条、生活水平低下、战争、过度劳累、遭遇不幸等,都会严重损害人的身心健康,导致疾病。"向者壬辰改元,京师戒严,迨三月下旬,受敌者凡半月。解围之后,都人之有不病者,万无一二;既病而死者,继踵不绝。"① 这便是战乱严重损害生命健康的真实写照。此外,社会地位的高低也影响着人的身心机能。"大抵富贵之人多劳心,贫贱之人多劳力;富贵者膏粱自奉,贫贱者藜藿苟充;富贵者曲房广厦,贫贱者陋巷茅茨;劳心则中虚而筋柔骨脆,劳力则中实而骨劲筋强;膏粱自奉者脏腑恒娇,藜藿苟充者脏腑坚固;曲房广厦者玄府疏而六淫易客,茅茨陋巷者腠理密而外邪难干。"② 社会环境剧烈变化直接影响人体的机能而导致某些身心疾病的发生。"故贵脱势,虽不中邪,精神内伤,身必败亡;始富后贫,虽不伤邪,皮焦筋屈,痿躄为挛。"③"忧恐悲喜怒,令不得以其次,故令人有大病矣。"因此,身心稚嫩的儿童应该享有相应的社会地位和权利,应得到成人的特别关爱与呵护,全社会都应为儿童创设、优化有利于其成长发展的社会环境。

3. 自身一体

人体自身是一个有机整体。"一个复杂的机体由不同的'基本机体'所构成,它们以各种方式相互联系,互相结合,聚合在一起,首先构成机体的不同组织,然后再由组织构成各种器官,最后,生物内无数的各种器官聚合起来构成解剖结构,这些生物体在生物学上表现出无限多样的组合。"④ 人体由五大生理系统组成,构成人体的各个组成部分在不仅结构与机能上是完整统一的,并且人的形体

---

① [金]李杲.内外伤辨惑论[M].杨金萍,李涤尘,点校.天津:天津科学技术出版社,2003.
② [明]李中梓编著.医宗必读 上[M].北京:北京市中国书店,1987.
③ 黄帝等.黄帝内经[M].南京:凤凰出版社,2012:502.
④ [美]伯纳德.实验医学研究导论[M].傅愫和,张乃烈,译.北京:知识出版社,1985:81.

与精神也是相互依附、不可分割的,由此,充分体现了人体内外的整体统一性。五大生理系统既各司其职,又相互协调,保证了人体复杂机能的正常运行,也维持了生命的健康状态。

人是形体与精神的结合与统一,形体寓涵精神,精神御驭形体,相互滋生、相互制约,身心协调、相互渗透,形神合一。在活的机体上,形与神是互相依附、不可分离的。形是神之宅,神是形之用。神由形而生,依附于形而存在,形是神的物质基础和藏舍之处;神是形的功能体现和主宰,神作用于形,对人体生命活动具有主导作用,能协调人体脏腑的生理机能。神不能离开形体而单独存在,有形才能有神,形健而神旺。而神一旦产生,就对形体起着主宰作用,调节着形体的机能与活动。人体是形神统一的整体,形神统一是生命存在的根本,身心和谐是生命健康的保证。人的正常生命活动是形与神的协调统一,"形神俱备,乃为全体"①。形病可引起神病,神病亦可致形病,因此,形神共养,身心和谐为生命的健康法则。

生命是多层次结构的系统。人体自身是一个有机整体,人与自然、社会也是一个统一体,构成了一个以人为中心,以自然环境与社会环境为背景的生命系统。人体自身的结构与机能的统一,形与神俱,以及人与自然、社会环境的和谐统一的生命整体观,是对科学主义肢解人的强力反驳。人是自然界的一个物种,它不是孤立地存在着,而是与整个自然界息息相关,具有密不可分的联系。因此,对于生命的考察,应当"上知天文,下知地理,中知人事"。② 对于儿童的生命特性,不应以孤立的、分裂的、静止的个体去看,而应把儿童放在自然界的总体运动和广阔的动态平衡之中进行考察和研究,整体地、动态地观察和把握儿童的生命活动规律,进行整体研究,注重儿童生命的自身整体性以及与自然、社会环境的统一性,揭示儿童生命生成的整体性。

---

① [明]张景岳.类经[M].范志霞,校注.北京:中国医药科技出版社,2011:45.
② [上古]黄帝.黄帝内经[M].南京:凤凰出版社,2012:332.

（三）独特性——儿童的生命是独特的生成

世界上没有完全相同的两片树叶，也没有完全相同的两个人，人以其独特性存在着。儿童的生命具有个体性，是独特的生成。儿童是活生生的人，是可变的，是不断生成、发展着的人，每个儿童因基因、环境、活动等不同而具有自身特性。儿童生命的独特性一方面表现在儿童的身体特征上，另一方面表现为精神独特和行为习惯独特。这种独特性是个体在生命过程中，基于生命共性基础上的不同个体所具有的生命特性。生命是独一无二的，每一生命都是具体的、独特的。具有无限的发展可能性，这正是生命的价值所在。独特性是儿童的生命属性，没有独特性，就没有一个个具体的"人"。倾听儿童的百种表达，观察儿童的千样姿态，感动儿童的万分惊喜。"人是一个特殊的个体，并且正是他的特殊性，使他成为一个个体，成为一个现实的、单个的社会存在物。"①儿童的生命独特性显现了儿童存在的价值。

1. 生理的独特性

人类本身存在着较大的个体差异，这种差异不仅表现于不同的种族，而且存在于个体之间。人之始生，"以母为基，以父为楯"。②"禀气渥则其体强，体强则命长；气薄则体弱，体弱则命短，命短则多病短寿。"③先天禀赋是儿童生命的生理基础，是身体强弱的前提条件。父母形质的强弱盛衰，造成了子代禀赋体质的差异。在儿童的生命生成过程中，先天遗传因素对儿童的生理独特性起着关键性作用，确定了生理特性的"基调"，但这仅为儿童的生命发展提供基础和可能性，儿童的生命发展还受后天各种因素的影响。丰富的营养、适度的劳作或体育锻炼，可增强体质，改善机体形态与机能；适当的休养，有利于维持身心健康，保持良好的生命状态。

人具有脏腑经络、形体官窍、精气血津液等相同的形质和机能活动，但由于

---

① [德]马克思,恩格斯.马克思恩格斯全集(第42卷)[M].北京:人民出版社,1960:123.
② [上古]黄帝.黄帝内经[M].南京:凤凰出版社,2012:800.
③ [东汉]王充.白话论衡[M].陈建初,等译.长沙:岳麓书社,1997:26.

遗传、生长发育水平、营养状况和锻炼程度等原因,人的形态结构与生理机能具有差异性。这种差异性表现在体格、体型、体资、面色、毛发、脉象等方面,一般通过观察和测量即可判断。"肥人湿多,瘦人火多。"①体质禀赋于先天,受制于后天,在先、后天多种因素共同作用下,形成了个体不同的体质特征。"千人千面",形态结构与机能的差异性构成了人的生理独特性,生理独特性是生命独特性的物质基础。

2. 心理的独特性

儿童心理的独特性是在独特的自然基础上,在一定的历史条件下,受到家庭、学校、社会环境的影响,并通过实践活动而形成和发展的。儿童是生而与众不同的个体,其生理独特性会制约和影响着儿童心理的独特性。"圆面、大头、美肩背、大腹、美股胫、小手足、多肉、上下相称"等人,多有"安心、好利人、不喜权势、善附人"等心理特征。②"人有五脏化五气,以生喜怒悲忧恐。"③由于人体脏腑机能有别,故个体的情志活动也有所不同,表现为有人善怒,有人善悲,有人胆怯等。因而,儿童一出生便呈现出气质类型的不同:有的好动,有的安静;有的哭声震天,有的哭声细弱;有的急躁,有的柔顺……此外,人的心理特征不仅与形态、机能有关,而且与不同个体的生活经历以及所处的社会文化环境有密切的联系。儿童的心理独特性,反映着他所经历的整个生活道路,取决于儿童所特有的家庭、学校的教育以及其他社会条件的影响。每一个个体都有独特的家庭背景与成长经历,有着不同于他人的需求、爱好与生命体验。此外,每个儿童发展的起点、发展方向、发展速度、发展水平以及发展潜能与优势等方面也表现出差异性与不平衡性。对心理独特性产生决定性影响的是社会环境,社会环境和教育条件在儿童心理独特性的形成和发展中起着巨大的作用。

儿童的生命独特性既不是纯自然遗传的先天特性,也不是纯社会影响的后天特性,而是人的先天遗传与社会影响有机结合而逐渐生成的生命独特性,其中心理独特性是生命独特性的本质特征。

---

① [元]朱丹溪.格致余论　局方发挥[M].北京:中国医药科技出版社,2011:27.
② [上古]黄帝.黄帝内经[M].南京:凤凰出版社,2012:834.
③ [上古]黄帝.黄帝内经[M].南京:凤凰出版社,2012:38.

综上所述，儿童的生命是历史的联系生成，是和谐的整体生成，是多元的独特生成。儿童生命禀赋于先天，受制于后天，是先天与后天、形与神、人与自然社会交织在一起的丰富性的存在，是一种由多种因素和多重维度组成的生成性存在，其内含丰富无比。儿童生命的本质是一种生成活动，儿童只有在生成中才成其为人，是通过自身的活动不断地自我创造、自我生成着的。生命的连续生成是一个不容辩驳的事实，整体生成才是生命的健康态，生成独特的生命才是有尊严的生命、自然的生命。

三、教育即滋养生命

追求生命的健康是人类的永恒课题。生命健康不单是没有疾病，而是一种生理、心理和社会适应都完满的状态。因为生命的健康，有了人，便有了医学。因为生命的健康，有了人，便有了教育。从诞生之日起，医学和教育即为人的生命健康服务。中医学强调养生，主张因时、因地、因人制宜，强调顺应自然、滋养生命。"人是教育的、受教育的和需要教育的生物，这一点本身就是人的形象的最基本标志。"[①]教育源于生命发展的需要，是人的生命存在的形式，生命发展的过程就是教育的过程。"思考教育的目的，事关我们下一代的成功或失败，他们将如何塑造我们这个世界。这绝不是小事。"[②]教育最根本的目的只在于生命本身，健康、和谐的生命态正是教育的本源追求。教育学是探究生命成长奥秘的学科，是决定着人的生命生成与发展的最基本的学科，与中医学具有异曲同工之妙（见图3-7）。中医学追求形神合一、顺应自然的健康养生思想恰恰也是教育所应追寻的境界，保持健康、和谐的生命态是教育与中医共同的旨归。中医的养生观念，为人类提供了把握生命健康的整体观念及辩证思想，更为关注儿童生命健康成长的姊妹学科——教育学提供了思想启迪和方法论指导。

---

① [德]博尔诺夫.教育人类学[M].李其龙,等译.上海:华东师范大学出版社,1999:36.
② [英]怀特海.教育的目的[M].庄莲平,王立中,译.上海:文汇出版社,2012:1.

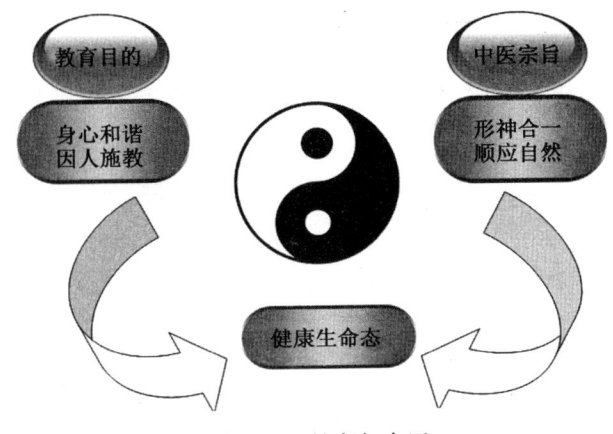

图 3-7　教育与中医

（一）养生的意蕴

养生，又称摄生、道生、养性、养慎、摄卫，最早见于《庄子·养生主》。"生"具有生命、生存、生长之意，"养"具有保养、调养、补养、护养、滋养之意；"养生"即摄养身心、养护生命。具体而言，养生是人类为了自身良好的生存与发展，有意识地根据人体生命活动变化规律，所进行的一切物质和精神的身心养护活动。①"缘督以为经，可以保身，可以全生，可以养亲，可以尽年。"②意思是说，把遵循自然的规律作为处事的法则，就可以保护生命，可以保全天性，可以养护身体，可以享尽寿命。中医学强调养生，认为养生是保持生命健康的重要手段。"上古之人，其知道者，法于阴阳，和于术数，食饮有节，起居有常，不妄作劳，故能形与神俱，而尽终其天年，度百岁乃去。"③中医学将"治未病"作为养生的核心和关键，亦是养生的基本要求和目的；将"顺乎自然"作为养生的精髓和重点，亦是养生的根本原则和方法；将"形神合一"作为养生的内涵和要领，亦是养生的终极目标和归宿。

---

① 马烈光.中医养生学[M].北京:中国中医药出版社,2012:1.
② 庄子[M].孙雍长,注译.广州:花城出版社,1998:47.
③ [上古]黄帝.黄帝内经[M].南京:凤凰出版社,2012:15.

1. 治未病

"安不忘危，存不忘亡。"①中医学强调防微杜渐、预防为主，"不治已病治未病"，其目的在于防患于未然，消病于未起。"是故圣人不治已病治未病，不治已乱治未乱，此之谓也。夫病已成而药之，乱已成而后治之，譬犹渴而穿井，斗而铸锥，不亦晚乎。"②与其病后治疗，不如提前预防、保健。养生即是治未病的基础工作和根本出发点，历代中医学家也将治未病看作医者的最高境界与追求，强调生命健康贵在调摄保养，主张必须自幼注意养生，并在日常生活中自然养生，以达到强身健体、未病先防、已病防变的目的。"上医医未病之病，中医医欲病之病，下医医已病之病。"③"吾闻上工治未病，中工治将病，下工治已病。治未病者十痊八九，治将病者十痊二三，治已病者十不救一。"④"良医者，常治无病之病，故无病；圣人者，常治无患之患，故无患也。"⑤即医术高超的医生应以指导人们保养生命为宗旨，让人们以健康的生活方式预防疾病、增强体质，保持健康的生命态，悬壶济世焉仅救死扶伤，医者仁心贵为滋养生命。

儿童期是人生发展的关键期，童年生活会影响人一生的发展。"我们幼小时所受的影响，哪怕极其微小，乃至无法察觉，都有极重大、极久远的影响，犹如江河的源头，水性异常柔弱，一丁点儿人力便可以影响到河流的流向，乃至使河流的方向根本改变；总之，从源头上加以引导，河流就接受了不同的趋向，最后流向十分遥远的地方。我认为，儿童的心智和源头的水性相近，容易引导，决之东则东，决之西则西。"⑥幼儿教育是基础教育的重要组成部分，是终身教育和学校教育的奠基阶段。面对"水性极柔"的儿童，教育应以敬畏之心借鉴中医"治未病"的养生观念，谨言慎行源头之教，"防患于未然"。"因为教育上的错误比别的错误更不可轻犯。教育上的错误正和错配了药一样，第一次弄错了，决不能借第二

---

① 周易[M].方飞,译注.乌鲁木齐:新疆青少年出版社,1999:459.
② 黄帝.黄帝内经[M].南京:凤凰出版社,2012:24.
③ 孙思邈.备急千金要方[M].北京:人民卫生出版社,1982:3.
④ 万全.养生四要[M].北京:中国医药科技出版社,2011:30.
⑤ 淮南子 承上启下的道家思想代表作[M].陈广忠,译注.北京:中华书局,2012:924.
⑥ [英]洛克.教育漫话[M].杨汉麟,译.北京:人民教育出版社,2006:7.

次、第三次去补救,它们的影响是终身洗刷不掉的。"①儿童身心柔弱,生命稚嫩,儿童教育更应以滋养生命为己任,让儿童拥有幸福、快乐的童年生活与生命活力,为儿童的一生发展奠定坚实的生命基础。

2. 顺应自然

中医学秉持"天人一体""天人相应"的观念,注重生命的整体与和谐,认为人与外环境是一个和合同应的整体,人与自然、人与社会、人体自身都相互协调适应,养生的目标即在于达到人、自然、社会之间和顺融洽的状态。"人以天地之气生,四时之法成。"②"人与天地相应",③人与自然界的万事万物息息相通,其生命活动与自然界的变化规律相呼应。人体自身具有适应能力,在长期的生命进化过程中,人的生命活动具有了自然律动性。但人们必须了解和掌握自然变化规律,主动地采取养生措施以适应变化,才能使各种生命活动与自然界的节律相适应而协调有序,阴阳平衡,做到身心健康。因此,中医学养生强调顺应自然,不仅仅是强调顺应时令、环境,亦强调顺应自身生长规律,提出了因时、因地、因人制宜的养生原则。

(1) 因时制宜。

根据时令气候节律特点,制定适宜的养生措施,称为因时制宜。人体的一切生理和心理活动都必须顺四时阴阳消长、转化的客观规律,否则,将引起疾病,甚至危及生命。因此,人体必须顺应时令规律进行养生活动。一方面要求顺应自然界的时令气候特点,另一方面要求顺应包括年、月、日的时间变化规律,即应遵循、顺应日节律、月节律、季节律、年节律等。"人与天地相参也,与日月相应也。"④因而年月季节、昼夜晨昏时间因素,既可影响自然界不同的气候特点和物候特点,也对人的生命活动带来一定影响。因此,人体的生命活动必须遵循四时变化规律,顺应四时变化,注意在不同的天时气候与时间节律条件下,衣着饮食调配顺应自然,起居作息、运动锻炼依据四时变化调节,做到起居有常、动静合

---

① [英]洛克.教育漫话[M].杨汉麟,译.北京:人民教育出版社,2006:7.
② [上古]黄帝.黄帝内经[M].南京:凤凰出版社,2012:137.
③ [上古]黄帝.黄帝内经[M].南京:凤凰出版社,2012:861.
④ [上古]黄帝.黄帝内经[M].南京:凤凰出版社,2012:917.

宜。"春夏养阳,秋冬养阴,以从其根。"①

(2) 因地制宜。

根据不同的地域环境特点,制定适宜的养生措施,称为因地制宜。人的体质与所处地域的地理条件、气候条件有密切关系。不同地域的地势高下不一,气候寒热燥湿不同,水土性质各异,因而造成人的体质差异。加之生活环境、生活习惯与生活方式各不相同,其生命活动也不尽相同,因地制宜就是要考虑这些差异而实施养生。

(3) 因人制宜。

根据人的年龄、性别、体质等不同特点,制定适宜的养生措施,称为因人制宜。男女不同体,老少不同气。年龄不同,人体机能不同,生命活动各异,应老少有别。性别不同,各有其生理特点,亦当男女不同。因先天禀赋与后天生活环境不同,个体体质也存在差异,养生时也应注意因人而异。无论时令节气、地域环境,还是社会影响,都要落实到具体的个体生命。"三因制宜"体现了养生的原则性与灵活性,只有顺应自然,把天时气候、地域环境、个体诸因素等加以全面考虑,才能实现养生之目的。中医养生,顺应自然。"教师也如同医生,他是自然的仆役而不是自然的主人。"②儿童教育,亦应顺其自然!

3. 形神共养

气是生命的动力,气能生神,神能御气。精为气的物质基础,气为精的生命力表现。精、气、神是密切联系不可分割的统一整体,精充、气足、神旺是生命充满活力的根本保证。中医养生认为,形乃神之宅,神乃形之主,无神则形不可活,无形则神无以附,二者相辅相成,不可分离。精能生神,神能御精,精足则神健,形健则神旺;反之,精衰则形弱,形弱则神疲。因此,养生应形神共养,相得益彰。

生命体的发展变化,始终处于动静相对平衡的自身更新状态中。升降出入是自然万物变化的普遍规律,人体生命活动也是顺应万物的自然之性而处于动静互涵的发展变化之中。中医养生认为,气血需要动,而心神需要静,只有动静结合,才能达到形健神旺、健康身心的目的。因此,中医养生主张"形动神静"。

---

① [上古]黄帝.黄帝内经[M].南京:凤凰出版社,2012:23.
② [古罗马]昆体良.昆体良教育论著选[M].任钟印,选译.北京:人民教育出版社,1989:24.

"形动",即加强形体的锻炼。"流水不腐,户枢不蠹,动也。形气亦然,形不动则精不流,精不流则气郁。"①中医学认为锻炼形体可以促进气血流畅,使人体肌肉筋骨强健,脏腑机能良好,并可借形动以济神静,从而使人身体健康,益寿延年。除"动以养形"外,中医还强调"静以养神",即"神静"。"恬淡虚无,真气从之,精神内守,病安从来?"②即喜宁静,心静则神安,神安则体内真气和顺,身心健康。此外,通过养性调神,还可改善气质,优化性格,增强自身的心理调摄能力。通过形神俱养,"志闲而少欲,心安而不惧,形劳而不倦,气从以顺,各从其欲,皆得所愿"③"故能形与神俱"④,从而达到形神合一、身心和谐的生命健康状态。

形神共养,才能形神合一。身心和谐,方为健康生命。中医养生强调的形神共养亦是儿童教育法则,中医养生追求的身心和谐更是儿童教育的鹄的。

(二) 儿童的生命需要滋养

儿童是幼态的人,是生理和心理未发育成熟的人,是"未完成"的生命存在。从母体卵子受精的那一刻起,生命便已开始,母体所能做的,是提供营养,保持健康,使胚胎能在一个适宜的环境成长。当生命诞生后,其柔弱无助,没有天然毛发层对付恶劣气候,没有锐利器官对付天敌、获取食物,仿佛是一个过早来到世间的孱弱的"早产儿",必须依赖于成人的呵护和养育才能"成人"。人类初生婴儿软弱不能自助,其身心稚嫩,"成而未全""全而未壮""脏腑柔弱"⑤,除了与生俱来的天赋本能外,既无经验也无能力,完全处于未开化状态,且缺乏基本的生存能力,离开了成人的保护和照顾,将无法生存下去。"在婴儿期无自助能力的一段较长的时期中,需要父母亲的悉心照料,我们已确认这是早期人属所有的。"⑥

---

① [战国]吕不韦.吕氏春秋[M].任明,昌明,译注.太原:山西古籍出版社,1999:21.
② [上古]黄帝.黄帝内经[M].南京:凤凰出版社,2012:16.
③ [上古]黄帝.黄帝内经[M].南京:凤凰出版社,2012:16.
④ [上古]黄帝.黄帝内经[M].南京:凤凰出版社,2012:15.
⑤ [宋]钱乙.小儿药证直诀[M].阎孝忠,编集.张灿,君双,点校.北京:人民卫生出版社,1991.
⑥ 刘晓东.儿童教育新论[M].南京:江苏教育出版社,1998:69.引[肯尼亚]利基.人类的起源[M].吴汝康,等译.上海:上海科学技术出版社,1995:37—38.

由此可见,整个人属都有需要父母照料的一段幼小时期。

动物一出自然之手就达到了完善,其活动器官的构造和机能是先定的,在生理特性上是一种完善,其生命在出生时便达到了完成。与动物比起来,人的后代孤弱不能自助,人是未完成的、未特定化的,不具备适合某一特定环境的特殊功能,有的只是一种倾向和能力。人的未完成化、未特定化的生命使人成为自然界中生下来就是最脆弱的、毫无生存能力的物种。从生理上看,人天生是软弱的,自然没有赋予人在各种不利的自然条件下生存的肉体本能,人的各种器官没有为了适应特定的生活条件而被特定化。① 因而,人在天性上是未完成的、不完善的和未确定的。但另一方面,人的未完成性、不确定性又造就了人无限的开放性和适应性。正是因为人的未特定化,给人留下了广阔的发展空间和创造的自由。因此,人具有极强的可塑性、广泛的适应性,在每一种新的环境中,都能发展出适应环境的行为,并以此保护自己。

"人的生活并不遵循一种被事先确定的过程,可以说,自然只完成了人的一半,另一半留给人自己去完成。"② "人到成年需要更长的时间。由于人出生得早,因而增加某些东西使其童年期延缓。"③ 人的基因编码系统是开放的,需要吸收后天的信息才能最终完成生命编码。新陈代谢是生命与外界环境所进行的物质、能量与信息的交换,是生命生成变化的机制。"每一个生命有机体本质上是一个开放系统。它在连续不断地流入流出之中,在其组织的不断的构成与破坏之中维持自己,只要它是有生命的,它就永远不会处于化学的和热力学的平衡状态,而是维持在与平衡状态不同的所谓稳定态上。这就通常所说的新陈代谢这个基本生命现象的真正本质。"④ 新陈代谢过程中,生命进行着同化作用和异化作用,在同化与异化的相对平衡中,完成物质、能量、信息的交换,实现生命的生长与生成。代谢是生长的前提,生长是代谢的必然结果,在物质、能量、信息的交换中生命保持更新。

---

① 田增志.文化传承中的教育空间与教育仪式——中国庙学教育之文化阐释与概念拓展[D].北京:中央民族大学博士学位论文,2010.
② [德]兰德曼.哲学人类学[M].阎嘉,译.贵阳:贵州人民出版社,2006:7.
③ [德]兰德曼.哲学人类学[M].阎嘉,译.贵阳:贵州人民出版社,1988:172.
④ [加拿大]贝塔朗菲.一般系统论[M].林康义,等译.北京:清华大学出版社,1987:36.

未成熟、未完成状态是儿童生命生成的前提和基础,在未成熟、未完成的儿童身上,蕴含着巨大的潜能和生长的力量。儿童的未成熟状态就是生长的可能性,"就是一种积极的势力或能力——向前生长的力量"①。生命的未特定化意味着发展的不确定性,为儿童的再发展提供了无穷的空间,为儿童的创造性和自由成长提供了机会,为儿童的生命提供了开放性的吸收和超越性的生成过程。但儿童的本能匮乏,难以自我维持生计,其生命生成需要一定的物质、能量与信息的滋养,需要成人的帮助和支持。在成人的照料和培育下,儿童才可能完成形体的发育、精神的丰富,才可能创造性地适应环境,从而有效地获得生存并自立于世界。正如胚胎需要母亲的子宫养育一样,出生后的儿童依然需要生命的滋养。儿童的生命必须依靠吸收其周围环境中的营养,犹如一颗种子在温暖的阳光照耀及充分的水分、肥料灌溉下破土、发芽、生长。因此,成人肩负着滋养儿童生命的重任,应为儿童的生命生成提供安全、健康、温暖的"子宫"。"我们在出生的时候所没有的东西,我们在长大的时候所需要的东西,全都要由教育赐予我们。"②

(三) 教育应滋养儿童生命

　　"就教育而言,填鸭式灌输的知识、呆滞的思想不仅没有什么意义,往往极其有害——最大的悲哀莫过于最美好的东西遭到了侵蚀。"③教育应滋养生命,教育只有服务于生命、滋养生命才有价值。"教育的过程是一个继续不断的生长过程,在生长的每个阶段,都以增加生长的能力为其目的。"④教育滋养生命,意味着生命特性的尊重,意味着生命需求的满足,意味着生命和谐的旨归。"因为生长是生活的特征,所以教育就是不断生长;在它自身以外,没有别的目的。"⑤关爱儿童的生命、尊重儿童的生命特性是教育取得成功的先决条件。教育作为中医学的姊妹学科,也应借鉴其养生思想,依据儿童生命的特性,遵循儿童生命生成的

---

① [美]杜威.民主主义与教育[M].王承绪,译.北京:人民教育出版社,2001:50.
② [法]卢梭.爱弥儿(上卷)[M].李平沤,译.北京:商务印书馆,1978:7.
③ [英]怀特海.教育的目的[M].庄莲平,王立中,译.上海:文汇出版社,2012:2.
④ [美]杜威.民主主义与教育[M].王承绪,译.北京:人民教育出版社,2001:63.
⑤ [美]杜威.民主主义与教育[M].王承绪,译.北京:人民教育出版社,2001:62.

规律,敬畏生命的历史性、面向生命的整体性、关照生命的独特性,为儿童的生命成长提供良好的"土壤",让每一个儿童都拥有一个快乐而充实的童年,以实现教育滋养儿童生命的根本使命。

1. 敬畏生命的历史性

人是生命进化历史所造就的,体现了生命进化历史的成就和神奇。生命的历史进化书写了人类的"生命密令"与自然秩序,赋予了生命发展的倾向与可能性。人类的未特定化与儿童的未完成性为儿童的再发展提供了无穷的发展空间,为儿童的生命提供了自然规律性与现实创造性的生成过程。教育应当始终滋养儿童生命,始终伴随着儿童生命的不断生成。敬畏生命的历史性,意味着对人类生命自然进化规律的观照与儿童个体身心发展规律的遵循,意味着以敬畏之心虔诚对待生命的生成秩序与儿童的童年生活。童年是人类生命的蓄水池,汇集了人类生命之宝藏;童年是个体生命的出发点,奠基了个体生命之旅程。"在万物的秩序中,人类有它的地位;在人生的秩序中,童年有它的地位。"[1]童年犹如人生的其他阶段,是独一无二、不可逆转、无可替代的,具有奠基性意义。尊重儿童身心发展的自然规律,基于生命秩序的童年生活指导,才可能为儿童的生命可持续发展提供良好的滋养。

儿童的生命过程是一个自然的生成过程,遵循着既定的节奏和规律。"教育即滋养生命",意味着教育的合生命规律性,意味着教育对儿童生命自然生长、发展节律的敬畏与顺应。儿童的生命生成是一个连续的历史过程,是一个循序渐进的自然舒展过程,是"没有裂罅的,彼此相互过渡的,不间断地前进的"[2]。"一个时期的需要满足得越充分,下一个时期的成功就越大。"[3]因而,教育只能按照儿童生命的发展阶段给儿童提供适当的滋养与保护,应连续地、协调地守护儿童的生命生成。"后继的阶段,会像新的幼芽一样,从一个健全的芽茵里萌发出来,……只有每一个先行的发展阶段上的人的充分发展,才能推动和引起每一个

---

[1] [法]卢梭.爱弥儿(上卷)[M].李平沤,译.北京:商务印书馆,1978:74.
[2] [德]福禄培尔.人的教育[M].孙祖复,译.北京:人民教育出版社,2002:24.
[3] [意]蒙台梭利.蒙台梭利幼儿教育科学方法[M].任代文,译.北京:人民教育出版社,2001:517.

后继阶段上的充分和完满的发展。"①

自然赋予了儿童固有的生命生成规律,教育必须遵循儿童生命的轨迹,创设良好的环境,以促进和保全生命的成长。"人是整个自然的一部分,人被迫服从自然的规律。要想人不是自然的一部分,不遵循自然的共同秩序乃是不可能之事。"②科技的发展,使人们可以利用催熟技术与转基因技术改变动植物的生长周期与生长规律,创造反季蔬菜、水果以及各种转基因食品。如同对待动植物一样,急躁的成人难以耐心等待儿童的自然生长,试图同样采取催熟技术提高儿童的生长速率与节奏,让儿童尽可能早地脱离童年,他们实施着"毁人不倦"的"速生儿"教育。"这是一个万物都被注射了激素的年代,我们吃着早熟的水果、蔬菜、粮食,看着早熟的明星的表演,阅读着早熟的作者的文字,祝愿自己的下一代在早熟者的行列里名列前茅。也许再过若干年,人世间的万物都将不再拥有童年,童年概念将在人们心中消失,儿童这个词所指的将不过是年龄较小的成年人而已。"③任何催熟教育,都彻底背离了儿童的生命生成法则;任何揠苗助长,都牺牲了童年的幸福时光,严重侵害了儿童的身心健康,乃至他们一生的可持续成长与和谐。"大自然希望儿童在成人以前就要像儿童的样子。如果我们打乱了这个次序,我们就会造成一些早熟的果实,它们长得既不丰满也不甜美,而且很快就会腐烂:我们将造成一些年纪轻轻的博士和老态龙钟的儿童。"④"儿童比黄金更为珍贵,但比玻璃还脆弱。它是易于被震荡和受伤的甚至成为不可补偿的损伤。"⑤"假如儿童在这一年龄阶段遭到损害,假如存在于他身上的未来生命之树的胚芽遭到损害,那么他必须付出最大的艰辛和最大的努力才能成长为强健的人,必须克服最大的困难在其朝着这一方向发展和训练的道路上避免这种损害所造成的畸形,或至少防止这种损害所造成的片面性。"⑥儿童生命生成的自然节奏和规律应受到敬畏与尊重,这是人作为有理性的存在者应遵从的

---

① [德]福禄培尔.人的教育[M].孙祖复,译.北京:人民教育出版社,2002:26.
② [荷兰]斯宾诺莎.伦理学[M].贺麟,译.北京:商务印书馆,1991:229.
③ 刘晓东.解放儿童[M].北京:新华出版社,2002:83.
④ [法]卢梭.爱弥儿[M].李平沤,译.北京:人民教育出版社,2001:88.
⑤ [捷]夸美纽斯.夸美纽斯教育论著选[M].任钟印,选编.北京:人民教育出版社,2005:35.
⑥ [德]福禄培尔.人的教育[M].孙祖复,译.北京:人民教育出版社,2002:40.

"生命密令"。

"我们每一个人回顾自己的历史时,都会发现其不可分的童年个性包括了不同的人格,它们之所以融合在一起,是因为它们处于雏形状态,这种充满憧憬的不确定性正是童年的最大魅力之一。"①"如果教育就是各种自然倾向和能力的正常生长,那么注意在生长过程中每天所进行的特殊形式,是保证成年生活的种种成就的唯一方法。"②教育的价值和意义在儿童生命生成的过程中,在不断提高儿童生命力的过程中。儿童教育既要为儿童的未来谋幸福,又要让儿童体验到童年的幸福与欢乐。儿童是未成熟的,在儿童身上具有人的全部潜能,这些潜能"是种子,如果给予适当的发展条件,这些种子就会生长,并有所展现;但如果缺乏条件,它们就会夭折"③,教育应根据儿童的生命特性,帮助儿童"成为他所能够成为的人"。④

2. 面向生命的整体性

生命是一个不可分裂的整体,具有发展的整体性。"人类才能的整体性是种族的神圣而永恒的天赋。着重这个整体性是教育成功的基本条件。"⑤"教育要名副其实,必然是努力使人的完善能力得到圆满的发展。"⑥"无论是过分的感情的发展,或是过分的智力发展,缺乏平衡都会导致最终的失败。"⑦面向生命的整体性意味着生命的整体发展,强调生命发展的完整性、统一性与和谐性。生命的整体发展在于全面发展,即人的各种最基本素质的完整发展。生命的整体发展在于和谐发展,即人的各种基本素质获得协调、适当的发展,否则便是畸形发展。

---

① [法]柏格森.创造进化论[M].姜志辉,译.北京:商务印书馆,2012:87.
② [美]杜威.学校与社会·明日之学校[M].赵祥麟,任钟印,吴志宏,译.北京:人民教育出版社,1994:223.
③ [美]弗洛姆.为自己的人[M].孙依依,译.北京:生活·读书·新知三联书店,1988:190.
④ [美]弗洛姆.为自己的人[M].孙依依,译.北京:生活·读书·新知三联书店,1988:44.
⑤ [瑞士]裴斯泰洛齐.裴斯泰洛齐教育论著选[M].夏之莲,等译.北京:人民教育出版社,2001:426.
⑥ [瑞士]裴斯泰洛齐.裴斯泰洛齐教育论著选[M].夏之莲,等译.北京:人民教育出版社,2001:426.
⑦ [瑞士]裴斯泰洛齐.裴斯泰洛齐教育论著选[M].夏之莲,等译.北京:人民教育出版社,2001:426—427.

人的全面、和谐发展是教育的理想和追求。柏拉图孜孜以求于"音乐陶冶心灵,体操锻炼身体",亚里士多德追寻着身体、德行与智慧的和谐。维多利诺主张对儿童普遍实施智、德、体、美诸多教育,使儿童身心获得和谐发展。蒙田提出了"完人"教育主张:"我们所训练的,不是心智,也不是身体,而是一个完整的人,我们决不能把二者分开。"①卢梭、德尼·狄德罗(Denis Diderot)和克劳德·阿德里安·爱尔维修(Claude Adrien Helvetius)强调通过"健全的教育"培养儿童"健全的人格"。裴斯泰洛齐主张教育的目的在于发展儿童的天性和形成完善的人,在于使儿童的天赋才能得到充分的、和谐的发展。第斯多惠的终极目的是"全人",即全面的、和谐发展的人。莫尔、罗伯特·欧文(Robert Owen)、弗朗斯瓦·沙利·傅里叶(François Charles Fourier)等人也都提出了人的全面发展思想,马克思提出了"以个人自由而全面的发展为基本原则"。② 日本著名教育家小原国芳(Obara Kuniyoshi)认为,理想的人是全人。爱因斯坦则认为:"学校的目标始终应当是:青年人在离开学校时,是作为一个和谐的人,而不是一个专家。"③

受教育是生命的内在需求,教育因生命而存在。教育应面向儿童生命的整体性,教育语境中的关键词永远是"生命"。"把'教育'理解为社会借此可以保全、延续、进步,个体借此得以获得某种素质而在未来过上'幸福''完满'的生活的工具。"④教育仅关注"以何为生"的训练,而放弃了"为生而教"的旨归。教育成"材"而未成"人",造成了对生命的遮蔽。"教育成为制造劳动者的一台机器,通过教育的塑造,人被变成追求物质利益的人,掌握生产技术成为教育的全部目的,这样,人愈是受教育,他就愈被技术和专业所束缚,愈失去一个完整人的精神属性。"⑤片面追求成"材"的教育无视儿童的生命需求,肢解了生命的完整性,完

---

① 华东师范大学,杭州大学教育系,编译.西方古代教育论著选[M].北京:人民教育出版社,1985:396.

② [德]马克思恩格斯全集(第3卷)[M].中共中央马克思恩格斯列宁斯大林著作编译局,译.北京:人民出版社,1979:3.

③ [德]爱因斯坦.爱因斯坦文集[M].赵中立,许良英,编译.上海:上海科学技术出版社,1979:70.

④ 周浩波.教育哲学[M].北京:人民教育出版社,2000:35.

⑤ 王坤庆.当代西方精神教育研究述评[J].教育研究,2002(9).

全叛离了教育的生命内涵,切割了生命的整体性与独特性,把完整的人塑造成了片面的工具人,导致了人性的虚无与生命的病态。"人"的生成之路、解蔽之路意味着生命的和谐性、完整性,教育应以儿童的生命和谐为鹄的,倾力实现向生命的回归。

3. 关照生命的独特性

人的存在是一种生命独特性的存在,"在时间、空间这纵横广阔的环境里,每个人都以自己独特的个性存在着"①。人与人之间无论在生理、心理特征方面,还是在道德、审美、知识技能等社会特征方面,都存在着个别差异。这些个别差异在不同个体身上的特殊组合,便形成了生命的独特性。尊重人归根结底是尊重人的生命独特性,尊重生命和生命的独特性是教育的最基本理念。只有承认生命的独特性,才有利于对每一个儿童进行教育,才能因材施教。教育的理想是以生命的理想为底蕴,追寻的是理想生命的生成。独特发展是人的天赋权利,是自然赋予的,应让儿童真正享有这种权利。"人的全面发展意味着自己真正获得解放。"②教育关照生命的独特性,意味着人的独特的发展,即人自主的、自由的、富有个性的发展,强调生命发展的自主性、独特性和个别性。无条件地承认与尊重独特的不可替代的生命形态,把每个儿童的生命尊严作为教育的出发点和核心内容,这种观点逐渐成了教育观点和论说的主题。

追求生命独特性的发展并不否定生命的全面发展:没有个体生命独特性的充分发展,就没有生命的全面发展。反之亦然,个体生命独特性的发展是生命全面发展的必要条件和核心内容,生命全面发展是个体生命独特性发展的最终归宿。教育关照生命的独特性发展,意味着儿童自身独特潜能的充分发挥,意味着对儿童的需要、兴趣和自由的充分尊重。"教育的基本作用,似乎比任何时候都更在于保证人人享有他们自己为充分发挥自己的才能和尽可能掌握自己的命运

---

① [日]香山健一.为了自由的教育改革——从划一主义到多样化的选择[M].刘晓民,译.北京:高等教育出版社,1990:16.

② [德]马克思恩格斯全集(第3卷)[M].中共中央马克思恩格斯列宁斯大林著作编译局,译.北京:人民出版社,1995:286.

而需要的思想、判断、感情和想象方面的自由。"[①]"教育首先是一个内心的旅程。"[②]体现了人们对一种真正的"人"的教育的渴望和期冀。

儿童不是成人和教师灌注的容器,也不是可以任意塑造的蜡和泥,儿童是具有生命力的、能动的、发展着的、活生生的、独特的人。尽管不少教育工作者口头上宣称因材施教,但在教育教学实践中无视儿童之间的个体差异,追求"整齐划一",成为"语言上的巨人,行动上的矮子"。儿童教育应以儿童为本,全面地研究儿童,遵循儿童的生命特性,尊重儿童的个体差异,基于每个儿童在兴趣、特长、性格、认知风格、行为方式等方面的特点,因人施教,促进每个儿童有尊严地、富有个性地发展。

教育是有目的、有计划、有组织地促进儿童身心和谐发展的社会活动,是以对生命的思考和理解作为自己的任务与使命的,是以人为本的社会中最体现生命关怀的事业。教育具有鲜明的生命性,"是直面人的生命、通过人的生命、为了人的生命质量的提高而进行的社会活动"[③]。人的生成过程就是一个生命绽放的过程,也就是一个解蔽、澄明的过程。教育即为了生命的启蒙,其根本宗旨在于滋养人的生命,呵护儿童的生命生成,使生命得以不断生成和丰富从而趋向健康、和谐、完满。儿童教育面对的是最娇嫩的生命,必须谨慎地依据儿童生命的自然发展步骤。"事实上,初生的孩子是那样不成熟,如果听任其是,没有别人指导和援助,他们甚至不能获得身体生存所必需的起码的能力。人类的幼年和很多低等动物的幼崽比较起来,原有的效能差得多,甚至维持身体所需要的力量必须经过教导方能获得。"[④]"我们生来是软弱的,所以我们需要力量;我们生来是一无所有的,所以需要帮助;我们生来是愚昧的,所以需要判断的能力。我们在出生的时候所没有的东西,我们在长大的时候所需要的东西,全都要由教育赐予我

[①] 联合国教科文组织.教育——财富蕴藏其中[M].联合国教科文组织总部中文科,译.北京:教育科学出版社,1996:85.
[②] 联合国教科文组织.教育——财富蕴藏其中[M].联合国教科文组织总部中文科,译.北京:教育科学出版社,1996:86.
[③] 叶澜.教育理论与学校实践[M].北京:高等教育出版社,2000:137—141.
[④] [美]杜威.民主主义与教育[M].王承绪,译.北京:人民教育出版社,2001:8.

们。"①"教育的过程是一个继续不断的生长过程,在生长的每个阶段,都以增加生长的能力为其目的。"②"学校教育的价值,它的标准,就看它创造继续生长的愿望到什么程度,看它为实现这种愿望提供方法到什么程度。"③教育即养生应是儿童教育的首要观念,儿童的生命需求应是儿童教育的基本前提,儿童的生命生成规律应是儿童教育的根本依据。合目的性、合规律性的儿童教育既应遵循生命的历史性、完善生命的和谐性,又应呵护生命的独特性,实现生命的健康和谐。教育者应以一种基本的生命信念,以虔诚之心与敬畏之心滋润儿童稚嫩的生命,应让儿童生命获得诗意的成长。从生命出发,滋养生命,教育应承担起养生的伦理使命和文化使命。当这些使命最终得以实现的时候,教育便在人类生命的发展史中赢得了地位和尊重。

---

① [法]卢梭.爱弥儿(上卷)[M].李平沤,译.北京:人民教育出版社,1985:3.
② [美]杜威.民主主义与教育[M].王承绪,译.北京:人民教育出版社,2001:63.
③ [美]杜威.民主主义与教育[M].王承绪,译.北京:人民教育出版社,2001:62.

第四章　儿童的经验是生成的

　　生命不断由小到大、由简单到复杂，处于动态的持续生长、发展之中，其生长变化的机制就是新陈代谢。新陈代谢是生物体与外界环境之间的物质交换和能量转移，以及生物体内物质运输和能量转化的过程，为生命的本质特性。① 通过新陈代谢实现生命的生长，生长是代谢的必然结果，代谢是生长的前提。经验是有机体与环境的相互作用，是主体感受或体验到的一切，是个体生命为了自身的延续与生长而与周遭环境的持续互动与适应。个体生命在与环境的持续性互动与适应中进行着能量与信息的新陈代谢，表现为经验的生成与更新。"儿童天性提供了一种内在的指导，但无论在哪个领域，无论要发展什么，都需要不断的努力和经验。"②经验为生命的动力源，儿童的生命过程就是有机体与环境相互作用的经验历程。教育即养生，意在滋养儿童的生命生长。"教育的过程是一个继续不断的生长过程，在生长的每个阶段，都以增加生长的能力为其目的。"③"生长的理想归结为这样的观点，即教育是经验的继续不断的改组和改造。"④因此，"教育是经验的继续不断的改造或改组，教育是属于经验，由于经验和为着经验的"⑤。儿童经验的生成之道便是教育的自然之道，教育应顺其自然而为之。

---

　　① 李连芳.普通生物学[M].北京:科学出版社,2013:2.
　　② [意]蒙台梭利.蒙台梭利幼儿教育科学方法[M].任代文,主译校.北京:人民教育出版社,2001:567.
　　③ [美]杜威.民主主义与教育[M].王承绪,译.北京:人民教育出版社,2001:63.
　　④ [美]杜威.民主主义与教育[M].王承绪,译.北京:人民教育出版社,2001:86.
　　⑤ [美]杜威.杜威教育论著选[M].赵祥麟,王承绪,编译.上海:华东师范大学出版社,1981:352.

一、经验与教育

哲学家们对经验的具体看法存在着很大的差异。经验主义认为,经验常常指感觉经验,是人们在同客观事物直接接触的过程中,通过眼、耳、鼻、舌、手、脚以及身体的其他感觉器官所获得的关于客观事物的现象和外部联系的认识。[1] 经验是人的一切认识的唯一来源,一切观念都从经验的认识中抽象概括而来。而理性主义则认为,人类的认识并不一定来源于感觉经验,知识只是间接地与感觉经验相联系,理性是知识的主要来源。[2] 随着时代的变迁,人们对经验的具体看法不断发展变化着,与之相联系的经验教育也趋向丰富。

(一)传统视域中的经验与教育

1. 二元对立中的经验

古希腊时期的思想家多"崇尚理性,贬低经验"[3],认为经验出于实践,与行动有关。"经验的目的指向物质兴趣,经验的器官是身体,通过身体感官与事物的反复接触,将感官活动的结果保存在记忆和想象之中,并应用于事物的操作,从而获得关于事物的知识和操作能力,这些知识和能力即为经验。经验的获得是在尝试的过程中,在与事物的直接接触过程中进行的,经验主要表现为各种行动、技能和手艺。"[4]经验主要具有实践的、习俗的、行动的含义。恩培多克勒(Empedocles)认为,感官是唯一可靠的认识途径。"你用各种感官能来考察每一件个别事物,看看它在多大范围内是明白的,不要认为视觉与听觉比较起来更加

---

[1] 蒋雅俊.儿童、经验与课程:课程哲学研究[D].南京:南京师范大学博士学位论文,2008.
[2] 蒋雅俊.儿童、经验与课程:课程哲学研究[D].南京:南京师范大学博士学位论文,2008.
[3] 张华.经验课程论[M].上海:上海教育出版社,2000:231.
[4] 张华.经验课程论[M].上海:上海教育出版社,2000:230.

可靠,也不要因此低估其余各种感官的可靠性,因为只有一条认识的途径。"①他以"流射说"解释感觉,认为在认知对象与感官之间存在着"感官的通道",眼睛中由此流射出火而看到发光物,流射出水而看到黑暗的东西。普罗塔哥拉(Protagoras)认为知识就是感觉。德谟克利特(Democritus)主张感觉是一切认识的开始,但还只是"暗昧的认识",只有理性才能认识事物的本质,达到"真理性的认识";感性认识是理性认识的出发点,理性认识比感性认识更高级。伊壁鸠鲁(Epicurus)认为,判断真理的最终标准是人的直观感觉。亚里士多德认为:"认识的来源是感觉,这种感觉好比外物印在蜡块上的痕迹('蜡块说'),是由客观存在的个别事物作用于感官所引起的。'离开感觉,没有人能够理解任何东西。'"②但"认识不能停留在感觉经验阶段,必须从感觉上升到概念,进到理性认识,才能把握个别中的一般;同时也只有通过感性经验才能抽引出一般原理"③。柏拉图和亚里士多德最早区分了经验与理性的概念,认为经验与理性是对立的。④

文艺复兴早期的邓斯·司各脱(John Duns Scotus)认为一切知识都是从感觉产生的,理智好像一块"白板",其中的观念都来自于对感性知觉的概括。⑤ "感性认识是表面的,理智则通过抽象而深入到事物的本性。"⑥"可靠知识的获得有三条途径:自明的原则(及其推论)、经验、行动。"⑦罗吉尔·培根(Roger Bacon)认为:"从感官知识到理性知识,并通过感觉经验来验证,才能得到可靠的知识"⑧。而感觉的验证不仅指感官感觉(自然的经验),还包括科学实验。⑨ 从而扩大了经验的范畴,丰富了经验的内涵。康帕内拉认为:"感觉是物体对感官的刺激,也是概念本身的内容,一切概念都是以事物的感性特质为基础、由感觉来

---

① 北京大学哲学系,外国哲学史教研室.古希腊罗马哲学[M].北京:商务印书馆,1961:80.
② 陈修斋.欧洲哲学史上的经验主义和理性主义[M].北京:人民出版社,2007:37.
③ 陈修斋.欧洲哲学史上的经验主义和理性主义[M].北京:人民出版社,2007:37.
④ 张华.经验课程论[M].上海:上海教育出版社,2000.
⑤ 陈修斋.欧洲哲学史上的经验主义和理性主义[M].北京:人民出版社,2007:46.
⑥ 陈修斋.欧洲哲学史上的经验主义和理性主义[M].北京:人民出版社,2007:46.
⑦ 陈修斋.欧洲哲学史上的经验主义和理性主义[M].北京:人民出版社,2007:46.
⑧ 陈修斋.欧洲哲学史上的经验主义和理性主义[M].北京:人民出版社,2007:47.
⑨ 陈修斋.欧洲哲学史上的经验主义和理性主义[M].北京:人民出版社,2007:47.

论证的。因此感觉是一切知识的来源、基础和标准,它比理性知识更可靠。"①

随着思想的演进,近代经验论思想家们对经验的理解逐渐发生转向,认为"经验是认知的途径,理性知识皆由感官观察而获得。通过感官观察,获得事物的真实印象,对这些印象进行分析比较和综合重建,获得关于事物的知识——事物的本质、规律、规则、原理。理性知识建立在感觉经验的基础之上"②,经验的概念具有了理智、认知的理性内涵,其行动的、实用的含义逐渐消失。由于经验的获得完全依附于感觉印象,强调对事物的直接依赖性,以至于经验论变成了感觉论,使经验不可避免地具有被动性和狭隘性。文艺复兴时期,经验论者强调通过感觉经验和实验获得知识。"基于实验的对于外物的感官知觉是人的认识的起始点;要求把经验能力(实验能力)与理性能力结合起来,既要收集丰富的感觉材料,又要对之进行理性加工,一步步地从感觉材料和特殊事例上升到最普遍的公理,达到对事物的内在结构和内在规律性的认识。"③弗兰西斯·培根(Francis Bacon)倡导运用归纳法从经验材料中导出和形成公理之后,还须从这种普遍公理中推导和引申出新的实验,以便"考察""试验""修改"已经获得的公理。④ 洛克继承并发展了培根的唯物主义经验论,把经验区分为感觉经验与内省经验,提出了著名的"白板说",认为"一切知识都是导源于后天经验"⑤。"凡是存在于理智中的,没有不是先存在于感觉中的。"⑥"我们的全部知识是建立在经验上面的;知识归根到底都是导源于经验的。"⑦黑格尔批判洛克的经验论求助于感性,并用感性的确定性来衡量真理,将真理归结为直接的感觉。"经验诚然是全体中的一个必要环节。但是,这一思想在洛克那里显得只意味着我们从经验、感性存在或知觉里取得真理或抽出真理。"⑧大卫·休谟(David Hume)认为:"既没有与生俱来

---

① 陈修斋.欧洲哲学史上的经验主义和理性主义[M].北京:人民出版社,2007:51.
② 张华.经验课程论[M].上海:上海教育出版社,2000:232.
③ 陈修斋.欧洲哲学史上的经验主义和理性主义[M].北京:人民出版社,2007:58.
④ 陈修斋.欧洲哲学史上的经验主义和理性主义[M].北京:人民出版社,2007:58.
⑤ 陈修斋.欧洲哲学史上的经验主义和理性主义[M].北京:人民出版社,2007:62.
⑥ [英]洛克.人类理解论[M].关文运,译.北京:商务印书馆,1981:68.
⑦ [英]洛克.人类理解论[M].关文运,译.北京:商务印书馆,1981:68.
⑧ [德]黑格尔.哲学史讲演录(第四卷)[M].贺麟,王太庆,译.北京:商务印书馆,1981:137.

的天赋观念,也没有什么反省观念,一切观念都是感觉印象的摹本,都起源于感觉印象。"①

18世纪法国唯物主义经验论者伽桑狄(Pierre Gassendi)、朱利安·奥夫鲁瓦·德·拉美特利(Julien Offroy De La Mettrie)、狄德罗、霍尔巴赫(Heinrich Diefrich)和爱尔维修等继承并发展了英国唯物主义经验论原则,摈弃了洛克的内省经验说,认为感觉是一切知识的来源,感觉既非主观自生,亦非与生俱有,而是外界事物刺激感官产生的,由感觉形成观念。② 19世纪的经验论者奥古斯特·孔德(Isidore Marie Auguste François Xavier Comte)、赫伯特·斯宾塞(Herbert Spencer)、约翰·穆勒(John Stuart Mill)、马赫(Ernst Mach)、理查德·海因里希·阿芬那留斯(Avenarius Richard Heinrich)等对经验做出各种解释,但仍然主张经验是知识的来源,拒绝研究经验现象之外的客观实在。康德把人的认识分成了感性、知性和理性三个阶段,认为人的感官受自在之物的刺激产生了印象与观念。这些印象和观念形成了混沌而杂乱的质料,质料必须加上先天的感性形式(时间和空间)和先天的知性范畴,才能产生有条理的知识。③ 康德承认经验来自"物自体"对感官的刺激,但把经验看成是一些杂乱无章的材料,必须经过先验统觉的综合作用才能构成知识。④

综上所述,传统视域中的经验为二元对立中的经验,是主体与客体、理性与感性、主观与客观的分离与对立中的经验,是离却了生命之躯的经验,因而也注定了其生命力的孱弱。

2. 传统视域中的感官教育

夸美纽斯认为:"一切知识都是从感官的感知开始的。"⑤因此,教师教学的金科玉律是"一切事物都应当尽可能放在感觉面前。"⑥"一切可见的事物都必须放在视觉器官面前,一切能听见的事物都必须放在听觉器官面前,气味必须放在嗅

---

① 陈修斋.欧洲哲学史上的经验主义和理性主义[M].北京:人民出版社,2007:65.
② 蒋雅俊.儿童、经验与课程:课程哲学研究[D].南京:南京师范大学博士学位论文,2008.
③ 蒋雅俊.儿童、经验与课程:课程哲学研究[D].南京:南京师范大学博士学位论文,2008.
④ 蒋雅俊.儿童、经验与课程:课程哲学研究[D].南京:南京师范大学博士学位论文,2008.
⑤ [捷]夸美纽斯.大教学论[M].傅任敢,译.北京:教育科学出版社,1999:97.
⑥ [捷]夸美纽斯.大教学论[M].任钟印,译.北京:人民教育出版社,2006:168.

觉器官面前，一切可尝的和可触摸的东西都必须分别放在嗅觉器官和触觉器官面前。如果一个对象可以同时在几种感官上留下印象，则必须使它与几种感官接触。"①夸美纽斯强调幼年时期教育的主要任务是感官训练，"要孩子们锻炼时，首先锻炼他们的感官（因为这是最容易的）"②。在教育史上，卢梭有关儿童感官教育的思想起了承上（如夸美纽斯）启下（如蒙台梭利）的作用，他第一次提出了有目的的、详细的感官训练主张，认为儿童教育的主要任务是锻炼身体和训练感官。"所有一切都是通过人的感官而进入人的头脑的。所以人的最初的理解是一种感性的理解，正是有了这种感性的理解做基础，理智的理解才得以形成。所以说，我们最初的哲学老师是我们的脚、我们的手和我们的眼睛。"③"在最初的思想的活动中，完全是以感觉为指导的。"④"锻炼感官，并不仅仅是使用感官，而是要通过它们学习正确的判断，也就是说要学会怎样去感受。"⑤"由于他的感官是他的知识的原料，所以要按照次序让他产生感觉。"⑥裴斯泰洛齐认为："对大自然的感觉印象是人类教学的唯一真实的基础，因为它是人类知识的唯一真实的基础。"⑦他强调只有通过感官才能获得正确的认识。"你作为一个活生生的自然体没有别的，只有五个感官，因而你的概念是清晰还是含混，毫无疑问，肯定取决于所有外部对象接触五官的近远。"⑧蒙台梭利吸取前辈经验，极为重视感官教育，认为"它直接为智力教育作准备"⑨，并强调"实践经验几乎就等于感觉训练"⑩。

---

① [捷]夸美纽斯.大教学论・教学法解析[M].任钟印,译.北京:人民教育出版社,2006:168.
② [捷]夸美纽斯.大教学论・教学法解析[M].任钟印,译.北京:人民教育出版社,2006:125—126.
③ [法]卢梭.爱弥尔——论教育[M].李平沤,译.北京:商务印书馆,1978:14.
④ [法]卢梭.爱弥尔——论教育[M].李平沤,译.北京:商务印书馆,1978:216—217.
⑤ [法]卢梭.爱弥儿[M].李平沤,译.北京:人民教育出版社,2001:161.
⑥ [法]卢梭.爱弥儿[M].李平沤,译.北京:人民教育出版社,2001:51.
⑦ [瑞士]裴斯泰洛齐.裴斯泰洛齐教育论著选[M].夏之莲,等译.北京:人教育出版社,2001:200.
⑧ [瑞士]裴斯泰洛齐.裴斯泰洛齐教育论著选[M].夏之莲,等译.北京:人民教育出版社,2001:88.
⑨ [意]蒙台梭利.蒙台梭利幼儿教育科学方法[M].任代文,译.北京:人民教育出版社,2001:208.
⑩ [意]蒙台梭利.蒙台梭利幼儿教育科学方法[M].任代文,译.北京:人民教育出版社,2001:211.

因此，蒙台梭利设计了最为完善的感官教育，并以触觉训练为主，因为儿童常以触觉代替视觉或听觉，即常以触觉来认识周围事物。①

正如马赫所宣称，感觉是一切存在的基础，是一切科学研究的对象。夸美纽斯、卢梭、裴斯泰洛齐、蒙台梭利等人基于传统经验观——感官是认知的门户与工具，主张儿童教育始于感官训练，强调感官教育对儿童发展的意义，认为通过感官的训练，可以促进儿童感觉器官的灵敏性，为日后知识的学习奠定基础。基于传统经验观的感官教育，无疑将感官工具化，将经验教育庸俗化，未真正发现经验的生命意义。

（二）生命视域中的经验与教育

1. 生命视域中的经验

生物科学的进步为新经验观的诞生创造了必要条件，威廉·詹姆斯（William James）是传统经验主义的反对者。正是在自然科学研究方法的影响下，詹姆斯主张心理学的研究应以经验的观察和实验为基础，重视从科学实验中得出的结果，把认识对象看作是认识的起点和尚未完成的东西，反对传统哲学仅仅重视直接的感性观察以及把认识对象看作是固定不变的观点。受英国经验主义思想影响的詹姆斯对传统的经验概念进行了改造，认为经验是一个包罗万象的唯一存在，世界是一个纯粹经验的世界。受达尔文生物进化论启发，詹姆斯把人的心理意识活动理解为有机体适应环境的一种机能，是有机体在受到环境刺激后所产生的反应——有机体适应环境的机能。詹姆斯通过生命活动的方式来构思生命，从真正的生命活动的视角阐释了意识的产生与发展，其客观生物学方法对杜威产生了深刻的影响。"詹姆斯学派心理学的客观生物学方法，直接导致了具有特色的社会范畴，特别是交往和参与的重要性观念。我确信，从这个观点出发，我们的大部分的哲学研究需要重新进行；而且，一种完整的综合最终将导致一种与现代科学相一致的哲学。"②

---

① 杨汉麟，周采.外国幼儿教育史[M].南宁：广西教育出版社，2005：295.
② [美]杜威.杜威传[M].单中惠，编译.合肥：安徽教育出版社，1987：69.

杜威基于对经验概念的历史性考察，认为古希腊经验理论和近代经验主义理论都存在着各自的弊端。古希腊哲学把经验与知识分离，贬低经验而崇尚理性知识；而近代身心分离的二元论哲学，又造成了经验与自然的割裂。传统哲学认为经验是由感官知觉而来，是主观的、感性的、不可靠的；知识是通过理性的抽象得来的，是客观的、科学的、可靠的；把原本整体的世界人为地做了主观与客观、身体与心灵、思维与物质、理性与感性、实体与现象的区分。①"自我不仅变成了一个来到圣地朝觐的香客，而且成为这个世界上的一个未曾变成自然事物而且不可能变成自然事物的外乡人。"②要彻底地摒弃二元对立的思维模式，就必须用整体的哲学观来看待世界。杜威认为，通过对经验概念的重建，就可以避免二元论的错误。

杜威所受的哲学和自然科学训练，为他的经验理论提供了其前辈所缺乏的背景和观点。受黑格尔有机统一体观念的启发，杜威认为正确的哲学方法就是发现范畴的整个体系并确定每个范畴在这个整体中所扮演的角色。达尔文的演化理论在自然生命的连续性、相互依存、彼此维系的基础上重新思考生生不息的生命进程。达尔文的演化理论（杜威称之为对哲学的"生物学的贡献"——"《物种起源》一书通过对绝对永恒之物这艘神圣不可侵犯的方舟发起攻击，并把那些曾被看作固定不变的和完美无缺的类型的形式看作是有起源的和会消失的，而引进一种思维模式，这种模式一定会使认识的逻辑发生变革，从而也使道德、政治和宗教发生变革"③）——其中关于人与自然相互作用的观点给杜威留下了深刻的印象，引导杜威以生命活动作为其阐释具体哲学理论的基本出发点和背景，形成了他的经验理论和对事物的总的看法。黑格尔和达尔文有机统一的观念对杜威的思想影响巨大，他从中发现一种相互依赖和相互联系的统一体概念。詹姆斯通过一种生物学的功能主义来解释经验与自然、主体与客体等等的连续性，其生命视角也给了杜威很大的启迪。杜威正是从黑格尔、达尔文、詹姆斯的整体的、联系的、依存的生命活动视角来看待经验，才导致一种新的哲学思路的引入

---

① 蒋雅俊.儿童、经验与课程：课程哲学研究[D].南京：南京师范大学博士学位论文,2008.
② [美]杜威.经验与自然[M].傅统先,译.南京：江苏教育出版社,2005：18.
③ [美]杜威.杜威文选[M].涂纪亮,编译.北京：社会科学文献出版社,2006：49.

和新的经验观的诞生。杜威笃信:只有立足于生命活动之上,传统哲学中的二元论问题才能获得根本意义上的解决。

"任何对经验的说明现在都必须与经验意味着生命这种看法一致;生命是在周围媒介中进行的,并且起因于周围媒介,而不是在真空中进行的。凡是有经验的地方,就有生物。凡是有生命的地方,就与环境保持双重的联系。从局部来说,环境的能量构成机体的功能,进入到机体的功能之中。没有环境的这种直接支持,生命是不可能的。"① 在杜威看来,经验意味着生命,以生命活动为基本样式的经验体现为一种相互维系与彼此造就。"从正统观点看来,经验主要与认识有关。可是,当人们没有戴着古代眼镜观看它时,经验肯定表现为生物与其物质的和社会的环境之间的相互作用有关。"② 与环境相互作用的过程中,"这个生物经历和感受它自己的行动的结果。这个动作和感受(或经历)的密切关系就形成了我们所谓经验"③。因此,经验具有生命的价值和意义,经验和流变的、鲜活的生命是一体的,是伴随着生命进程的有机体的活动,是与生命的进程水乳交融、紧密联系而不可分割的。

杜威将经验与生命进程联系在了一起,将经验定义为"有机体和环境的交互作用",认为经验是有机体与环境相互作用的过程与结果,是主客体未分状态下的人的生命活动。正是由于这种相互作用的生命活动,克服了各种形式的二元论。杜威认为主体和客体、经验和自然、精神和物质本来是统一经验总体中两个不同的方面,它们都不能独立存在或作为对方的来源而存在,而只能作为统一整体中的具有不同机能的特性而存在。④ "经验既是关于自然的,也是发生在自然之内的。被经验到的并不是经验而是自然——岩石、树木、动物、疾病、健康、温度、电力等等。在一定方式之下相互作用的许多事物就是经验,它们就是被经验的东西。当它们以另一些方式和另一种自然对象——人的机体——相联系时,它们就又是事物如何被经验到的方式。"⑤ "'经验'是一个詹姆士(詹姆斯)所谓具

---

① [美]杜威.杜威文选[M].涂纪亮,编译.北京:社会科学文献出版社,2006:64—65.
② [美]杜威.杜威文选[M].涂纪亮,编译.北京:社会科学文献出版社,2006:64.
③ [美]杜威.哲学的改造[M].许崇清,译.北京:商务印书馆,1997:46.
④ 彭俊英.幼儿园过程课程论[D].南京:南京师范大学博士学位论文,2009.
⑤ [美]杜威.经验与自然[M].傅统先,译.南京:江苏教育出版社,2005:3.

有两套意义的字眼。好像它的同类语'生活'和'历史'一样,它不仅包括人们做些什么和遭遇些什么,他们追求些什么,爱些什么,相信和坚持些什么,而且也包括人们是怎样活动和怎样受到反响的,他们怎样操作和遭遇,他们怎样渴望和享受,以及他们观看、信仰和想象的方式——简言之,能经验的过程。'经验'指开垦过的土地,种下的种子,收获的成果以及日夜、春秋、干湿、冷热等等变化,这些为人们所观察、畏惧、渴望的东西;它也指这个种植和收割、工作和欣快、希望、畏惧、计划,求助于魔术或化学、垂头丧气或欢欣鼓舞的人。它之所以是具有'两套意义'的,这是由于它在其基本的统一之中不承认在动作与材料、主观与客观之间有何区别,但认为在一个不可分析的整体中包括着它们两个方面。"①因此,杜威把经验视为一个统一整体,在整体的"经验"中包含着不可分割的两个方面,亦即具有"两套意义":既包括被经验到的客体,也包括作为经验主体的人②;既包括获得经验的过程,也包括获得经验的结果③;既包括经验到的事实,也包括事实蕴含的价值④;既包括主动地尝试、追求,也包括被动地遭遇、承担结果⑤。

"经验包含一个主动的因素和一个被动的因素,这两个因素以特有形式结合着。只有注意到这一点,才能了解经验的性质。在主动的方面,经验就是尝试——这个意义,用实验这个术语来表达就清楚了。在被动的方面,经验就是承受结果。我们对事物有所作为,然后它回过来对我们有所影响。"⑥有机体主动地作用于环境,环境又对有机体及其活动产生影响。"经验本来就是一种主动而又被动的事情。"⑦"经验是一种同时既施加影响,又接受影响的活动。我们的忍受活动是一些用以改变事件进程的实验;我们的主动尝试是对我们自身所做的试验和检验。"⑧主客体的相互作用过程,体现为主动的外在行为——"做"。"经验

---

① [美]杜威.经验与自然[M].傅统先,译.南京:江苏教育出版社,2005:8.
② 蒋雅俊.儿童、经验与课程:课程哲学研究[D].南京:南京师范大学博士学位论文,2008.
③ 蒋雅俊.儿童、经验与课程:课程哲学研究[D].南京:南京师范大学博士学位论文,2008.
④ 蒋雅俊.儿童、经验与课程:课程哲学研究[D].南京:南京师范大学博士学位论文,2008.
⑤ 蒋雅俊.儿童、经验与课程:课程哲学研究[D].南京:南京师范大学博士学位论文,2008.
⑥ [美]杜威.民主主义与教育[M].王承绪,译.北京:人民教育出版社,2001:153.
⑦ [美]杜威.民主主义与教育[M].王承绪,译.北京:人民教育出版社,2001:154.
⑧ [美]杜威.哲学的改造[M].许崇清,译.北京:商务印书馆,1997:56.

首先是做的事情。"①"有机体决不徒然站着,像米考伯[Micawber——狄更斯(Charles John Huffam Dickens)的小说中的人物]一样,等着什么事情发生。它并不墨守、弛懈、等候外界有什么东西逼到它身上去。它按照自己的机体构造的繁简向着环境动作。"②机体对外界环境的这种主动动作,又会得到回应,表现为"环境所发生的变化又反映到这个有机体和它的活动上去。这个生物经历和感受它自己的行动的结果"③。这样,主体对外界发出动作(施加影响)和体验外界对主体动作的反应(接受影响)两相结合,就形成了杜威所谓的经验。无论主体是主动发出动作还是被动接受事实,经验始终是主动和被动两个方面相互交织的结果。"我们对事物有所作为,然后它回过来对我们有所影响,这就是一种特殊的结合。"④"经验主要是一个经受(undergoing)的过程,一个接受(standing)某种东西的过程、一个忍受(suffering)和受难(passion)的过程、一个接受某种影响(affection)的过程,这里是就这些词的字面意义而言的。机体必须承受、经受它自己活动所产生的后果。经验不是沿着一条由内在意识规定的小道滑行……不过,经受绝不是完全被动的。"⑤有机体的活动总是与周围的环境、与其在事先事后的经历相互关联着。人们总是生活在一个瞬息万变的世界中,人的每一个活动都将影响着事态的发展和变化,经验是"蕴藏于现在之中的未来"⑥。"我们一定不要只是重复过去的经验,或者等待事变来迫使我们改变。我们要利用自己过去的经验,去建设未来的更好的新经验。因此,经验中的这个重要事实就包含它用来指导自己不断改进的过程。"⑦经验蕴含着指向未来的生长力量。

在杜威的哲学中,经验概念是一个最基本的概念,它既具有认识论的意义,又具有本体论、方法论的意义。杜威在批判地继承前人研究成果的基础上,在哲学取向上寻求"一种相互依赖与彼此维系的统一的感觉"。基于整体的哲学观,

---

① [美]杜威.哲学的改造[M].许崇清,译.北京:商务印书馆,1997:46.
② [美]杜威.哲学的改造[M].许崇清,译.北京:商务印书馆,1997:46.
③ [美]杜威.哲学的改造[M].许崇清,译.北京:商务印书馆,1997:46.
④ [美]杜威.民主主义与教育[M].王承绪,译.北京:人民教育出版社,1990:148.
⑤ [美]杜威.杜威文选[M].涂纪亮,编译.北京:社会科学文献出版社,2006:66.
⑥ [美]杜威.杜威文选[M].涂纪亮,编译.北京:社会科学文献出版社,2006:67.
⑦ [美]杜威.杜威文选[M].涂纪亮,编译.北京:社会科学文献出版社,2006:115.

杜威认为经验是有机体与环境交互作用的生命过程；经验的性质是动态的（经验既包括认识的结果也包括认识的过程，即行动、做、遭受），是相互联系的、连续的，是真实的和面向未来的；经验意味着生命。

2. 生命视域中的经验教育

杜威认为，人生活在世界上，就是生活在一系列的情境中，意味着个体和各种事物以及他人之间持续进行着交互作用，而经验正是有机体与环境交互作用的生命活动过程。"生活就是通过对环境的行动的自我更新过程。"①"努力使自己继续不断地生存，这是生活的本性。因为生活的延续只能通过经久的更新才能达到，所以生活便是一个自我更新的过程。"②生活的过程即是经验的过程。"生活就是发展，不断发展，不断生长就是生活。"③"教育是生活的需要。"④"教育在它最广的意义上就是这种生活的社会延续。"⑤"我们使用'生活'这个词来表示个体的和种族的全部经验。"⑥经验的过程即教育的过程。杜威将教育"视为人类最高的利益"⑦，主张"一切真正的教育是来自于经验的"⑧。资料性知识是人类以往经验的凝结，是提高新经验的意义的工具。教育扎根于人类的共同经验，同样也植根于个体经验中。"为了实现教育的目的，不论对学习者个人来说，还是对社会来说，教育都必须以经验为基础——这种经验往往是一些个人的实际生活经验。"⑨杜威批判旧教育向儿童所灌输的是成人式书本知识，没有与儿童日常生活的实际经验相融合，未将书本知识组织到儿童已有的经验中去，而是将成年人的知识、方法和行为准则强加于儿童身上，儿童对此没有亲身体验、思考与行动，难以激发其好奇心和学习兴趣，缺乏学习的动机，无法积极参与教育过程，

---

① [美]杜威.民主主义与教育[M].王承绪,译.北京:人民教育出版社,2001:6.
② [美]杜威.民主主义与教育[M].王承绪,译.北京:人民教育出版社,2001:14.
③ [美]杜威.民主主义与教育[M].王承绪,译.北京:人民教育出版社,2001:58.
④ [美]杜威.民主主义与教育[M].王承绪,译.北京:人民教育出版社,2001:6.
⑤ [美]杜威.民主主义与教育[M].王承绪,译.北京:人民教育出版社,2001:7.
⑥ [美]杜威.民主主义与教育[M].王承绪,译.北京:人民教育出版社,2001:7.
⑦ John J. McDermott, The Philosophy of John Dewey, Vol.1, New York, Capricorn BookS, GP. Putnam's Sons, 1973:10.
⑧ [美]杜威.我们怎样思维·经验与教育[M].姜文闵,译.北京:人民教育出版社,2005:248.
⑨ [美]杜威.我们怎样思维·经验与教育[M].姜文闵,译.北京:人民教育出版社,1991:304.

致使他们对教材生吞活剥而一知半解,平常的经验得不到应该得到的营养,儿童经验并未因学习而丰富,最终削弱儿童的思维活力与效率。杜威认为,改进教学方法和学习方法的唯一直接途径,是强调教育与个人经验之间的有机联系。"在各种不确定的情况下,有一点是可以永久参照的,那就是教育与个人经验之间的有机联系。"①1897年,杜威指出:"教育应该被认为是经验的继续改造。"②1916年,他又提出:"教育就是经验的改造或改组。这种改造或改组,既能增加经验的意义,又能提高指导后来经验进程的能力。"③1938年,杜威再次强调:"教育是在经验中、由于经验、为着经验的一种发展过程。愈是明确地和真诚地坚持这种主张,对于教育是什么应有一些清楚的概念就愈加显得重要。"④

杜威受进化论和黑格尔精神现象学的影响,关注经验的动态生成,强调经验的连续性。"相信一切真正的教育是来自经验的,这并不表明一切经验都具有真正的或同样的教育的性质。不能把经验和教育直接地彼此等同起来。因为有些经验具有错误的教育作用。任何对经验的继续生长有阻碍或歪曲作用的经验,都具有错误的教育作用。"⑤教育应"既能增加经验的意义,又能提高指导后来经验进程的能力"⑥,从而促进儿童的生命生长。"用连续性作为标准来区分哪些经验具有教育作用,哪些经验具有错误的教育作用。"⑦"经验的连续性原则是以习惯的事实作为基础的。习惯的基本特征是每项做过和经历过的经验会改变做着和经历着这种经验的人,不论我们愿意与否,这种改变都会影响以后的经验的性质。"⑧"在这样的经验中,每个相继的部分都自由地流动到后续的部分,其间没有缝隙,没有未填的空白……与池塘不同,河在流动。但是,它的流动赋予其相持续部分的明确性和趣味要大于存在于池塘中同质的部分。"⑨在杜威看来,无论儿

---

① [美]杜威.杜威教育论著选[M].赵祥麟,王承绪,编译.上海:华东师范大学出版社,1981:352.
② [美]杜威.杜威教育论著选[M].赵祥麟,王承绪,编译.上海:华东师范大学出版社,1981:8.
③ [美]杜威.民主主义与教育[M].王承绪,译.北京:人民教育出版社,2001:87.
④ [美]杜威.我们怎样思维·经验与教育[M].姜文闵,译.北京:人民教育出版社,2005:250.
⑤ [美]杜威.我们怎样思维·经验与教育[M].姜文闵,译.北京:人民教育出版社,2005:248.
⑥ [美]杜威.民主主义与教育[M].王承绪,译.北京:人民教育出版社,2001:87.
⑦ [美]杜威.我们怎样思维·经验与教育[M].姜文闵,译.北京:人民教育出版社,2005:257.
⑧ [美]杜威.我们怎样思维·经验与教育[M].姜文闵,译.北京:人民教育出版社,2005:255.
⑨ [美]杜威.艺术即经验[M].高建平,译.北京:商务印书馆,2007:38.

童还是成人,他们都在不断地生长。生长就是向着一个后来的结果逐渐往前发展的运动。无疑,生长自身就是一种连续不断地发展,生命从萌生到成熟状态的生长都恰切地表现了经验的连续性意义。"各种不同的情境一个接着一个相继地发生。但是,因为有了连续性原则,可以使先前情境中的某些东西传递到以后的情境中去……他在一种情境中所学到的知识与技能,可以变为有效地理解和处理后来的情境的工具。这个过程在生活和继续学习中不断进行着。"①每一种经验,都应该为个体未来获得更深刻、更广泛性质的经验做出贡献,每种经验都在未来的种种经验中获取生命力。"连续性原则应用到教育上,它的意思是指要在教育过程的每个阶段都顾及未来的情况。……在某种意义上,每种经验都应该提供某些东西,使人做好准备去获得未来的更深刻更广泛的经验。这正是经验的生长、经验的连续性和经验的改造的含义。"②

"每种经验都是一种推动力。经验的价值只能由它所推动的方向来评断。"③只有按照有助于儿童正常生长方向的经验才具有教育的价值,教育者的责任就在于判明一种经验的走向,从过去经验中吸取和采纳有用的富有启发性的养料,按照经验所指引的方向去评断和指导经验,以增进儿童未来经验的丰富性与生命力。④"教育者的任务就在于看到一种经验所指引的方向。如果……不考虑经验的推动力,并且不按照它所推动的方向去评断和指导经验,便是不忠实于经验的原则。"⑤因此,"以经验为基础的教育,其中心问题是从各种现时经验中选择那种在后来的经验中能够丰满而具有创造性的生活的经验。"⑥这就意味着具有教育作用的经验不能是割裂的、相互分离的,而必须是连续的、相互关联的;它既是从儿童过去的经验中采纳形成的,又对未来的经验有启发意义;它既是建立在儿童已有经验的基础之上,又能引起儿童的活动兴趣,促使儿童渴望获得未来的经

---

① [美]杜威.我们怎样思维·经验与教育[M].姜文闵,译.北京:人民教育出版社,2005:262.
② [美]杜威.我们怎样思维·经验与教育[M].姜文闵,译.北京:人民教育出版社,2005:264.
③ [美]杜威.我们怎样思维·经验与教育[M].姜文闵,译.北京:人民教育出版社,2005:258.
④ 张梅.杜威的经验概念[D].上海:复旦大学博士学位论文,2008.
⑤ [美]杜威.我们怎样思维·经验与教育[M].姜文闵,译.北京:人民教育出版社,1991:263.
⑥ [美]杜威.我们怎样思维·经验与教育[M].姜文闵,译.北京:人民教育出版社,2005:250.

验。① 教育的首要职能便是分析儿童的经验背景,基于儿童的已有经验给予不断发展的经验以方向上的引导和支持,使儿童的经验得到持续生长。因此,教育必须以儿童已有的经验作为起点,这种已有经验和在学习过程中发展起来的能力又为未来的学习提供了起点,教育应成为连接现有经验和未来经验的桥梁。

"连续性和交互作用彼此积极生动的结合是衡量经验的教育意义和教育价值的标准。"②经验的交互作用"赋予经验的两个因素即客观的和内在的条件以同等的权利。任何正常的经验都是这两种条件的相互作用"③。"一种经验往往是个人和当时形成它的环境之间发生作用的产物。"④"经验的发展是由交互作用引起的,这个原则的含义是:从本质上讲,教育是一种社会的过程。"⑤人是生活在一定的自然情境与社会情境中并与其周围环境进行不间断的交互作用,经验在人的生命活动过程中随之产生并得以展开与生长。环境是经验的源泉。"教育者的主要责任是不仅要通晓环境条件所形成的实际经验的一般原则,而且也要认识到实际上哪些环境有利于引导生长的经验。最为重要的是,他们应当知道怎样利用现有的自然和社会的环境,并从中抽取一切有利于建立有价值的经验的东西。"⑥"一个人应能利用别人的经验,以弥补个人直接经验的狭隘性,这是教育的一个必要的组成部分。"⑦但"交互作用的原则清楚地表明:教材若不适应个人的需要和能力,可以使经验丧失教育作用,同样,个人若不适用教材,也会使经验丧失教育作用"⑧。因此,成人应为儿童创设产生交互作用的情境,并为儿童提供适合其能力与目的的引导与支持。由此可见,"连续性和交互作用这两个原则彼此不是分开的。他们互相交叉又互相联合。可以这样说,它们是经验的经和纬。"⑨经验的生成与发展是由交互作用引起的,是由经验的连续性所决定的。这两个原则相互交

---

① 蒋雅俊.论杜威的经验哲学与经验课程哲学[J].南京师大学报(社会科学版),2013(4).
② [美]杜威.我们怎样思维·经验与教育[M].姜文闵,译.北京:人民教育出版社,2005:262.
③ [美]杜威.我们怎样思维·经验与教育[M].姜文闵,译.北京:人民教育出版社,1991:266.
④ [美]杜威.我们怎样思维·经验与教育[M].姜文闵,译.北京:人民教育出版社,2005:262.
⑤ [美]杜威.我们怎样思维·经验与教育[M].姜文闵,译.北京:人民教育出版社,2005:272.
⑥ [美]杜威.我们怎样思维·经验与教育[M].姜文闵,译.北京:人民教育出版社,1991:264—265.
⑦ [美]杜威.杜威教育论著选[M].赵祥麟,王承绪,编译.上海:华东师范大学出版社,1981:184.
⑧ [美]杜威.我们怎样思维·经验与教育[M].姜文闵,译.北京:人民教育出版社,1991:269—270.
⑨ [美]杜威.我们怎样思维·经验与教育[M].姜文闵,译.北京:人民教育出版社,2005:262.

叉、相互联结、密不可分。教育者应该遵循经验的连续性与交互作用原则，在儿童原有经验的基础上，构建有利于儿童思考与互动的情境。原有经验是儿童产生新经验的基础，为教育生长提供了基点；教育所引导的儿童与环境的互动构建了儿童原有经验和未来经验的链接，为儿童经验生长提供了土壤。

在对传统经验观批判的基础上，杜威对传统的经验论进行了超越，将经验与有机体的生命活动联系起来，将经验看作生命为了自身的延续与生长而适应周遭环境的持续过程，认为经验的过程便是生命成长的过程，赋予经验以鲜活的生命力。杜威重新阐释了经验概念并建构了以经验为基础的全新的教育观，超越了感官教育论，"在教育哲学史上是一块重要的里程碑"①，树立了全新的教育坐标，为儿童教育发展指明了方向。

二、儿童经验的生成原理

经验在本原上既不是从客体发生的，也不是从主体发生的，而是个体在与环境交互作用的过程中，以原有经验为基础逐渐建构、生成的结果，是一个自然的有中生有的过程。② 经验的生成包含同化与顺应两个方面，同化和顺应的统一是儿童经验生成的具体机制。儿童的已有经验是经验的生成基础，互动性环境是经验的生成资源，互动性他人是经验的生成助力。

（一）儿童的已有经验是生成基础

儿童是认识活动的主体，是认识活动的能动因素，是认识活动的发起者和终结者。儿童所获得的经验并不是由教师传授而来，而是出自儿童本身，是儿童主动发现、自发生成的结果，是一种能动认知的构建过程。基于有关儿童的心理发

---

① ［美］杜威.我们怎样思维·经验与教育[M].姜文闵，译.北京：人民教育出版社，1991：4.
② ［瑞士］皮亚杰.皮亚杰教育论著选[M].卢濬，选译.北京：人民教育出版社，1990：16.

展的观点,皮亚杰认为经验既非来自主体,也非来自客体,而是在主体与客体之间的相互作用过程中建构起来的。一方面,新经验要获得意义需要以原来的经验为基础;另一方面,新经验的进入又会使原有的经验发生一定的改变,使它得到丰富、调整或改造,是一个双向的建构过程。①

儿童已有的经验体系是其进行经验建构的基础和必备条件,会直接影响到新经验的生成。经验是儿童基于已有经验在实践活动中面对新事物、新现象、新信息、新问题的主动建构过程,不是简单地、被动地反映或是被移植和灌输的。儿童在开始感知新事物、接受新信息前,已经有了一些经验情境,儿童会以自己的已有经验为背景,依靠自己的推理和判断能力,从其经验背景中得出具有一定合理性的推论,来对当前的问题形成自己的假设和解释,从而催发新经验的生成。儿童的已有经验有着丰富而广泛的含义,是一个动态的、整合的经验体系。经验的生成总是需要一定的原有经验基础,它既包括生成新经验所需要的直接的经验基础,也包括相关领域的经验以及更一般的经验背景。直接的基础经验会影响到新经验的生成,儿童需要具备与此相应的基础经验作为准备性生长点以生成新经验。此外,相关领域的经验乃至更一般的经验背景也会对新经验的形成产生影响。儿童已有的经验体系的丰富性和开放性会直接影响其经验生成与建构的能力与效率。儿童的已有经验背景不仅包括与新经验相一致的、相容的经验,也包括与新经验相冲突的经验。在儿童的已有经验体系中,有些经验是与新经验相一致的,与新经验相容并立,可以帮助儿童感知新事物、理解新信息,并作为新经验生长的固定点。因此,儿童已经具有的经验体系是儿童进行经验处理和转换的基础,是新经验生成的基点。

同化和顺应是儿童经验生成、建构的两种机制,生成是对新信息建构意义的过程。所谓同化就是用儿童原有的认知结构去吸纳新信息、新刺激,并赋予新信息、新刺激以新的意义;所谓顺应就是儿童原有的认知结构不能够吸纳新信息、新刺激,则改变原有认知结构的构成方式或形成新的认知方式以使其吸纳新信息、新刺激。② 儿童经验的生成是通过新旧经验之间充分、双向的作用而实现的,

---

① 杜森.皮亚杰从结构主义到建构主义的新发展[J].承德:承德民族师专学报,2006(8).
② 刘金花.儿童发展心理学[M].上海:华东师范大学出版社,2006:81.

举例如下(图4-1)。

图4-1 鱼就是鱼

童话故事《鱼就是鱼》①中的小鱼,在听青蛙讲述它所看到的鸟、人以及奶牛等新奇事物时,头脑中呈现出的是长着翅膀的鱼、有着两条腿并直立行走的鱼和长着大乳房的鱼,这便是儿童基于已有经验进行认知思维的真实写照。

首先,在经验生成过程中,儿童需要以原有知识经验为基础来同化新信息。对新信息的理解总是依赖于原有的经验,他们必须在新信息与原有经验之间建立适当的联系,才能获得新信息的意义,生成新经验。一旦儿童在新信息与原有经验之间建立了逻辑关系,就可以利用相关的背景经验对信息做出进一步的推论和预期,将新经验纳入到原有经验体系中。与此同时,随着新信息、新经验的同化,原有经验体系会因新信息、新经验的纳入而发生一定的调整或改组,这就是经验的顺应。当新经验与原有经验之间可以融洽相处时,新经验的进入可以丰富、充实原有经验体系。有时新经验与原有经验有一定的偏差,有时甚至完全对立相反,此时的原有经验体系需要进行重新调整、建构。"一种基因型可能提供能被顺化的或多或少的全距,但是所有这些顺化总是限于一种统计学上称之为'常模'的范围之内。同样地,从认识方面来说,主体可能产生种种的顺化,但只限于为保存相应的同化结构的需要所确定的某些范围之内。"②这一"常模"可以理解为儿童的最近发展区,苏联心理学家维果斯基的最近发展区理论可以为

---

① [美]李欧·李奥尼.鱼就是鱼[M].阿甲,译.海口:南海出版公司,2011.
② [瑞士]皮亚杰.皮亚杰发生认识论文选[M].左任侠,李其维,编译.上海:华东师范大学出版社,1991:10.

此提供理论依据。这说明了同化和顺应是有条件地发生的,儿童总是在已有经验的基础上生成新经验。"教育必须以学习者已经具有的经验作为起点;这种经验和在学习过程中发展起来的能力又为所有的未来的学习提供了起点。"①

我属山羊？或绵羊？

妈妈带着两岁多的坤宁外出玩,碰到了一群绵羊。妈妈指着绵羊说:"宝贝儿,你是属羊的,这就是羊。"坤宁摆手说:"不对！不对！"妈妈立刻明白女儿的反应。原来,妈妈曾经带女儿见到过山羊时也说过同样的话。"上次我们见到的是山羊,也是羊。"妈妈赶紧解释说,"现在看到的也是羊,是绵羊。山羊和绵羊都是羊,只是品种不一样,长相不一样。"坤宁好奇地问:"那谁厉害呢？""山羊身上的毛是直的,头上的角也是直的；绵羊身上的毛是弯的、卷的,头上的角也是弯的。如果打架的话,山羊和绵羊顶角,可能山羊更厉害。"坤宁坚定地说:"那我属山羊,我不属绵羊。"

当第一次妈妈指着山羊告诉坤宁她属羊时,坤宁获得的经验是:羊就是山羊的样子。当第二次妈妈指着绵羊告诉坤宁她属羊时,坤宁的认知与原有经验发生冲突,认为妈妈说的不对。当妈妈解释山羊和绵羊都是羊时,坤宁的原认知结构发生调整,生成新的经验:羊有山羊和绵羊,长相不同；如果打架,山羊更厉害；自己选择属山羊,认为自己应该是一只更厉害的小山羊。在此过程中,坤宁的认知既有同化,又有顺应,并基于已有经验生成、建构了新经验,原有经验体系发生了调整。

同化,意味着儿童利用原有经验来获取新经验,它体现了经验的连续性、积累性。顺应,意味着新旧经验的磨合、协调,它体现了经验发展的对立性和改造性。新旧经验是通过同化和顺应而实现双向建构的,在对新经验进行生成、建构的同时,又对原有经验进行了更新和改造。经验体系的建构一方面表现为新经验的进入,同时又表现为原有经验体系的调整改变(见图4-2)。面对新经验,儿童或以同化的方式将新经验纳入到已有的认知结构中,或以顺应的方式调整已有的认知结构,来接纳新经验。儿童在认知过程中总是力图用原有经验体系去

---

① [美]杜威.我们怎样思维·经验与教育[M].姜文闵,译.北京:人民教育出版社,2005:285.

同化新经验,如成功,原有经验体系得到丰富、巩固和加强,认识达到平衡;如不成功,便做出顺应,调整、改变原有经验体系或创建新经验体系去适应新情况,直至达到新的平衡。正是这种同化与顺应、平衡与不平衡的不断交替推动着儿童经验不断实现动态的生成与建构,丰富着儿童的经验体系,推动着儿童认知结构的发展。同化是一个量变过程,顺应是一个质变过程,同化和顺应作为经验生成的基本机制是互相依存、不可分割的两个方面,同化和顺应的统一是经验生成的具体机制。

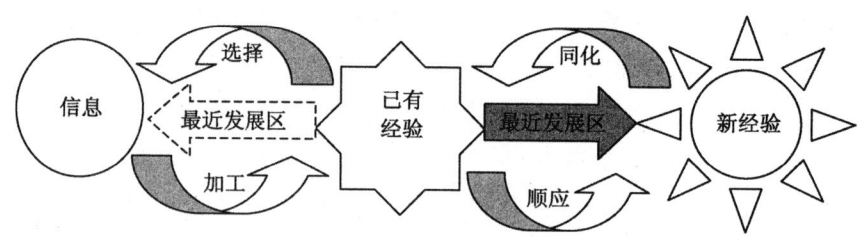

图 4-2 儿童经验生成机制图解

1. 选择和接收

儿童基于最近发展区对信息进行选择性接收:全部接收、部分接收和拒绝接收。① 全部接收通常采用同化的方式使新信息与原有经验体系进行直接匹配;部分接收则多采用顺应的方式使新信息与经过变形和调整的经验体系进行匹配和组合;拒绝接收则是无论儿童采用同化的方式还是顺应的方式都无法接收信息,表现为对新信息的忽视、拒绝,这种被儿童拒绝的信息多为儿童最近发展区之外的、暂无力理解的信息。②

2. 加工和重组

经验的生成过程不是外界信息的简单输入,儿童除了主动选择和注意信息以外,还要对所输入的信息主动进行加工和重组,并以此为基础赋予信息以相应的意义而实现经验的生成。采用同化或顺应的方式接收了的信息要想真正成为儿童经验体系中的一部分,就要经过加工和重组的过程,这是经验生成的关键。

---

① 王海英.儿童的知识建构[J].上海教育科研,2005(12).
② 王海英.儿童的知识建构[J].上海教育科研,2005(12).

在加工过程中,新旧信息如果进行了深入的互动和循环,便会生成精制化的、条件化的新经验。在儿童的经验建构中,无论是新信息还是已有经验在进行互动时都会发生变形,有时变形的方式是"加法式",有时变形的方式是"减法式"。① 无论是加法式还是减法式,新信息和已有经验都不再是未经互动前的样子,而是在互动中双方都发生变化,生成了一些新质——新经验。② 在儿童的经验生成中,更多地是做"加法",即淘汰一些无用的、与新的认知信息不符的旧经验、旧结构,使原有的经验体系进行重组。③ 这种重组可能以非常清晰的方式进行,也可能以非常混沌的方式进行,既可能有利于新经验的再建构,也可能有碍于新经验的再建构。④ 但经验建构的目的是将新经验与更广泛的经验联系起来,成为整合的经验体系,而不只是与某一两个经验建立联结。

3. 应用与迁移

儿童经验的获得与生成不是一次性完成的,经验往往是在应用的过程中被获得、理解和深化整合的,是一个双向建构过程。经过加工与重组后的经验还只是一种"惰性的经验",经验生成的有效性必须经历一个应用与迁移的检验。儿童能在适宜的情境运用并迁移适宜的经验说明儿童所建构起来的经验是情境化的、条件式的、积极有效的,否则更多地表现为惰性的、消极的经验。⑤ 经验生成的最终目的是为了运用,是为了解决问题。"儿童概念的形成,起初并不是从许多现成的事物中抽出一个共同的意义,而是把旧的经验中的结果运用于新的经验中,以便帮助他理解和处理新的问题。"⑥因此,经验生成的过程还应包括经验的运用与迁移,并为新经验的生成建立基点。儿童基于最近发展区,在活动中对信息进行重组、再构和精加工,不断生成新的理解,生成新的经验。儿童通过新旧经验间反复的、双向的作用过程,打开了面向活生生的经验的循环往复的生成通路。

---

① 王海英.儿童的知识建构[J].上海教育科研,2005(12).
② 王海英.儿童的知识建构[J].上海教育科研,2005(12).
③ 王海英.儿童的知识建构[J].上海教育科研,2005(12).
④ 王海英.儿童的知识建构[J].上海教育科研,2005(12).
⑤ 王海英.儿童的知识建构[J].上海教育科研,2005(12).
⑥ [美]杜威.我们怎样思维·经验与教育[M].姜文闵,译.北京:人民教育出版社,2005:132.

（二）互动性环境是生成资源

生物学、哲学、心理学、中医学、教育学等学科都将生命放置在其生存的环境系统中，探究生命个体与环境的双向动态互动过程。心理发展的建构主义理论代表人物皮亚杰和维果斯基，分别从个体活动以及社会文化环境方面阐述了个体与环境的相互作用。皮亚杰指出经验起源于个体与环境的相互作用；维果斯基关注个体从一出生就开始的社会文化建构过程；杜威则从哲学角度深入阐释了个体经验的进化特征，认为经验是个体与环境的相互作用中的动态生成，个体在与环境的持续性互动中实现生命的成长。环境不仅仅是个体的认知对象，更是个体生存的支撑，个体与环境的互动机制是经验生成的动力系统。

环境是人类赖以生存和发展的摇篮和襁褓，包括自然环境和社会环境两大环境系统。自然界中各种环境因素与生物之间以及各种环境因素本身之间处于互相依赖、互相制约之中，并进行着物质、能量和信息的交换。人类和一切生物都不可能脱离环境而生存，必须从环境中获得其赖以生存的一切，其间也以一定的方式作用于环境。自然环境既是人类生存和发展的基本条件，又是人类认识、利用和开发的对象。① 社会环境包含社会政治环境、经济环境、聚落环境、规范环境以及社会心理环境，它们之间存在着多种联系，从而构成了一个对人类产生影响的社会环境系统。自然环境有利于净化、美化儿童的生活和学习环境，有利于陶冶儿童的性情，有利于丰富儿童的感性经验，有利于激发儿童对自然的热爱。社会政治环境、经济环境一定程度上影响教育的性质和发展水平；聚落环境影响教育机构的布局、教育形式和组织等方面；规范环境影响教育的价值取向以及教育的目标和内容等；社会心理环境直接影响到对儿童进行教育的人际互动。

互动性环境是儿童经验生成的无穷资源。"一个人的活动和别人的活动联系起来，他就有了一个社会环境。他所做的和所能做的事情，有赖于别人的期望、要求、赞许和谴责。一个和别人有联系的人，如果不考虑别人的活动，就不能

---

① 虞永平.学前教育学[M].南京:江苏教育出版社,1996:50.

完成他自己的活动。因为,这些活动是实现他的各种趋势的不可缺少的条件。"①杜威认为,环境是由一个生物实行其特殊活动时相关的全部条件组成,包括促成或抑制生物特有的活动的各种条件,经验就是有机体与环境相互作用的过程与结果。② 皮亚杰也认为,人的智慧本质上是一种适应,是生物适应的一种特殊表现。个体的每一个心理的反应,不管指向于外部的动作,还是内化了的思维动作,都是一种适应,而适应的本质在于取得机体与环境的平衡。③ "认识既不来源于独立于某一主体之外的客体,也不来源于独立于客体之外的某一主体。它来源于主体与客体间不能分离的相互作用,或用更普通的话讲,来源于机体与环境之间的相互作用。"④所有有机体都有适应和建构的倾向,一方面由于环境的影响,生物有机体的行为会产生适应性的变化;另一方面,这种适应性的变化不是消极、被动的过程,而是一种积极的建构过程。⑤ 儿童经验的生成与获得也是适应的过程,儿童的发展起源于主体对环境的适应性平衡。发展着的个体对环境产生作用,而这些作用产生的反馈进一步促使个体发展。在个体与环境的相互作用中,个体带有某些未来取向的目的——解决问题——作用于环境,个体的目标取向行为又引起了改变的环境对个体的反馈,而反馈使得个体发生变化,生成新经验,进入一种新状态。儿童面对环境,并作用于环境,在与环境相互作用中生成经验,从而发展并改变了自身。但不断发展的儿童个体不是独自面对周围的环境,儿童不仅个体面对环境,也与他人一起面对环境,且他人会提供如何面对环境的社会暗示。环境很大程度上是由他人(成人为儿童创设的"适宜的环境")预先设定的,并且儿童个体在环境中的行为受到社会外显的或隐含的引导。"一方面为认知主体的认识活动提供一个外在的规范性建构平台;另一方面它通过主体的社会交往将自己渗透进主体的认知图式里,并通过认知图式规范主体的认识活动。"⑥同时,主体又通过自己建构的新经验影响环境。具体参见如下

---

① [美]杜威.民主主义与教育[M].王承绪,译.北京:人民教育出版社,1990:14.
② [美]杜威.民主主义与教育[M].王承绪,译.北京:人民教育出版社,2001:17.
③ 贾晓波.心理适应的本质与机制[J].天津师范大学学报,2009(2).
④ [瑞士]皮亚杰.皮亚杰教育论著选[M].卢濬,选译.北京:人民教育出版社,1990:16.
⑤ 贾晓波.心理适应的本质与机制[J].天津师范大学学报,2009(2).
⑥ 陈坤明,李建国.试论知识的建构机制[J].学术论坛,2006(10).

案例。

建构体育馆

老师带领小朋友参观体育馆后,小朋友打算在建构区建构一个体育馆。一开始,小朋友们各自搭建,彼此的沟通交流较少,因而出现了意见不统一的情况。甜甜是小班长,以"领导"的口吻要求小朋友听她的指挥。但在搭建的过程中,依然有矛盾冲突。甜甜就去求助老师:"老师,我们要搭建体育馆,可他们不听我的,总是弄坏。"老师建议小朋友们先商量一下,要建个什么样的体育馆。甜甜就招呼小朋友,说老师要他们先想好建个什么样的体育馆。几个小朋友各抒己见。甜甜急了:"别吵了!别吵了!我画出来照着搭。"甜甜简单地画了一个圆形的体育馆。小朋友们开始按照"图纸"搭建,主要选用的材料是积木,搭建了一个"木制体育馆"。甜甜邀请老师和其他区角的小朋友来参观,老师和小朋友都为他们点赞。

第二天,甜甜又和几个小朋友来到建构区的体育馆前,打算再添加材料,使体育馆变得更大一点。老师建议小朋友们可以采用更多的材料搭建,鼓励小朋友搭建出参观过的体育馆。老师的支持带动了更多小朋友的参与,有的找材料,有的画图,有的动手搭。但在搭建过程中,总是出现倒塌现象。为了解决倒塌现象,小朋友们进行了多次建构样式和建构材料的尝试。经过几天的共同努力,体育馆终于搭建成功了。(见图4-3,4-4,4-5)

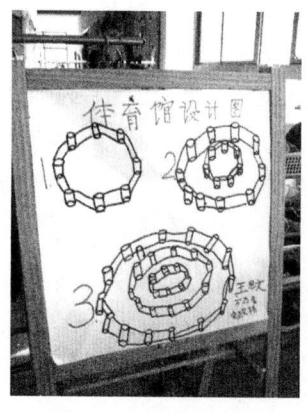

图4-3 设计图

图4-4 体育馆

图 4-5 体育馆

儿童的建构活动由松散的平行建构、联合建构到"问题导向"的合作建构，"体育馆"由单一木质结构到多层级混合结构，个体经验在环境中共享、交流、运用，不断增值、完善。"体育馆"不仅仅是儿童辉煌的建构作品，更是儿童辉煌的"经验大厦"。

维果斯基强调，个体的学习是在一定的历史、社会文化背景下进行的，社会可以对个体的学习发展起到重要的支持和促进作用。[①] 人的认知活动是在人与环境（包括物理的和社会的要素）构成的整个系统中完成的，经验主体是一个参与者，是与感知对象、环境相互关联、密不可分的。儿童经验的生成过程存在着"个体与感知对象""个体与环境""环境与感知对象"之间的互动关系，连接它们的媒介是活动（见图 4-6）。儿童的已有经验影响决定着儿童的活动兴趣与认知图式，同时也影响着儿童对环境的互动与反馈；儿童基于已有经验，通过活动与感知对象产生互动，同时也与环境进行互动。社会因素（特别是文化因素，包括他人的暗示与引导）也因此在互动中通过影响感知对象而影响着个体经验的生

---

① 马秀芳,李克东.皮亚杰与维果斯基知识建构观的比较[J].中国电化教育,2004(1).

成与建构。具体地说，儿童经验的生成与建构首先是儿童个体在一定环境中按照具体的规定性（包含有他人的暗示与引导以及儿童的已有经验、兴趣、需要以及认知图式①等）对感知对象进行感知以获取初始信息，后对这些信息进行初步加工处理，在处理过程中儿童还与他人进行群体内信息互动，再参照特定目的和客观实际情况进行进一步的处理，如此反复几次最后生成个体新经验。这些个体新经验属于群体经验的一部分，在共享、交流、运用中时时增值，不断产生新的东西——新经验——这是经验最为独特的地方，也是经验生成最具特色的方面。

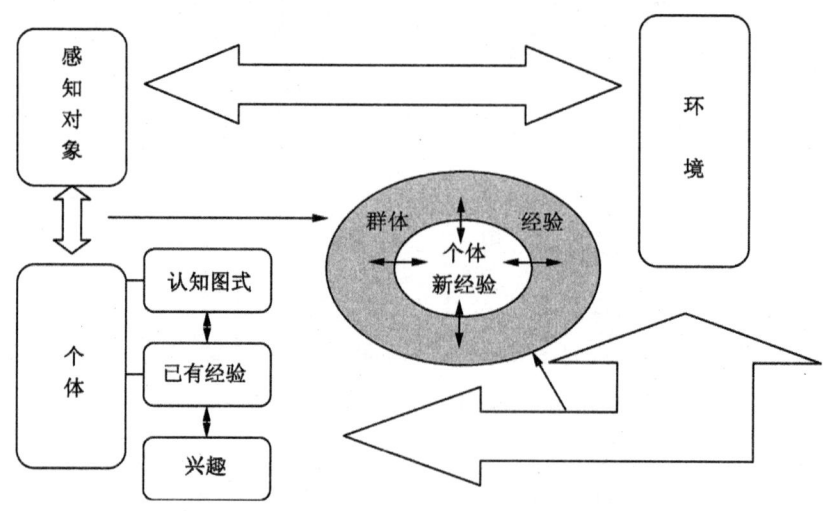

图4-6　个体、感知对象、环境的互动关系图

（三）互动性他人是生成助力

人类是群居的动物，需要获得他人的支持与认同。儿童作为一个社会成员与他人有着千丝万缕的联系，儿童的经验正是在与他人的互动交往、协商对话中建构起来的。② 儿童经验的生成需要与他人（包括师生间和同伴间）相互刺激，这

---

① 作者注：儿童的认知方式差异会直接导致具体认知过程的差异和生成经验的差异。
② 安士遨.儿童知识建构的对话路径[J].教育导刊,2009(3).

种互动需建立在平等、合作、对话的基础之上,是一种自我和他者的相互生成。"没有个人之间的自由合作,就是说,在学生自己之间,而不仅是在教师和学生中间的合作,事实上就不能进行在实验动作和自发探索形式下的真正的智力活动。智力活动不仅以不断的相互刺激为条件,尤其重要的是互相控制和批评精神的锻炼,只有这样,才能使个体变得客观,并有证明事物的需要。事实上,逻辑运算总是'合作',并且包含着智力的相互关系的协调,以及道德和理智双方的合作。"①儿童与他人共同活动时,不仅仅是在对物体进行操作,而且是与他人的合作和分享,是儿童与他人对经验的共同建构。② 在其中"蕴藏着集体的智慧和经验,它是一个'知识仓库',储藏着有形的知识和无形的知识,而且在各成员之间的社会性互动过程中,共同体的知识在动态地流动着和生成着"。③ "一个人的活动和别人的活动联系起来,他就有一个社会环境。他所做的和所能做的事情,有赖于别人的期望、要求、赞许和谴责。一个和别人有联系的人,如果不考虑别人的活动,就不能完成他自己的活动。因为,这些活动是实现他的各种趋势的不可缺少的条件。当他活动时,引起别人的活动;别人活动时,也引起他的活动。"④儿童作为活动共同体成员与其他成员共同作用于环境,基于已有经验与共同的活动兴趣开展活动。通过探究问题,交换看法,交流思想,参与互助,合作体验,相互回应和反馈,从中汲取着多元的养分,促进了经验的共享和衍生。儿童在与物质环境的交互作用中不仅进行着经验的个体生成与建构,也在与成人、与同伴进行着经验的共同建构。⑤

钓鱼——盖楼——打电话

幼儿园户外场地上增加了一些水管和弯头,乐乐发现后,用直管、双通和弯头插接成了钓鱼竿,并在场地上钓起了鱼(图4-7)。萱萱和多多发现后,非常感兴趣,也尝试插接水管,模仿乐乐钓鱼玩。强强也想参与钓鱼,要来抢乐乐的鱼竿,乐乐拒绝,要强强自己动手做。强强在寻找材料插接鱼竿的过程中,发现了

---

① [瑞士]皮亚杰.皮亚杰教育论著选[M].卢濬,选译.北京:人民教育出版社,1990:101.
② 安士遵.儿童知识建构的对话路径[J].教育导刊,2009(3).
③ 冯锐,金婧.学习共同体的思想形成与发展[J].电化教育研究,2007(3).
④ [美]杜威.民主主义与教育[M].王承绪,译.北京:人民教育出版社,2001:18.
⑤ 王海英.儿童的知识建构[J].上海教育科研,2005(12).

三通，就开始插接玩了起来。强强利用三通，将水管立了起来。

图 4-7　钓鱼

乐乐过来问："你要干什么？"强强："我要盖高楼！"乐乐："我和你一起盖高楼吧！"强强："不行，我要自己盖。"乐乐："我可以把我的管子给你，我们一起盖大大的高楼！"强强迟疑了一下，说："好吧，你不要给我弄坏了。"乐乐："好的。"

强强、乐乐开始共同搭建高楼，由于水管、弯头和双通材料不够，他们就去寻求其他玩管子的小朋友帮忙，希望他们让渡材料。其他小朋友也要求一起玩。几位小朋友开始搭建高楼（见图 4-8），在盖高楼的过程中，梦瑾发现了水管口，对着水管口唱歌。萱萱正好在管子的另一端口说："哇！声音好大呀！"萱萱的惊

图 4-8　盖高楼

奇吸引了其他小朋友都过来听。"我也听到了!"强强在另一端口,"我这里也能听到!"瞬间,搭建高楼活动转变成了打电话,几个小朋友在各个端口尝试唱歌、打电话(见图4-9)。

图4-9 打电话

管子的已有经验引发了乐乐的钓鱼活动,乐乐一人的钓鱼活动引发了多人盖楼活动,多人盖楼活动引发了多人打电话活动。同伴之间、同伴与材料之间的互动有效促进了儿童个体经验的获得和群体经验的建构。

互动性他人是儿童经验生成的助力,在互动与对话中实现着双赢。儿童经验的生成不仅是一个自主建构的过程,也是一个社会协商和对话的过程。由于社会文化背景和先前的经历不同,儿童对事物各自具有不同的"前经验"和"前理解"。在与他人的互动对话过程中,儿童的"前经验""前理解"与他人的"前经验""前理解"呈现于同一个互动空间,通过表达自己和聆听他人,儿童感受到他人对某一事物的看法,会不断地把自己的观点和行为与他人的观点和行为进行比较、协调,并进行经验的碰撞和融合,产生认同或冲突,实现视界整合,从而导致新经验的不断生成和建构。[①] 儿童的经验是社会建构的结果,经验生成的过程是一个社会协商、对话交流的过程。在一个充满活力的集体中,儿童有足够的机会与他

---

① 王海英.儿童的知识建构[J].上海教育科研,2005(12).

人共同探讨时，儿童可以受到物体的吸引和刺激、成人的帮助和传授以及同伴的启发和评价，所有这些或明或暗的引导都会激发儿童的活动兴趣和灵感，使儿童经验的生成与建构更迅速、有效和深入。儿童在他人的影响与引导下，通过与环境的互动从而改变环境，而改变的环境又为儿童提供改变了的刺激与信息，使儿童对这种刺激与信息的行为方式发生改变。这种循环反应过程不断生成着新经验，它再次成为儿童进行下一轮互动的基础，并成为一个新质生成的基点，使儿童的经验体系不断丰富、完善。儿童就是通过不断地与同伴、成人和环境的互动与对话螺旋式地生成、建构经验的（见图4-10），儿童也在循环反应中获得持续性发展。

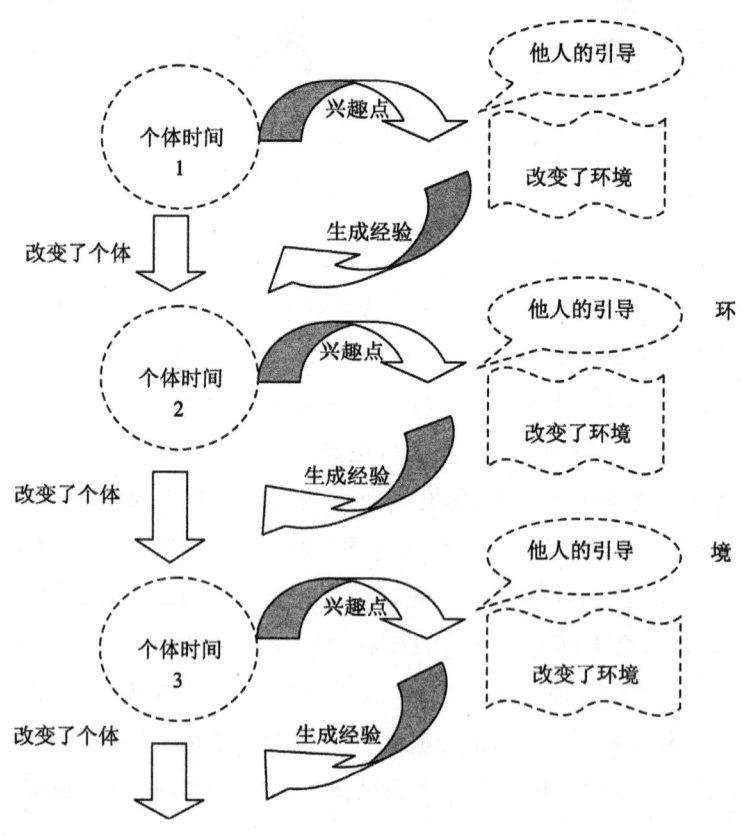

图4-10　儿童经验生成路径图

认知是面向生存的,是活动指向的,是指向环境的。在活动中,涵盖了儿童自我、他人、环境的全部意义,诠释了经验的动态生成性。儿童经验的生成过程是一个动态的、发展的过程,自始至终反映了儿童与他人、与环境的多向性交互作用。在这种交互作用中,儿童的已有经验与他人的引导、与环境是相互依存并且非单方面决定的。儿童的经验生成过程并不是简单的信息输入、存储和提取,而是新旧经验之间的双向的相互作用过程。生成既可能是一种同化过程,进行图式适应,引起原有认知结构的量的变化;也可能是一种顺应过程,导致新图式的重新建构,引起认知结构质的变化。新旧经验是通过同化和顺应而实现双向建构的,在对新信息进行建构的同时,又对原有经验进行更新和改造,是一个理解的过程。儿童经验的动态生成机制阐释了儿童的经验不是由教师简单地传递给儿童,而是由儿童自主建构生成的,是基于已有经验而自然生发出来的——这为儿童教育提供了首要的心理学依据和方法论基础。

三、教育即顺其自然

"'我们全不懂得儿童,只用我们错误的见解去办教育,愈办愈错了。那些最聪明的著作家专去讨论一个成年的人所应知道的是什么,全不问一个儿童所能学习什么。'……我们现在努力追求教育进步,其精彩之点已被他(卢梭)一语道破,他的意思是说教育不是把外面的东西强迫儿童或青年去吸收,须要使人类'与生俱来'的能力得以生长。"[①]儿童内在的生命密令为儿童经验的生成规划了路径,儿童经验的生成原理为教育指明了方向。"如果我们在一个人身上觉察到了违背自然发展规律的病症所在,觉察到了外部或内部的畸形发展,那么我们就

---

① [美]杜威.明日之学校[M].朱经农,潘梓年,译.北京:商务印书馆,1993:1.

要当机立断,对症下药。①"②"教师也如同医生,他是自然的仆役而不是自然的主人。"③循自然而为是生命生存的永恒法则,更是教育的永恒法则。

(一) 顺其自然而为之

"人法地,地法天,天法道,道法自然"。④ 老子认为,道、天、地、人都是自然存在的,人效法大地,大地则依法于天,天则效法道,以道为其运行的依规,道则以自然为归。换言之,自然是贯穿于人、地、天、道之中的,是极根本极普遍的原则。"自"的甲骨文有两义:一指鼻子,一指自己。"自"字在《老子》中频繁出现,多指自己。《广雅·释话》:"然,成也。"《礼记·大传注》:"然,如是也。""然"字在《老子》中也均作"如是",即"如此"讲。"自然"亦即为"自己的本来样子"。"道法自然"也就是"道效法其本来自性"。"道"是宇宙生命自然运行的总法则。"道"的运行就是自然而然。"人法地,地法天,天法道,道法自然"包含了人→地→天→道→自然的逻辑论证次序,由此可引申出人的行为处事法则为顺其自然,道法自然即人法自然。老子从论述自然之道出发,以道法自然为核心,倡导"处无为之事、行不言之教"。⑤ 万物的生成变化本来就是一个自然而然的过程,任何外力的参与和干预都是不必要的。只有顺其自然,让事物自由发展,才是唯一合理的"有为",即"为无为,事无事"。⑥ "不言之教"是指顺应本性的潜移默化,任凭其自由生长发展,以顺其自然的无为而自化,使人趋向谐和。老子的"道法自然"意在追求天人合一、顺其自然的教育境界,奠定了中国的自然人本教育思想基础。

---

① 原作者注释:有多少人的高贵天性被腐朽的教学方法所夭折!席勒本人当年几乎就是学校管教的牺牲品。他在卡尔学校拒绝学习陈旧腐朽的东西,在课堂上席勒漫不经心,故意恶作剧,逃避死记硬背所规定的诗歌。席勒勤奋好学,克服了重重的困难。他就是歌德所说的那种天性,"席勒就是富有一种天性"这话出自歌德之口,是对席勒的最大赞扬,是绝对的肯定。
② [德]第斯多惠.德国教师培养指南[M].袁一安,译.北京:人民教育出版社,2001:101.
③ [古罗马]昆体良.昆体良教育论著选[M].任钟印,选译.北京:人民教育出版社,1989:24.
④ [春秋]老聃.老子[M].梁海明,译注.太原:山西古籍出版社,1999:44.
⑤ [春秋]老聃.老子[M].梁海明,译注.太原:山西古籍出版社,1999:5.
⑥ [春秋]老聃.老子[M].梁海明,译注.太原:山西古籍出版社,1999:113.

庄子是老子思想的后继者,他反对人为的教育,重视自然的教育,强调任其自然。"修①道理之数,因天地之自然,则六合不足均也。"②这是说,只要遵循事物的普遍法则,根据天地本来的样子去对待事情,认识和处理天下事物也不难。汉初的黄老之学在教育上提倡"任性当分",提出"因性而教",即施教应顺人性而为之,并指出了对人的生理条件和要求的关注,强调对人的个性的尊重,反对过于压抑人性。魏晋南北朝时期的嵇康认为当时的教育是以提倡"名教"的幌子来进行的违反人性的、虚伪的教育,主张教育要符合自然发展的规律,提出了"越名教而任自然"的观点,强调只有遵循本性而非强迫的教育,才能使人获得更好的发展。"苟足于其性,则虽大鹏无以自贵于小鸟,小鸟无羡于天池,而荣愿有余矣。"③郭象提出了"足于其性"的观点,强调要任自然本性而教育。唐代的柳宗元在《种树郭橐驼传》一文中,借郭橐驼的口来阐述自己的教育主张:"能顺木之天以致其性焉尔。凡植木之性,其本欲舒,其培欲平,其土欲故,其筑欲密。既然已,勿动勿虑,去不复顾。其莳也若子,其置也若弃。则其天者全,而其性得矣。"④人的成长具有规律性,教育要遵循儿童自然发展的内在天性,即"顺木之天",才能让儿童得到"硕茂早实以蕃"的结果,也就是"以致其性"。明代的李贽主张"童心",认为童心是"真心",提倡"随其资性,一任其道",主张重视发展儿童的个性,强调因材施教,让每个儿童都得到充分的发展。⑤ 王守仁也提出儿童教育必须顺应儿童的天性,"大抵童子之情,乐嬉游而惮拘检,舒畅之则条达,摧挠之则衰痿"⑥。他以草木比喻儿童的性情,草木萌生,顺应其自然生长则茂盛,若人为摧折则枯萎。教育同样须顺应儿童的生长特点,遵循儿童发展顺序,"随人分限所及",量力施教。

顺其自然而为之——中国先哲智慧的召唤。自然是指事物自身固有的、是其所是的根据和自身活动的内在根源,孜孜以求于循自然而教,中国的道法自然

---

① 修即"循"字之讹.转引自任继愈.中国哲学史(第二册)[M].北京:人民教育出版社,1966:57.
② 淮南子 承上启下的道家思想代表作[M].陈广忠,译注.北京:中华书局,2012:15.
③ [晋]郭象注.庄子注疏[M].北京:中华书局,2011:2.
④ [唐]柳宗元.柳宗元选集[M].吴文治,选注.北京:人民教育出版社,1998:110.
⑤ 刘晓东.儿童精神哲学[M].南京:南京师范大学出版社,2003:1.
⑥ 孙培青,李国钧.中国教育思想史(第二卷)[M].上海:华东师范大学出版社,1995:318.

与西方的自然教育思想可谓具有异曲同工之妙!

(二)顺应天性而使然

在亚里士多德之前,古希腊唯物论哲学家德谟克利特就曾提出过教育与自然相似的思想。"自然乃是以它为基本属性的东西之所以被推动或处于静止的一个根源或原因。"①"教育的目的及其作用犹如一般的艺术,原来就在效法自然,并对自然的任何缺漏加以殷勤的补缀而已。"②亚里士多德在继承前人教育思想的基础上,首次进行了儿童的年龄分期,并主张教育应遵循儿童天性。"比起柏拉图,亚里士多德更多地注意儿童身心发展的阶段性,并根据这种心理学的考察来安排教育工作。"③亚里士多德关于教育的自然适应性原则的主张是简略的,但他的思想却是深刻而富有内容的,开创了西方教育史上"教育适应自然"的理论先河,也开启了"顺应天性而使然"的教育之路。

夸美纽斯在自然中找到了"秩序"——宇宙万物发生发展的客观规律。"真正维系我们这个世界的结构以至它的细枝末节的原则不是别的,只是秩序而已。"④并且,"秩序就叫作事物的灵魂"⑤。夸美纽斯认为,人是自然的产物,是自然的一部分,人的活动和发展从属于自然界的普遍规律(他把这些普遍规律称为"基本原理"),这些规律在植物和动物生活中,以及人的一切活动中都发生着作用。因此,教育也必须遵循自然的秩序——自然适应性原则。"秩序是把一切事物教给一切人们的教学艺术的主导原则,这是应当,并且只能以自然的作用作为借鉴的。"⑥夸美纽斯所说的自然包含两个方面的含义:一为外在之自然——自然界;二为内在之自然——儿童天性。教育一方面模仿自然界万物发展之规律,另一方面应遵循儿童天性发展之秩序。他根据性格的不同把儿童分为六类,试图

---

① Aristotle. Physics[M]. Princeton University Press, 1992:21—52.
② 滕大春.外国教育通史[M].济南:山东教育出版社,1989:290.
③ 曹孚,滕大春,吴式颖,姜文闵.外国古代教育史[M].北京:人民教育出版社,1981:61.
④ [捷]夸美纽斯.大教学论[M].傅任敢,译.北京:人民教育出版社,1984:75.
⑤ [捷]夸美纽斯.大教学论[M].傅任敢,译.北京:人民教育出版社,1984:75.
⑥ [捷]夸美纽斯.大教学论[M].傅任敢,译.北京:人民教育出版社,1984:80.

从人脑的不同来解释性格的不同,从生理机制上寻找心理的原因,并要求一切教学都应考虑到儿童的天性倾向和兴趣爱好。"无论什么事情,除非不仅是青年人的年龄与心理的力量所许可,而且真是它们所要求的,都不应该教他们。"①夸美纽斯坦承,正是"把一切都归之于坚定不移的自然规律和标准时,才写出了《大教学论》"②。有意思的是,斯宾诺莎也醉心于自然,认为研究任何事物都要从自然这个整体出发,主张人的一切,包括一切情感、欲望,都是自然的一部分,应当顺应自然。

卢梭依据自然哲学理论,明确地提出了教育要服从自然的永恒法则。对于自然适应性原则,卢梭的解释与夸美纽斯不同。在卢梭的解释中,自然适应性原则的基本含义是:一切自然界的东西都是与自然相适应的,因此教育要遵循成长中的人的发展的自然进程,考虑自然的年龄特征。卢梭号召细心地对待儿童,考虑他们的年龄特征,警告人们不要有强迫儿童过早发育的企图。"每一个人的心灵有它自己的形式,必须按它的形式去指导他。"③卢梭认为,人的教育应"遵循自然,跟着它给你画出的道路前进"④。卢梭把人性中趋善避恶的内驱力在未受到习惯和各种见解影响之前的"原始的倾向"——天性——谓之"内在自然",自然画出的道路就是天性发展的轨迹。显而易见,自然的本性是与违反自然的、强力专横的封建教育制度相对立的,卢梭的教育自然适应性原则充满了公民的、社会的动机,这是夸美纽斯所不能用的。卢梭尖锐地指责了封建制度及其教育违反儿童的自然本性及其发展的自然进程,他的自然适应性原则更具有强烈的反封建的社会意义,其巨大功绩在于宣布了儿童权利,并产生了重大的积极影响。

康德受卢梭影响,认为只有符合"自然的教育"的那种人类的教育才是有效的。依据康德的见解,教育的目的是引导人类达到完善的地步,帮助每一个人发展自己的本性,其中包含了夸美纽斯和卢梭的自然适应性原则中所没有的新因素:在理解自然适应的教育方面加入了道德的原则(改善了思想);教育不只遵循

---

① [捷]夸美纽斯.大教学论[M].傅任敢,译.北京:人民教育出版社,1984:115.
② [捷]夸美纽斯.大教学论[M].傅任敢,译.北京:人民教育出版社,1979:3.
③ [法]卢梭.爱弥儿(上卷)[M].李平沤,译.北京:商务印书馆,1978:97.
④ [法]卢梭.爱弥儿(上卷)[M].李平沤,译.北京:商务印书馆,1978:23.

着自然，而且改造、改善人的本性。卢梭和康德在有关自然适应性问题中的立场成为裴斯泰洛齐教育思想的出发点，影响了他对自然适应性原则的最初理解。后来，裴斯泰洛齐大大发展了自然适应性原则，并赋予其新的含义。"作为我们人类需要的发展形式的源泉的大自然灵魂，其本质是不会动摇的和永恒的。它是、并且必须是教学艺术的永恒而不可动摇的基础。"①裴斯泰洛齐认为，教育是按照自然界的自然进程和使人类改善的方向，通过练习而达到人的内部所具有的力量和才能的自我发展。"什么是真正的教育呢？它就如同是一位园丁的艺术，在他的照看下，百花齐放，万木争春……教育家也同样如此……他仅仅能注意不让外来的暴力损害或打扰他，他要关照让发展沿着固有的规律前进。"②他强调教育要基于儿童的天赋力量和才能，要求考虑儿童的年龄特征和教材的量力性。裴斯泰洛齐从卢梭那里吸取了自然界的自然进程的思想以及主动性与练习的意义，从康德那里吸取了道德完善的思想，从18世纪末19世纪初德国哲学中吸取了发展的思想，对自然适应性原则提出了新的理解：教育的目的是要显露人的内部自然所潜藏着的人的发展的萌芽。由此可见，夸美纽斯强调教育应遵循自然万物的固有规律，裴斯泰洛齐则突出强调教育应遵循作为自然存在物的人的身心发展规律。

裴斯泰洛齐对自然适应性原则的新理解被福禄倍尔，尤其是第斯多惠对自然适应性原则的解释上加以利用。"有一条永恒的法则在一切事物中存在着、作用着、主宰着。这条法则……被人们通过信仰或观察，同样活生生地，同样明晰和全面地认识到……"③依据福禄倍尔的见解，"永恒的法则"是全部生活和作为这种生活的一方面的教育的首要和主要的规律。依据这个规律，教育应当唤起和发展人内部具有的"神的创造的本源"，教育就是人内部所具有的力量和才能的自我发展。福禄倍尔的自然适应性原则虽然具有了宗教神秘性，但借助于上帝论证了自然是有规律的，教育应遵循儿童生长的规律。福禄倍尔要求教育"小

---

① ［瑞士］裴斯泰洛齐.裴斯泰洛齐教育论著选［M］.夏之莲，等译.北京：人民教育出版社，2001：78.

② 王春燕.自然主义教育理论及其思考［J］.教育理论与实践，2001(9).

③ ［德］福禄倍尔.人的教育［M］.孙祖复，译.北京：人民教育出版社，2001：5.

心翼翼地追随本能",他以栽种植物、饲养动物作类比,认为人们在栽种植物、饲养动物时,必须遵循其生长规律,根据其生长需要提供适当的环境,以保持其完美地发育和健康地成长。儿童的生长也与动植物一样,有其特点、规律和需要,教育唯有遵循儿童生长规律,才能使儿童健康地发展。①

继裴斯泰洛齐之后,第斯多惠认为儿童生来就具有一定的天资。第斯多惠强调教育必须紧密结合人的天性和自然发展规律,要求教学要适应儿童的年龄特征和个别差异。"我们必须倾听大自然的呼唤,忠实地遵循大自然所指出的方向。人只有和大自然结合才会幸福……不相信人的天性便不可能有符合自然发展规律的好教学法。因此我们在教学技巧上也要来探求天性,然后再运用到天性上去。"②他强调,"自然适应性原则在教育学的天地中是永恒的,它是辉煌的、永不熄灭、永不改变自己状态的指路明灯,它是极,是轴心,一切其他的教育和教学法的规则都围绕着它来旋转,而且都趋向着它。"③"教学必须符合人的天性及其发展的规律,这是任何教学的首要的、最高的规律。"④基于人与文化的密切关联,第斯多惠提出了"文化适应性原则",为教育的自然适应性原则进行了必要的补充。"我们一般地为教育和教学制定一个文化适应性原则,并且把它和自然适应性原则并列起来。同时文化适应性原则从属于自然适应性原则。"⑤"遵循文化与遵循自然两条原则越是协调一致,生活的形象就越显得美好和纯朴。"⑥在第斯多惠看来,人的自然本性的发展必然受到文化的影响,教育就应当适应这种社会文化的状况和要求。"在任何教育中必须注意我们时代和社会阶层的风俗习惯,我们所生存的时代的精神,我们民族的民族性。"⑦第斯多惠认为:"只遵循自然适应性原则,就是对轻视具体历史事实的理想的一种沉于幻想的渴求;如果只遵循

---

① [德]福禄倍尔.人的教育[M].孙祖复,译.北京:人民教育出版社,2001:9.
② [德]第斯多惠.德国教师培养指南[M].袁一安,译.北京:人民教育出版社,2001:100—101.
③ 夏之莲.外国教育发展史料选粹(上)[M].北京:北京师范大学出版社,1999:709.
④ 张焕庭.西方资产阶级教育论著选[M].北京:人民教育出版社,1979:252.
⑤ 赵荣昌,张济正.外国教育论著选[M].南京:江苏教育出版社,1990:285.
⑥ [德]第斯多惠.德国教师培养指南[M].袁一安,译.北京:人民教育出版社,2001:169.
⑦ 赵荣昌,张济正.外国教育论著选[M].南京:江苏教育出版社,1990:286.

着文化适应性的原则,那就缺乏远见和理想,过于讲究实利,过于肤浅了。"①"任何一位教育家都没有像第斯多惠这样高度地评价、热烈地论述过这个原则。任何一个人在解决教育和教学的具体问题时都没有像第斯多惠这样善于应用这个原则。"②由此可见,教育的自然适应性原则在第斯多惠那里达到了顶峰,"顺应天性而使然"的西方教育呈现了华丽的转身。自此以后,教育学著作中一般鲜有"自然适应性原则"这一术语,而是直接运用生理学、心理学等学科知识来论证和阐释教育规律,从而使"自然适应性原则"的合理思想因素被更加科学的理论所替代,将教育要遵循儿童自身发展规律的思想提高到一个新的阶段。

(三) 依循心理而发展

"教育应当被提高到一种科学的水平,教育科学起源于并建立在对人类本性最深刻的认识基础上。"③"我在寻觅人类智力发展就其本性而言所必须服从的那些规律。我认为它们一定跟物质自然的规律一样,并且相信从中能找到一条普遍的心理学化的教学方法的可靠线索。"④基于自然主义教育思想,裴斯泰洛齐把人的天性看作儿童的身心发展规律,呼吁教育应当以此为出发点,首次从理论上明确提出应当自觉地从心理学的角度探讨教育与儿童发展的关系,第一个打出了"教育心理学化"的旗帜。"我深信一切真理、一切教育指令都应该来自儿童自身,在他们身上产生出来。"⑤"我长期地寻找一个所有这些教学手段的共同的心理根源,因为我深信,只有这样,才可能发现通过自然法则本身决定人类发展的

---

① 夏之莲.外国教育发展史料选粹(上)[M].北京:北京师范大学出版社,1999:710.
② 夏之莲.外国教育发展史料选粹(上)[M].北京:北京师范大学出版社,1999:713.
③ [瑞士]裴斯泰洛齐.裴斯泰洛齐教育论著选[M].夏之莲,等译.北京:人民教育出版社,1992:189.
④ [瑞士]裴斯泰洛齐.裴斯泰洛齐教育论著选[M].夏之莲,等译.北京:人民教育出版社,2001:79.
⑤ [瑞士]裴斯泰洛齐.裴斯泰洛齐教育论著选[M].夏之莲,等译.北京:人民教育出版社,2001:21.

形式。"①而"这种形式是建立在人的心理的一般组织之上的"②。他认为,只有使教学过程本身与儿童的心理的自然发展相一致,才能使儿童的天性及能力得到和谐地发展。"我试图将人类的教学过程心理化。"③裴斯泰洛齐的振臂高呼,唤起了人们对儿童心理研究的兴趣,人们开始重视对儿童的个别差异和身心发展特征的研究。"教学必须符合人的天性及其发展的规律,这是任何教学的首要的、最高的规律。"④有德国的"裴斯泰洛齐"之称的第斯多惠也明确地提出了把心理学作为教育科学的基础,强调教育必须遵循儿童不同年龄阶段身心发展的特点和个性差异,并号召教师仔细研究儿童。"在人的教育中,一切都决定于:不要发生任何违反一般人和个别人的本性的事情,而且一切都是按照这种本性产生的。"⑤"教学规律不是独立存在的,是由人的天资这一特点决定的。"⑥"人的天资就是一个人本身能力和活动可能性的基础……天资本身不是一种作用或行为,而是一种最初的活动或动因的基础……天资是发展能力和力量的胚胎。"⑦因此,教师必须全面深入地了解儿童,依据儿童不同的天资施以不同的教育。

赫尔巴特是德国第一个用文字传播裴斯泰洛齐教育思想的人,也是最早宣称心理学是一门科学的人。他认为教育者的首要科学就是心理学,第一次把心理学作为基础理论来阐明教育学问题。"教育者的首要科学,虽然不是全部科学,是心理学,人类活动的全部可能性的概要,均在心理学中从因到果地陈述了。"⑧赫尔巴特最先将心理学与哲学、生理学分开。他企图调和唯理论与经验论之间的矛盾,认为仅凭感觉经验或仅凭理性都不能真正认识事物。赫尔巴特用"意识阈"来说明新观念被旧观念同化和吸收的"统觉"过程,认为占意识中心的观念只容许与它自己可以调和的观念出现于意识之上,而将与它不调和的观念

---

① 赵荣昌,张济正.外国教育论著选[M].南京:江苏教育出版社,1990:131.
② 赵荣昌,张济正.外国教育论著选[M].南京:江苏教育出版社,1990:131.
③ [瑞士]裴斯泰洛齐.裴斯泰洛齐教育论著选[M].夏之莲,等译.北京:人民教育出版社,1992:189.
④ 张焕庭.西方资产阶级教育论著选[M].北京:人民教育出版社,1979:252.
⑤ 夏之莲.外国教育发展史料选粹(上)[M].北京:北京师范大学出版社,1999:710.
⑥ [德]第斯多惠.德国教师培养指南[M].袁一安,译.北京:人民教育出版社,2001:76.
⑦ [德]第斯多惠.德国教师培养指南[M].袁一安,译.北京:人民教育出版社,2001:76.
⑧ 张焕庭.西方资产阶级教育论著选[M].北京:人民教育出版社,1979:266.

抑制下去。假如条件变化,在意识阈之下的观念就可能出现于意识阈之上,将原在意识阈之上的某部分的观念排挤到意识阈之下。另外,假如抑制一个观念的其他观念减弱了,那一个观念就会进入意识。观念发生之后永远不会消灭,因此没有真正的遗忘。赫尔巴特把从心理学研究中得出并加以发展的各种理论运用到教育科学中,依据其统觉心理学提出了形式教学阶段理论,认为教学过程是儿童观念体系形成的过程,并将教学过程分为明了、联想、系统、方法四个阶段。他要求教师在教学中必须注意利用儿童已有经验,根据教学的需要补充新经验以引起儿童的兴趣,集中其注意,使之"全心全意献身于每一专心的活动",以弄清具体的、特殊的事物和问题,并对这些事物和问题在达到"明了"的基础上帮助儿童"联想",以便通过联想把新获得的观念和旧有观念联合起来,在此基础上引导儿童组成"系统",最后指导儿童学会有条理地运用知识来完成课内外作业的"方法"。[①] 赫尔巴特强调知、情、意、行的内在联系,使各个教学环节与各种必要的心理活动巧妙、有机地配合,使整个教学形成严密的科学外壳,试图建立一种明确、规范的教学程序模式。同时,赫尔巴特还告诫教育工作者不仅要学习心理学,还应随时观察和分析研究儿童的个性,从儿童的个性出发尽可能安排多样化的教学活动以适应儿童的个别差异,决不可将教育方法绝对化。赫尔巴特依据心理学论点来阐释教学阶段理论,考虑到了儿童学习时的心理状态,揭示了儿童在教学过程中认识事物的规律,完成了教育学和心理学在理论上的结合,打破了从柏拉图、亚里士多德到夸美纽斯、洛克、卢梭、裴斯泰洛齐等人以苍白无力的自然类比法来推导和建立教育适应自然思想的局限,第一次真正使裴斯泰洛齐的"我要使教育心理学化"的伟大目标由空想走向科学,开启了"依循心理而发展"的教育改革之路。

杜威强调正确的教育必须从研究儿童心理开始,并以此作为教育的出发点。"我认为教育过程有两个方面:一个是心理学的,一个是社会学的。它们是平行并重的,哪一方面也不能偏废。否则,不良的后果将随之而来。这两者,心理学

[①] 周采.外国教育史[M].上海:华东师范大学出版社,2008:251.

方面是基础的。儿童自己的本能和能力为一切教育提供了素材,并指出了起点。"①同时,杜威也批判了两种课程理念:一种课程注重经验的逻辑顺序,另一种注重经验的心理顺序②。前者强调按照学科的逻辑组织和实施,而后者则要求组织实施课程必须依据儿童心理的逻辑,主张"儿童是起点,是中心,而且是目的。儿童的发展、儿童的生长,就是理想所在。只有儿童提供了标准。对儿童的生长来说,一切科目只是处于从属的地位,它们是工具,它们以服务于生长的各种需要衡量其价值"③。杜威指出,这两种课程观均存在错误,即把学科知识和儿童的经验以及经验的逻辑方面和心理方面非此即彼、二元对立起来了。④ 杜威认为人们在生产、生活中形成的粗浅的、生动的、直观的感性经验经过一代代的积累、组织成为人类种族经验,再以系统化的方式呈现出来而成为学科知识。这是学科知识发展的逻辑,也是儿童经验发展的逻辑。从儿童现在的经验进展到有组织体系的真理就是经验的继续改造过程,也应是儿童了解和认识学科知识的逻辑顺序。"逻辑的并不是注定反对心理的……最广义地说,逻辑的立场,它的本身便是心理的。"⑤因此,教育就要从儿童现有的经验和儿童的生活出发,"发现介于儿童现在的经验和这些科目的更为丰富和成熟的东西之间的各个步骤"⑥,"把各门学科的教材或知识各部分恢复到它所被抽象出来的原来的经验。依照儿童经验生长的实际情况,还原为直接的和个人的经验"⑦。⑧ 杜威强调,教育应遵循儿童本能发展及获取经验的自然进程,要求"教师既须懂得教材,还须懂得学生特

---

① [美]杜威.杜威全集(第五卷)[M].杨小微,罗德红,等译.上海:华东师范大学出版社,2010:64.
② 蒋雅俊.论杜威的经验哲学与经验课程哲学[J].南京师大学报(社会科学版),2013(4).
③ [美]杜威.学校与社会·明日之学校[M].赵祥麟,任钟印,灵志宏,译.北京:人民教育出版社,1994:118.
④ 蒋雅俊.儿童、经验与课程:课程哲学研究[D].南京:南京师范大学博士学位论文,2008.
⑤ [美]杜威.学校与社会·明日之学校[M].赵祥麟,任钟印,灵志宏,译.北京:人民教育出版社,1994:127.
⑥ John Dewey. The Child and the Curriculum [M]. Chicago: The University Of Chicago Press, 1956:11.
⑦ John Dewey. The Child and the Curriculum [M]. Chicago: The University Of Chicago Press, 1956:22.
⑧ 蒋雅俊.儿童、经验与课程:课程哲学研究[D].南京:南京师范大学博士学位论文,2008.

有的需要和能力"①。"教师不应注意教材本身,而应注意教材和学生当前的需要和能力之间的相互作用。"②杜威注重学科知识和儿童经验的协调一致,提出了"教育即生长""教育即生活""教育即经验继续不断地改组",实现了逻辑和心理的一致,大大推动了教育心理学化的发展。

受杜威教育思想的启示,皮亚杰也提出教育科学应以儿童心理学为基础。皮亚杰获得生物学博士学位,他将"顺应""同化""适应""平衡"等生物学概念改造为心理学的基本范畴,使之成为解释认知结构发展的有效手段,研究生命发展的生物学成了皮亚杰探索认知发展的物质性工具。皮亚杰认为,生物的生长是个体组织环境与适应环境这两种活动的相互作用过程,即生物的内部活动和外部活动的相互作用过程,而人的认识发生过程与生物的发展过程存在着同构的关系。③ 皮亚杰强调,"认识论问题都必须从生物学方面来加以考虑"④,"心理发生只有在它的机体根源被揭露以后才能为人所理解"⑤。他凭借其在生物学、哲学、心理学和逻辑学等领域精湛的研究,为认识论提供了一种发生的视角,"把一般的哲学认识论改造成了个体知识生长的发生认识论"⑥,创立了发生认识论,重点探讨了儿童认知发展的规律。皮亚杰具有系统论、整体论的思想,相信宇宙间的事物都是统一体,认为适应建立在有机体与环境相互作用不断取得平衡的基础之上。其发生认识论认为,儿童认知发展的本质是适应,儿童的经验是先天的遗传结构与外界环境相互作用的结果。儿童正是在先天遗传结构或图式的基础上,经过不断的同化、顺应和平衡而获得、生成经验,不断形成新的认知结构,促进智力发展的。⑦ "认识既不能看作是在主体内部结构中预先决定了的——它们起因于有效的和不断的建构;也不能看作是在客体的预先存在着的特性中预先决定了的,因为客体只是通过这些内部结构中的中介作用才被认识的,并且这些

---

① [美]杜威.民主主义与教育[M].王承绪,译.北京:人民教育出版社,2001:200.
② [美]杜威.民主主义与教育[M].王承绪,译.北京:人民教育出版社,2001:200.
③ 彭俊英.幼儿园过程课程论[D].南京:南京师范大学博士学位论文,2009.
④ [瑞士]皮亚杰.教育科学与儿童心理学[M].傅统先,译.北京:文化教育出版社,1981:58.
⑤ [瑞士]皮亚杰.发生认识论原理[M].王宪钿,等译.北京:商务印书馆,2011:64.
⑥ 李其维.论皮亚杰心理逻辑学[M].上海:华东师范大学出版社,1990:14.
⑦ 刘金花.儿童发展心理学[M].上海:华东师范大学出版社,2006:81.

结构还通过把它们结合到更大的范围之中(即使仅仅把它们放在一个可能性的系统之内)而使它们丰富起来。"①皮亚杰认为,经验既不是现实的复制,也不是先验形式对现实的强加。相反,它是二者的中介,是一种通过有机体与环境之间的交流促成的建构。"认识既不是起因于一个有自我意识的主体,也不是起因于业已形成的(从主体的角度来看)、会把自己烙印在主体之上的客体,认识起因于主客体之间的相互作用,这种作用发生在主体和客体之间的中途,因而同时既包含着主体又包含着客体……"②活动既是主客体相联系的中介,从而包含着主体和客体;又是主客体分化的原因,从而使认识成为可能,活动本身就等同于主客体之间的相互作用。皮亚杰的发生认识论超越了经验论和唯理论的界限,批判地继承了将近200年前康德所做的综合,代之以一个动态的建构过程。③ 正如英海尔德(B. Inhelder)的评论:"他的认识论可称之为建构主义的认识论,即认识论不是由客体(经验论),也不是由主体预先决定的(先天论),而是逐渐构成的结果。"④皮亚杰的发生认识论阐释了儿童认知发展规律,奠定了教育心理学化的心理学基础,成为儿童教育与研究的根本依据和理论基点,为无数学者所阐释和再阐释,并被运用、渗透到教育研究的各个领域,对教育的发展产生了重大而深远的影响,至今仍然闪耀着智慧的光芒。

　　在中国古代,老子即发出了"道法自然"的教育呼唤;西方的自然教育思想也遥相呼应,亚里士多德"教育适应自然"思想的萌芽,引发了夸美纽斯的"自然类比"阐释,卢梭率性而为的"教育服从自然"思想富有人文哲学意味,裴斯泰洛齐通过实验开始"教育心理学化",赫尔巴特将心理学与教育结合起来,杜威、皮亚杰等人则在不断趋于科学化的心理学基础上大大推进了教育学的发展,使教育有了科学之依循。"标志着以单纯经验和纯粹思辨为依据进行教育、教学理论研究的时代的终结,标志着一个把教育问题作为独立的学术问题加以研究、并努力提供可靠和确定的理论基础这样一个新阶段的开始。"⑤纵观古今中外,尽管每个

---

① [瑞士]皮亚杰.发生认识论原理[M].王宪钿,等译.北京:商务印书馆,1981:16.
② [瑞士]皮亚杰.发生认识论原理[M].王宪钿,等译.北京:商务印书馆,1981:16—21.
③ 刘大椿.科学哲学[M].北京:人民出版社,1998:34.
④ [瑞士]皮亚杰,英海尔德.儿童心理学[M].吴福元,译.北京:商务印书馆,1980:194.
⑤ 徐立稳.从灵魂到心理——西方"教育心理学化"的历史渊源[J].继续教育研究,2007(2).

时代的教育家研究的角度迥异,但在教育需遵循儿童身心发展规律上却是殊途同归。他们以各自独特的形式,论证了"教育遵循自然"对于时代的意义,探讨了"怎样教"的方法论问题,也塑造了自然取向教育的一些主要特性和致力的方向。"道法自然""自然适应性原则""教育心理学化"虽已终结,但其终结的只是他们的原始状况与名称,终结的只是他们的旧名和旧质。由于他们致力探讨的是永恒的教育与人的发展命题,他们的理论意义远不会停留于此。时至今日,这些智慧的光芒依然璀璨闪耀,更显生命力。他们以自己的成果充实了现代教育科学之后,他们的一切成就都将会保存下来,溶入现代教育机体中,现代教育科学也以辩证扬弃的方式吸取他们的精华,使他们发扬光大。目前,儿童的身心发展规律是儿童教育的首要依据已为人所共识,虽鲜有"教育遵循自然"的提法,但"教育应顺其自然"却是人类教育成功的至尊法宝。"有人说用自然发展规律原理来教育人不会收到好效果,认为这纯粹是大自然的规律。这话一点不错,我们认为用自然规律来教学可以起到调解作用,是一种规范,这一规范有充足理由夺取桂冠,具有权威性。"①"遵循自然规律的教学原则是对每一个教师的最高要求。这是我们追求的最高理想。"②

儿童是一个能动的整体。儿童的发展包括身体的发展和心理的发展,两者的发展同时进行。一般情况下,身体的发展为生理性的遗传法则所决定,而心理发展则取决于个体的经验。儿童生命活动的连续性,伴随着经验的流动变化和延续,并实现着儿童生命历史性和生命整体性的统一。"人啊!模仿大自然的活动吧!大自然使一颗大树的种子首先生出几乎看不见的幼芽,然后,幼芽同样也是不知不觉地分阶段发展,每日每时地,首先长出最小的茎,后来长成树干,长出树枝,又长出末端细枝,细枝末梢挂满细嫩的叶子。用心思考大自然的这种活动——每个部分一生长出来,她是如何照料的,如何使之完善的,如何把每个新的部分与原有的持续生长的部分结合起来的。"③儿童的经验之生成犹如芽苞之

---

① [德]第斯多惠.德国教师培养指南[M].袁一安,译.北京:人民教育出版社,2001:101.
② [德]第斯多惠.德国教师培养指南[M].袁一安,译.北京:人民教育出版社,2001:169.
③ [瑞士]裴斯泰洛齐.裴斯泰洛齐教育论著选.夏之莲,等译.北京:人民教育出版社,2001:78—79.

生长,教育何以"随风潜入夜,润物细无声"?——顺其自然——教育应聆听先哲智慧的明示——儿童的经验生成之道便是儿童教育的自然之道,一切应循此展开。

第五章 儿童的教育是生成的

教育即滋养生命,意在保持儿童的生命和谐与健康生长。"学校教育的价值,它的标准,就看它创造继续生长的愿望到什么程度,看它为实现这种愿望提供方法到什么程度。"①教育即顺其自然,意在对生命生成规律的敬畏与依循。"教师也如同医生,他是自然的仆役而不是自然的主人。"②对儿童生命本质的探求与儿童经验生成原理的探寻是一切儿童教育的来源和基础,对儿童生命生长的敬畏与遵循是一切儿童教育的首要法则。"儿童的发展有其自身的规律,倘若我们想促进他成长,那么,关键是我们应该遵循规律,切忌随心所欲,强其所难。"③儿童的生命是一个动态生成的过程,是一个持续的、独特的、新奇的创生过程。生成性是儿童生命的基本特性,生命观照下的儿童教育本质也应是生成性的。因此,生成性既是教育理论的演绎性推论,又是对教育现实的规律性概括,更是合目的性与合规律性儿童教育实践的应然选择。"教的法子必须依据学的法子。"④"儿童的发展状况决定了教育所应当采取的内容和方式,教育是由发展制约着、决定着的,或者说,教育从属于发展。"⑤儿童的生命生成特性与经验生成原理是儿童教育实践基础,儿童鲜活的身心发展规律决定了儿童教育的鲜活性、生成性。过程生发性目标、自然生成性环境、问题探究性活动、互动分享性评价

---

① [美]杜威.民主主义与教育[M].王承绪,译.北京:人民教育出版社,2001:62.
② [古罗马]昆体良.昆体良教育论著选[M].任钟印,选译.北京:人民教育出版社,1989:24.
③ [意]蒙台梭利.蒙台梭利幼儿教育科学方法[M].任代文,主译校.北京:人民教育出版社,2001:486.
④ 陶行知.陶行知教育名篇[M].方明,编.北京:教育科学出版社,2005:2.
⑤ 刘晓东.解放儿童[M].北京:新华出版社,2002:191—192.

无不体现了教育活动的自然性、动态性、联系性、发展性。儿童的教育是生成的——它是一种过程——动态的、生成的过程,昭显了儿童经验的生成特性,也是儿童生命生成的必然要求。儿童"不是老师的学生,而是大自然的学生罢了,老师只是在大自然的安排下进行研究,防止别人阻碍它对孩子的关心。他照料着孩子,他观察他,跟随他,像穆斯林在上弦到来的时候守候月亮上升的时刻那样,他极其留心地守候着他薄弱的智力所显露的第一道光芒"①。

一、过程生发性目标

目的是指行为主体根据一定需要,对行动目标或后果的预想。"一个目的所表明的是任何自然过程的结果,这个结果是被意识到的,并成为决定当前的观察和选择行动的方式的一个因素。目的还表明一个活动已经变成明智的活动。明确地说,所谓目的,就是我们在特定情境下有所行动,能够预见不同行动所产生的不同结果,并利用预料的事情指导观察和实验。"②人类活动的一个基本特征,就是具有意识性和目的性,人类通过自身的意识活动,不仅能够认识自然与社会、认识自己与他人,而且能够凭借所获得的认识,提出活动的任务、设定活动的目的。"教育当然是一种有所指向的、有目的的事业——它怎么可能不是这样呢?"③教育自诞生之日起,即为了生命的生长。"我们探索教育目的时,并不要到教育过程以外去寻找一个目的,使教育服从这个目的。我们整个教育观点不允许这样做。"④教育是生命的需要,教育除了滋养生命之外,并没有别的目的。"因为生长是生活的特征,所以教育就是不断生长;在它自身以外,没有别的目的。"⑤教育即滋养生命,真正融入生命诉求的教育才能体现教育的生命。教育的目的

---

① [法]卢梭.爱弥儿(上)[M].李平沤,译.北京:商务印书馆,1996:46.
② [美]杜威.民主主义与教育[M].王承绪,译.北京:人民教育出版社,2001:122.
③ [英]怀特.再论教育目的[M].李永宏,译.北京:教育科学出版社,1997:7.
④ [美]杜威.民主主义与教育[M].王承绪,译.北京:人民教育出版社,2001:111.
⑤ [美]杜威.民主主义与教育[M].王承绪,译.北京:人民教育出版社,2001:62.

应首先观照生命的特性,应首先观照儿童生命的发展需求——呵护儿童生命的生长是教育的本质、宗旨和使命。

教育的目的以观念或思想的形式存在并发挥作用,它陈述的是要把受教育者培养成什么样的人。教育目标是教育目的的具体化,标示着教育活动的方向,是一切教育工作的出发点和归宿,是确定教育内容、选择教育方法、评价教育结果的重要依据。① 教育目的具有层次结构性,表现为宏观、中观和微观层面,各级教育目标便是教育目的的层级具体化(见图 5-1)。麦克多纳尔德(J. B. Macdonald)认为教育目标具有五大功能:可明示教育进展的方向,可用以选择理想的学习经验,可用以界定教育计划的范围,能指示教育计划的要点,可作为教育评价的重要基础。② 教育目的的功能,随着目标水平(宏观、中观、微观)的不同而

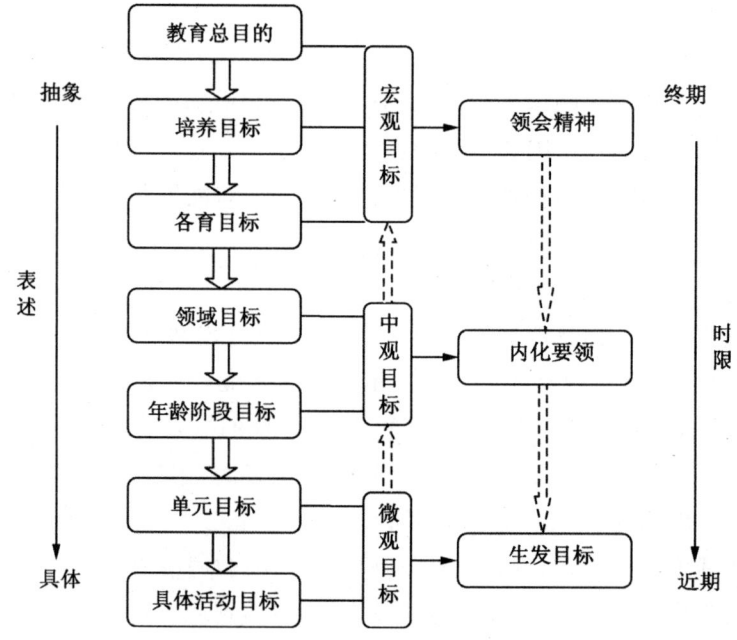

图 5-1 教育目标层次结构图解

---

① 丁锦宏.教育学基础[M].北京:高等教育出版社,2009:102—103.
② 虞永平.学前教育学[M].南京:江苏教育出版社,1996:67.

异,但它们有着共同的趋向:通过明示教育活动的目标,提示旨在达到目标的最优的内容与方法,并且成为评价教育教学活动结果的一种标准。① 在教育目标体系中,上层目标是下层目标的基础,下层目标是上层目标的具体化。越是上层的目标越抽象、概括,可操作性越差;越是下层的目标越具体,可操作性越强。在时限上,最上层的目标表现为终期目标,最下层的目标表现为近期目标。下层目标的达成决定着上层目标的实现,具体活动目标是所有上层教育目标的落脚点,是决定教育成败的关键。

教育目标层层相生(见图5-2),是有中生有,是预设(宏观目标、中观目标)中的生成(微观目标)。宏观目标是根基,体现方向性、主导性;中观目标犹如枝干,体现基础性、框架性;微观目标犹如花叶与果实,体现生成性、具体性。教育目标是一个有中生有的体系,在具体的教育实践中也是一个有中生有的动态生成、展开过程。因此,把握宏观教育目标,领会教育精神,以确立教育坐标;熟悉中观教育目标,内化教育要领,以奠定实践基础框架;生成微观教育目标,引导儿童发展,以达成滋养生命目的。教育目标的层层相生,源于教育工作者对人类生命的理解,基于对儿童生命特性的把握,归于对不同年龄阶段儿童身心发展特点

图5-2 教育目标层层相生图解

---

① 虞永平.学前教育学[M].南京:江苏教育出版社,1996:67.

和具体儿童个别差异与发展需求的准确定位,是对类生命——群体生命——个体生命观照的层级具体化。

(一) 领会精神

宏观层面的教育目标包括教育总目的、各级各类学校培养目标和各育目标,一般表述得比较抽象、概括,提纲挈领,体现主导性和方向性。教育总目的是国家或社会提出的总要求,是各级各类学校人才培养最根本的质量规格。在总目的的指导下,依据各级各类学校的层次、性质、人才培养的具体质量规格,形成不同的培养目标,这是教育总目的在不同层次、类别学校的反映。各育目标是各级各类学校培养目标的具体化,通过它的实现来完成培养目标。我国的教育总目的自新中国成立以来,经过了多次的变更,1995年《中华人民共和国教育法》规定:"教育必须为社会主义现代化建设服务,必须与生产劳动相结合,培养德、智、体等方面全面发展的社会主义事业的建设者和接班人。"[①]由此可见,教育总目的主要体现了社会对教育的要求,基于人的生命发展需求,概括地提出了"全面发展"的基本要求,但具体的受教育者的发展还没有得到直接体现,处于容易被忽视的地位。1996年颁布实施、2016年修订的《幼儿园工作规程》规定:"按照保育与教育相结合的原则,遵循幼儿身心发展特点和规律,实施德、智、体、美等方面全面发展的教育,促进幼儿身心和谐发展。"[②]体现了教育目的在幼儿教育阶段的具体化,关注了儿童生命的特性。《幼儿园工作规程》还明确规定了各育目标,但依然比较概括、抽象。可以说,宏观层面上的教育目标提供了方向性指导,还不能据之开展具体的教育实践活动。但教师只有领会宏观精神,树立和谐发展坐标,才能准确定位儿童教育方向。

(二) 内化要领

中观层面的目标包括领域目标和年龄阶段目标,是宏观目标的具体化,为进

---

① 国家教委政策法规司.中华人民共和国教育法[M].北京:法律出版社,1995.
② 中华人民共和国教育部.幼儿园工作规程[M].北京:首都师范大学出版社,2016.

一步的教育实践提供了基础性、框架性指导。2001年,教育部颁布《幼儿园教育指导纲要(试行)》(以下简称《纲要》),对健康、语言、社会、科学、艺术等五个领域的目标进行了明确规定,并提出了相应的组织、实施以及评价要求。"幼儿园教育应尊重幼儿的人格和权利,尊重幼儿身心发展的规律和学习特点,以游戏为基本活动,保教并重,关注个别差异,促进每个幼儿富有个性的发展。"①由此,具体的儿童已经活生生地进入了中观教育目标的视野。《纲要》对有效规范和指导幼儿园保育教育工作发挥了重要作用,但中观目标的正确性,并不能确保微观层面教育目标的正确性,也不能确保具体教育活动的科学性。《纲要》实行了十年,幼儿教育"小学化"现象却依然存在。2012年10月,为防止和克服幼儿教育"小学化"现象,教育部颁布《3~6岁儿童学习与发展指南》(以下简称《指南》),将领域目标具体化,明确规定了年龄阶段目标,体现了对不同年龄阶段儿童的生命把握。"从健康、语言、社会、科学、艺术等五个领域描述幼儿学习与发展,分别对3至4岁、4至5岁、5至6岁三个年龄段末期幼儿应该知道什么、能做什么,大致可以达到什么发展水平提出了合理期望。"②《指南》明确要求教师和家长应依据儿童身心发展特点实施教育,规定了层层级递进的年龄阶段目标,但强调不可以"一把尺子"衡量所有儿童,倡导应在年龄适宜性的基础上关注个体适宜性。至此,对领域目标进一步细化的年龄阶段目标相互衔接、逐渐递进、分阶段地保证儿童发展目标的实现,为广大教师提供了具体、可操作的基础指导建议,但这依然不能消除微观层次上的"走调"可能。因此,教师必须内化中观教育目标,掌握教育要领,奠定教育实践基础框架,尤其应使年龄阶段目标扎根内心,融化在观念里,成竹在胸,才可能"有中生有"、高屋建瓴地显现于行动中。

(三) 生发目标

微观层面的教育目标包括单元目标和具体教育活动目标,是由教师把握、理

---

① 中华人民共和国教育部.幼儿园教育指导纲要(试行)[M].北京:北京师范大学出版社,2001.
② 中华人民共和国教育部.3~6岁儿童学习与发展指南[M].北京:首都师范大学出版社,2012.

解，体现在教师的教育思想和教育活动的具体内容及实现过程中，最终反映在儿童的真实发展上，需要教师对本班儿童的全面了解和对个体生命发展的准确定位。单元目标是年龄阶段目标的具体化，根据年龄阶段目标及相关的教育内容特点，把某一组目标及其相关内容有机组织起来，构成主题或单元。教育活动目标是指某一个具体活动所要达成的目标，是单元目标的具体化，也是最具有操作性的目标。教育目的只有转换成具体活动目标，才能贯彻到具体的教育活动过程之中，才能真正落实到儿童的发展上。微观层面教育目的的达成，直接决定了中观乃至宏观教育目的的实现，儿童教育的成败皆系于此。因此，只有将宏观、中观层面的教育目标"落地开花"为生动活泼的微观层面教育目标，才能"活化"教育活动灵魂，才能赋予儿童教育以生命意义。

微观教育目标属于实践层面，是中观教育目标的具体化，应是预设（宏观目标、中观目标）中的生成，应切实贯彻宏观教育目标的精神和中观教育目标的要领，不可"走调"，更不可违背。微观教育目标的"切实贯彻"，并不意味着生搬硬套，而应是基于鲜活的儿童生命和教育情境自然生成，随机而生，随机而动，并指向每一个儿童的具体发展。值得注意的是，微观教育目标的"触景而生"并不意味着"无中生有"。一切教育活动的开展必须基于对儿童生命的把握和对宏观教育目标、中观教育目标的内化，一切教育实践活动都离不开儿童生命规律和宏观教育目标与中观教育目标的隐形指导。微观教育目标的生成性、具体性要求教师心中有目标、眼中有儿童，准确把握儿童生命的脉搏，了解儿童的已有经验、现有水平、兴趣爱好和发展需要，因时因地、因人因活动，在具体的教育实践过程中自然生发而成。"所谓目的，就是对行使一种职责——不管是农业还是教育——所要求进行的观察、预测和工作安排承担责任。任何目的，只要能时时刻刻帮助我们观察、选择和计划，使我们的活动得以顺利进行，这就是有价值的目的。"[①]教育活动过程是一个多因素参与的过程，教育环境、教师、儿童三者之间经常需要协调，班级环境、园内环境、园外环境（包括家庭环境）之间也需要进行协调，这种协调应是一个增效的过程，是对与儿童发展不一致因素的排斥和控制的过程，也

---

① [美]杜威.民主主义与教育[M].王承绪，译.北京：人民教育出版社，2001：118.

是一个儿童发展导向的教育目标的动态生成过程。但"总的来看,人们有一种倾向,就是提出千篇一律的目的,忽视个人的特殊能力和要求,忘记了一切知识都是一个人在特定时间和特定地点获得的"①。这样,"教师成为驾驶员(通常驾驶的是别人的车);学生最多是旅客,更糟的是成为被驱动的物体"②。"从外面强加给活动过程的目的是固定的,呆板的;这种目的不能在特定情境下激发智慧,不过是从外面发出的做这样那样事情的命令。这种目的并不直接和现在的活动发生联系,它是遥远的,和用以达到目的的手段没有关系。这种目的不能启发一个更自由、更平衡的活动,反而阻碍活动的进行。"③教育活动过程是一个动态发展的连续过程,是一个变化着的、不确定的生成过程,目的与手段皆应包括在其中。随着教育活动的开展与进行,目标也在变化,它并不是固定的、静止的。因此,微观层面的教育目标具有情境性、过程性,应是在由师生共同参与的、具体而生动的教育过程中生成的,是教育过程自身蕴涵着的东西,由教育活动过程孕育而生,并伴随教育活动过程而达成。"从活动内部产生的目的,作为指导活动的计划,始终既是目的,又是手段,目的和手段的区别只是为了方便。每一个手段在我们没有做到以前,都是暂时的目的。每一个目的一旦达到,就变成进一步活动的手段。当它标示我们所从事的活动的未来分析时,我们称它为目的;当它标示活动的现在方向时,我们称它为手段。"④

教育活动过程是一个动态发展的过程,若一味地依据事先预设的目标来进行教育活动,则无异于刻舟求剑、守株待兔。微观教育目标应依据具体教育情境中儿童的特定情况而拟定,在教育过程中自然地生发出来,这样的教育目标才能有效地促进儿童的发展。事实上,离开了特定教育情境中的儿童,再"完美"的目标也毫无意义可言。"所确定的目的必须是现有情况的产物。这个目的必须以对已在进行的事情的研究为依据,还应根据所处情境的各种力量和困难。"⑤"一个良好的目的会调查学生目前的经验状况,制订一个试验性处

---

① [美]杜威.民主主义与教育[M].王承绪,译.北京:人民教育出版社,2001:119.
② [美]多尔.后现代课程观[M].王红宇,译.北京:教育科学出版社,2000:38.
③ [美]杜威.民主主义与教育[M].王承绪,译.北京:人民教育出版社,2001:122.
④ [美]杜威.民主主义与教育[M].王承绪,译.北京:人民教育出版社,2001:117.
⑤ [美]杜威.民主主义与教育[M].王承绪,译.北京:人民教育出版社,2001:115.

理计划,并经常考虑这个计划,但是当情况发展时,就改变这个计划。总之,这个目的是实验性的,因而当它在行动中受到检验时,就会不断地得到发展。"①"我们在制定活动计划时必须'停停、看看、听听'。"②教师是教育活动的组织者,又是教育活动方向的把握者,只有具备明确且正确的目标意识,才有可能组织科学有效的教育活动。因此,教师必须研究儿童,了解儿童的身心发展规律,掌握儿童的已有经验、现有水平、兴趣爱好和儿童的发展需要。只有内化年龄阶段目标,基于对本班儿童的全面了解和对儿童个体生命的科学认知,教师才能着力于儿童的能力发展和独特个性的形成,在对儿童身心发展的全面关注上,顾及个体持续发展所必须形成的身体基础和心理品质,并使两者合理整合,将儿童体、智、德、美诸方面的状态变化表现在教育活动过程中每一个儿童的真实发展上。"关注幼儿身心全面和谐发展。要注重学习与发展各领域之间的相互渗透和整合,从不同角度促进幼儿全面协调发展,而不要片面追求某一方面或几方面的发展。"③

丑小鸭

在一次音乐活动中,教师让幼儿欣赏了歌曲《永远是朋友》后,提问幼儿:"你的好朋友是谁? 你为什么选择他(她)做你的好朋友?"

幼儿1:"朵朵长得漂亮!"

幼儿2:"大宝的鞋子好看!"

幼儿3:"我喜欢文文的小辫子。"

幼儿4:"佳佳的衣服很漂亮。"

幼儿5:"馨儿的发夹很漂亮。"

……

尽管幼儿的回答五花八门,但几乎都是基于朋友的外貌衣着——以貌取人,这让教师感到意外。依据大班幼儿的生活需要和身心发展水平,对大班幼儿进

---

① [美]杜威.民主主义与教育[M].王承绪,译.北京:人民教育出版社,2001:116.
② [美]杜威.民主主义与教育[M].王承绪,译.北京:人民教育出版社,2001:114.
③ 中华人民共和国教育部.3~6岁儿童学习与发展指南[M].北京:首都师范大学出版社,2012.

行交友观的引导是必要的,也是可行的。针对幼儿存在的交友问题,教师设计策划主题活动《丑小鸭》,预设主题目标:引导幼儿欣赏童话故事《丑小鸭》,帮助幼儿树立正确的交友观。但在欣赏故事的过程中,幼儿对丑小鸭的出生和自己的出生都非常感兴趣。因此,教师调整主题目标框架,增加卵生动物的认知和自我认知,帮助幼儿树立正确的交友观和人生观。在具体的主题活动实施过程中,依据幼儿的活动情况,不断细化、丰富主题活动目标,并生成一系列主题活动(包括生活活动、区域游戏活动、集体教学活动和家庭亲子活动)①,涵盖健康、语言、科学、社会、艺术五大领域(见图 5-3)。

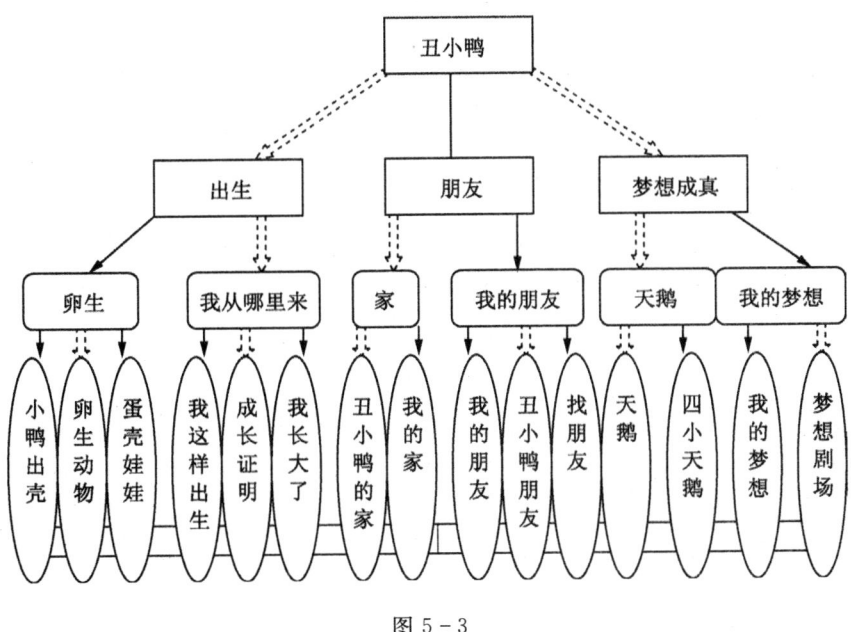

图 5-3

本主题活动过程中,基于大班幼儿的已有经验、现存问题和发展需要,既有教师的主题目标预设,又有灵活的"应景之作",预设中生成,生成中预设,这种活

---

① 具体主题活动设计参见附录.

动过程中的"有中生有"恰恰是基于教师对宏观目标、中观目标的把握与理解,更是基于对全体幼儿的研究和了解。

"目标既不是精确的也不是预先设定的;目标应是一般性的、生成性的,从而鼓励创造性、互动性的转变。"①具体活动目标产生于活动之中,并非预设于活动之前。"完整而连续的教育过程应该决定目标"②,目标在过程中生发,在过程中调整,在过程中完善,并最终在过程中实现。"目的必须是灵活的;它必须可以更改以符合情况的要求。"③以过程为中心的微观教育目标应具有动态性、灵活性,能够做出修改以满足各种条件,能够不断发展并在活动中得到检验。"最初出现的目的不过是一种试验性的草图。努力实现这个目的的行动才能测验它的价值。如果这个目的能成功地指导活动,我们就不再需要别的东西,因为它的全部作用在于事先确立一个标志;有时只要暗示一下就够了。"④活动前,教师应依据年龄阶段目标指明的儿童发展领域和基本范围,依据其描绘的儿童发展蓝图,结合本班儿童实际,基于儿童的最近发展区,设计开放性单元目标。同时,在开放性单元目标指引下,结合具体的活动情境以及儿童的活动表现,生成具体活动目标。但这些目标只是些暂时的轮廓,初步的线条。"一个合理的目的,它的价值在于我们能用它来改变环境。合理的目的是应付环境的一个方法,使环境产生有益的变化。"⑤"所定的目的必须使活动自由开展。"⑥在活动进行中,需要教师进行及时的观察,智慧地把握,动态地生成活动目标。教师应根据儿童的具体活动情况、现场语境、师生关系、活动资源等,即时调整预期目标,现场灵活生成与认知语境、儿童原有经验、认知结构相适配的活动目标。活动结束后,教师应根据活动过程中师生、资源、活动策略等实际情况,评估活动目标的实际生成成效,为设计下一个活动目标提供基点。

---

① [美]多尔.后现代课程观[M].王红宇,译.北京:教育科学出版社,2000:21.
② [美]杜威.杜威教育论著选[M].赵祥麟,王承绪,编译.上海:华东师范大学出版社,1981:284.
③ [美]杜威.民主主义与教育[M].王承绪,译.北京:人民教育出版社,2001:116.
④ [美]杜威.民主主义与教育[M].王承绪,译.北京:人民教育出版社,2001:115.
⑤ [美]杜威.民主主义与教育[M].王承绪,译.北京:人民教育出版社,2001:116.
⑥ [美]杜威.民主主义与教育[M].王承绪,译.北京:人民教育出版社,2001:116.

各式各样的蛋①

太平巷幼儿园小班教师杨柳介绍主题活动《各式各样的蛋》。

有一天午餐时,教师介绍了西红柿炒鸡蛋,由此引发了小朋友对各式各样的蛋的讨论。基于幼儿对各式各样蛋的兴趣,我们打算进行主题活动《各式各样的蛋》。一开始主题活动目标定为:引导幼儿先认识各式各样的蛋,并在此基础上帮助幼儿了解蛋与生命的关系,让幼儿初步感知理解生命。我们发动教师、家长、幼儿收集各式各样的蛋,幼儿园还买了孵化器。一位保育员周末回乡下老家,带回来几枚鸽子蛋,周一就放在了孵化器里。没想到周二鸽子蛋就开始有了变化,原来这几枚鸽子蛋已经被鸽子妈妈孵化了一段时间。本来想先引导幼儿认识各式各样的蛋,比如鸡蛋、鸭蛋、鹅蛋、鹌鹑蛋等等之后,再来观察小鸡出壳、小鸽子出壳等。但现在小鸽子要出壳了,我们就随机做了调整,先带领幼儿观察小鸽子出壳的过程。在小鸽子出壳后,孵化器里的鸡蛋也破壳了。这样原定的主题活动目标和活动安排就有了调整——先进行生命的感知。由于幼儿观察了小鸽子、小鸡的出壳过程,知道了小鸽子、小鸡都是从蛋里孵出来的,有的小朋友就不吃鸡蛋了,甚至也不让爸爸妈妈吃,认为吃蛋就是在杀死小生命。这使我们的后续活动开展有点棘手。今天请各位专家、老师提提建议,我们的活动目标将如何调整?后续的活动应当如何更恰当地展开?

教师依据幼儿的兴趣和生活事件生成主题,并预设了主题目标,但由于小鸽子的出生,打乱了原有教学计划,教师及时调整了预设主题活动目标和活动进程。依据教育情境的变化,即时调整教育目标,随时生成活动,需要教师的教育智慧和能力。

"规划来自于行动,并在行动中得以调整。这两者是相互作用的,一个导向另一个并依赖于另一个。"②"规划和执行是相互联系的、一体化的活动,而不是单向的、序列化的、步骤化的活动。"③生发于教育过程的目标是动态的、变化的,是

---

① 江苏省南京市太平巷幼儿园课程审议纪要。小班教师杨柳主持介绍主题活动《各式各样的蛋》,提出了主题实施过程中的困惑,请参与课程审议的专家、同行提出建议。
② [美]多尔.后现代课程观[M].王红宇,译.北京:教育科学出版社,2000:242.
③ [美]多尔.后现代课程观[M].王红宇,译.北京:教育科学出版社,2000:244.

在教师和儿童的相互作用、经验交流、内容传达中可以随时调整和修正的,能时时刻刻有助于活动继续进行下去,并保持儿童发展的连续性和一致性。这些目标是具有生命力的,顾及到了儿童的已有经验、心理水平、兴趣需要等,吸引着儿童的参与,儿童的参与带来儿童经验的变更,经验的变更又成为新的目标的依据,活泼绵延而生长。"教育始终有一个当前的目的,只要一个活动具有教育作用,它就达到这个目的,即直接转变经验的性质。"①生发于教育过程中的目标是开放性的,意味着向新的过程开放,向过程中新的目标开放,犹如河流一样向前奔流无停滞,动态中生成,生成中发展,发展中生生不息。

二、自然互动性环境

生命个体成长是一个有机体适应环境以满足自身需要的过程。"环境由一个生物实行其特殊活动时有关的全部条件所组成。"②环境是人类赖以生存和发展的社会和物质条件的综合体,为生命个体发展的多样性提供了条件——环境造就人。"环境包括促成或阻碍、刺激或抑制生物的特有的活动的各种条件……正因为生活不仅仅意味着消极的存在(假如有这样的东西),而是一种行动的方式,环境或生活条件进入这种活动成为一个起着支持作用或挫败作用的条件。"③生命个体是由不断遭遇新环境、解决新问题而发展起来的。"儿童只有靠环境经验才能得到充分的发育。"④儿童的生命成长依赖于与环境之间的物质、能量和信息的交流,只有从生生不息的"活"环境源泉中汲取营养才能实现生命的不断生长。

儿童的生命需要成人的呵护,儿童的生命成长需要有准备的环境。"有意识

---

① [美]杜威.民主主义与教育[M].王承绪,译.北京:人民教育出版社,2001:86.
② [美]杜威.民主主义与教育[M].王承绪,译.北京:人民教育出版社,2001:28.
③ [美]杜威.民主主义与教育[M].王承绪,译.北京:人民教育出版社,2001:25.
④ [意]蒙台梭利.蒙台梭利幼儿教育科学方法[M].任代文,主译校.北京:人民教育出版社,2001:418.

的教育就是一种特别选择的环境。这种选择所根据的材料和方法都特别能朝着令人满意的方向来促进生长。"①校园是一个特殊的环境,是一个经过筛选的、富有教育意义的环境,是利于儿童生命成长的环境。一方面,社会上的精神和文化产品、各种儿童用品等在进入校园时经过了精心的筛选甄别,取其精华,去其糟粕,以有利于儿童发展为标准。另一方面,教师根据教育的要求及儿童的身心特点,有效地调控校园环境中的各种要素,维护环境的动态平衡,使之始终保持在最适合儿童发展的状态。"他们在这个环境中行动,因而也在这个环境中思考和感觉。我们从来不是直接地进行教育,而是间接地通过环境进行教育。"②校园环境按其性质可分为物质环境和精神环境两大类。物质环境是指校园内对儿童身心发展有影响作用的各种物质要素的总和,包括园舍建筑、园内装饰、场所布置、设备条件、物理空间的设计与利用、各种材料的选择与搭配等。校园精神环境是指校园内对儿童身心发展产生影响的一切精神要素的总和,主要包括教育观念与行为、校园文化氛围等。校园物质环境是以教育目标为出发点,根据不同年龄段儿童的生理、心理特点,结合教育内容、教育重点,有目的、有计划、有步骤地进行统筹安排、合理布置的。校园物质环境是校园精神环境的载体,精神环境是融合于物质环境之中的,是通过物质环境的物质化、具象化而呈现出来的。因此,在儿童教育中,环境是教育者实现教育目的的重要中介,教育者将教育意图隐含其中,让环境说话,让环境成为引发儿童行动的"助教"。"教育对儿童所产生的巨大影响是依靠环境作为手段,因为儿童吸收环境,从环境中吸收一切并将其具体化。"③

环境是教育的载体,是师生对话的媒介,是教育交往的底板。教育在环境中进行,师生在环境中互动。生成与互动为环境之活力,亦是儿童教育之灵魂。"环境是重要的教育资源,应通过环境的创设和利用,有效地促进幼儿的发展。"④

---

① [美]杜威.民主主义与教育[M].王承绪,译.北京:人民教育出版社,2001:45.
② [美]杜威.民主主义与教育[M].王承绪,译.北京:人民教育出版社,2001:14.
③ [意]蒙台梭利.蒙台梭利幼儿教育科学方法[M].任代文,主译校.北京:人民教育出版社,2001:397.
④ 中华人民共和国教育部.幼儿园教育指导纲要(试行)[M].北京:北京师范大学出版社,2001.

儿童的生命生长需要具有生成性、互动性、丰富性的环境滋养与支持，教育应当"活化"环境为内容丰富、生动形象、富有生命力的"活教师""活教材"，尽力使环境成为趣味盎然和富有吸引力的、有生命力且持续变化的体系，使环境真正成为儿童生命成长的无声导师，引发儿童在环境中主动探索与互动。"教师在教育事业中的任务在于提供刺激学生的反应和指导学生学习过程的环境。"[①]自然性环境是儿童生命生长的天然母体，互动性环境是儿童经验生成的无穷源泉。

（一）自然性环境

"儿童教育所要求的第一件事就是为儿童提供一个能够发挥大自然赋予的力量的环境……与自然齐心协力，遵循大自然的规律——成长源于环境经验的规律。"[②]大自然充满生机，万物生生不息，四时更替，春华秋实，夏雨冬雪，时时生成，处处惊奇（见图5-3[③]、5-4[④]）。儿童是自然之子，儿童生命的成长离不开大自然母体。"的确，人类已经创造了社会生活的欢乐，在共同的生活中产生了强烈的人类之爱。但人总还是属于自然，特别是当他在孩童时期，更必须从自然中获取力量以发展其身心。"[⑤]儿童的生命需要大自然的力量，需要让心灵与天地万物接触，以便从生动的大自然的造化能力中汲取养分。"自然的教育给我们的启示是何等巨大啊！自然就是老师。"[⑥]儿童的生长依赖于大自然，儿童的生命植根于大自然，儿童教育应当尊重儿童生命的天然诉求，给予儿童接近大自然的机会，捍卫儿童在大自然怀抱中成长的权利。"苏霍姆林斯基（Sukhomlinsky）明确指出，大自然是思想的'活的源泉'，是'世界上最美妙的书'。……他明确提出，

---

① [美]杜威.民主主义与教育[M].王承绪,译.北京:人民教育出版社,2001:197.
② [意]蒙台梭利.蒙台梭利幼儿教育科学方法[M].任代文,主译校.北京:人民教育出版社,2001:419.
③ 图片来源于四川省蒲江县南街幼儿园。
④ 江苏省南京市梅花山庄幼儿园小朋友的观察记录。
⑤ [意]蒙台梭利.蒙台梭利幼儿教育科学方法[M].任代文,主译校.北京:人民教育出版社,2001:159.
⑥ [意]蒙台梭利.蒙台梭利幼儿教育科学方法[M].任代文,主译校.北京:人民教育出版社,2001:449.

大自然是'蓝天下的学校',是'思维课'的活教材和大课堂。"①蒙田认为自然不仅是孕育人的物质环境,而且整个世界都是教育资源,"无论是房间、花园、桌子、床铺,无论是独个儿还是与人们一伙,无论是早晨还是夜晚——所有时间,对他都是一样,所有地方对他都是书房"②。大自然是无穷的宝库,山丘、溪流、湖泊、沙石、花草树木、鸟虫鱼兽,无不是鲜活的教育资源。让儿童沉浸在大自然之中,与大自然合为一体,让山川、河流、花草、树木、鸟虫成为儿童的伴侣,在四季更替中收获惊喜和快乐(见图5-5、5-6③)。"儿童不仅用脚漫游,而且用眼睛漫游。鞭策其前行的是他看到的有趣之物。此处有一只羊在吃草。他就坐在附近观察它。……看到了一朵花,他嗅嗅它的芬芳,又看到了一棵树,于是走上前去,绕行几圈,然后坐在地上观察它。……坐在潺潺的小河边,他会高兴地喃喃自语:'水啊,水啊!'"④大自然是思维最丰富的源泉,是创造性的、探究性的智能最丰富的源泉。以大自然为教材,以大自然本身的丰富、神奇、奥妙来激发儿童的求知欲和好奇心,在万物生息变化中,在与鲜活的大自然充分互动中,向儿童展现大自然无穷无尽的感染力量,让儿童充分享受大自然鲜活的教导与启示。

图5-3 "呀!这是什么?"

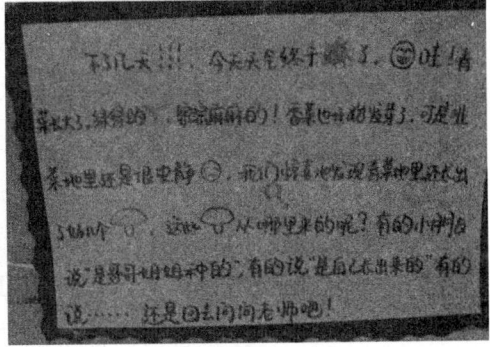

图5-4 "哪里来的蘑菇?"

---

① 刘晓东.解放儿童[M].北京:新华出版社,2002:234—235.
② 吴元训选编.中世纪教育文选[M].北京:人民教育出版社,2005:423.
③ 图片来源于山东省潍坊市奎文区实验幼儿园。
④ [意]蒙台梭利.蒙台梭利幼儿教育科学方法[M].任代文,主译校.北京:人民教育出版社,2001:486.

图5-5 "谁的房子?"

图5-6 逗虫

"让孩子们在没打开书本去按音节读第一个词之前,先读几页世界上最美妙的书——大自然这本书。"①儿童的认知是从对周围环境的认知开始的,大自然是儿童经验的宝库。"自然环境最丰富不过了,可以说全年的课程都可以取材于此。四季变换的动植物,阴晴雨雷的自然现象,没有一日是找不出新材料的,可惜幼稚园里并不注意到这层,还是天天在室内生活。"②冰冷的围墙阻隔了儿童与大自然的天然联系,"圈养"的儿童失却了生命的乐园。成人为儿童创设舒适、温馨的环境无可厚非,但过分追求各式逼真的人造玩具、豪华软包以及造价昂贵的塑胶跑道与人造草坪等奢华的人造环境,却让儿童远离了活生生的自然。"僵死"的人造环境犹如无源之水、无本之木,缺失了自然性、生成性、互动性,即失了灵性,"窒息"着儿童的生命。"一个孩子的世界是新鲜的、美丽的,充满了惊喜与激动。不幸的是,我们大多数人在长大前就失去了清澈的眼神,对美与畏惧的直

---

① [苏]苏霍姆林斯基.育人三部曲[M].毕淑芝,等译.北京:人民教育出版社,2003:33.
② 陈鹤琴.陈鹤琴文集[M].南京:江苏教育出版社,2007:39.

觉渐渐暗淡……现在的孩子所拥有的一切都是人造的,远离我们力量的自然源泉。"①大自然万物生生不息,可以给予儿童生命丰富的滋养。"儿童天生渴望接近大自然"②。幼儿园是儿童的乐园,应是自然生态的、生机勃勃的"百草园"(见图5-7、5-8③),应是儿童乐在其中的"蓝天下的学校":拥有朴素而自然的活动场地、木屑地、草坪沙池、水沟以及花草树木;由原木制作而成的秋千、独木桥、摇马、跷跷板等户外玩具并配有淳朴自然、简简单单的原木家具;任由儿童搬动的轮胎、木板、纸盒、梯子等废旧物品,取放自由、丰富多彩的树根、干草、落叶、枯枝、坚果、贝壳等自然材料……室内布置自然角,室外花坛、菜地、小农场(见图5-9、5-10④、5-11⑤),儿童可以栽培植物,播种各种农作物,观察植物的发芽、长叶、开花、结果(见图5-14、5-15⑥、5-17⑦),亲历播种、养护、收获(见图5-12⑧、5-13、5-16)⑨;饲养金鱼、乌龟(见图5-18、5-19⑩)等小动物,细致地观察春蚕的生长,耐心地给小兔子喂食,细心地照料小鸡⑪……

---

① [美]布鲁克斯.生命之家:蕾切尔·卡逊传[M].叶凡,译.南昌:江西教育出版社.1999:197.
② [印度]泰戈尔.泰戈尔谈教育[M].白开元,译. 北京:商务印书馆,2010:123.
③ 图片来源于山东省潍坊市奎文区实验幼儿园。潍坊市奎文区实验幼儿园的"百草园"里种植了各种蔬菜、花草以及中草药,养殖了小鸡和小兔子,是小朋友们流连忘返的神秘乐园。
④ 图片来源于山东省利津第三幼儿园。开心果园内种植了苹果、梨、山楂、海棠等等水果,生活农场内种植了葱、豆角、黄瓜、西红柿、南瓜、玉米、高粱、黄豆等等蔬菜和农作物,为儿童教育提供了丰富的自然资源。
⑤ 图片来源于江苏省南京市太平巷幼儿园。
⑥ 江苏省南京市太平巷幼儿园小朋友的观察记录。
⑦ 图片来源于南京市太平巷幼儿园。这是两个大班小朋友的"收麦子"和"采摘萝卜籽"活动。
⑧ 图片来源于山东省潍坊市奎文区实验幼儿园。
⑨ 当儿童把一粒种子种入地里,一直渴盼它破土而出。按时浇水,时时关注,首先看到的是稚嫩的幼芽,等它生长变化,开花结果。看到一些植物发芽早些,一些植物发芽晚些;有的长得快些,有的长得慢些……随着观察兴趣的逐渐增长,关心生物的热忱也随之增长,无须教师介入去完成一定行动。那茂盛的枝叶,盛开的花朵,成熟的果实,连着那土里的蚯蚓、叶上的小虫,都是大自然赐给儿童的慷慨礼物。
⑩ 江苏省南京市梅花山庄幼儿园小朋友饲养的小乌龟和观察记录。
⑪ 通过养殖小动物,儿童和动物之间建立了神秘的生命联系,儿童知道了小动物的生命需要依靠他们,否则就会面临危险、甚至死亡,儿童开始感到自己是一个对生命负有责任的人。

图 5-7 百草园

图 5-8 百草园

第五章 儿童的教育是生成的

图 5-9 开心果园

图 5-10 生活农场

图 5-11　小园地

图 5-12　摘菜啦!

图 5-13　收麦子

图 5-14　采摘萝卜籽

图 5-15　发芽了

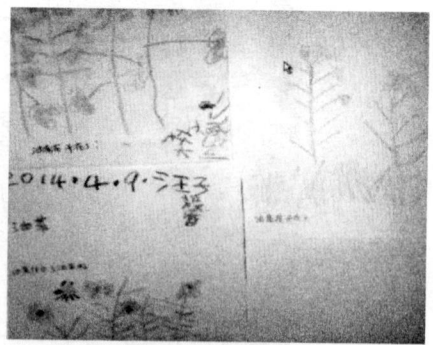
图 5-16　油菜花开了

第五章　儿童的教育是生成的

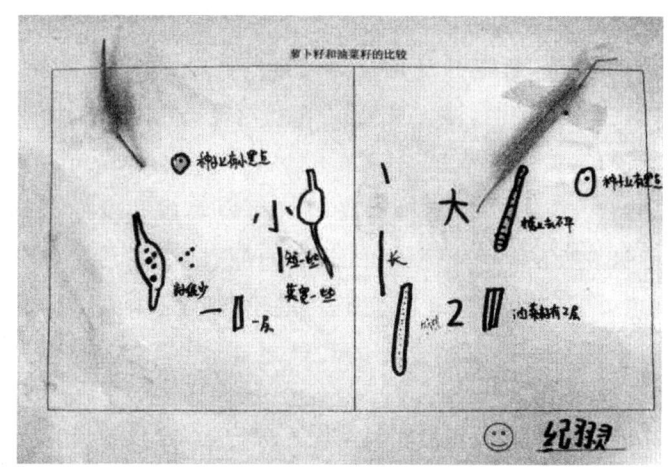

图 5-17　萝卜籽与油菜籽的比较

图 5-18　小乌龟

图 5-19　乌龟喜欢吃什么

在种植、饲养的过程中观察、研究，从园地的栽培管理、动物的饲养中感受日月星辰的变化、听鸟雀鸣虫的歌声，儿童在为大自然的生命发展付出劳动的同时，通过双手和感官，感受到了生物的神奇造化之功（见图 5-20①），获得了大自然的慷慨回报。自然性环境是有生命的生成性环境，也是具有强大引发功能的

---

① 图片来源于山东省潍坊市奎文区实验幼儿园。

互动性环境,可以激发儿童的好奇心(见图5-21①),不仅引发儿童与环境的互动、儿童与材料的互动,更能引发儿童与儿童的互动、儿童与教师的互动。自然性的环境可以解放儿童的眼,激发儿童尽情去发现惊奇;自然性的环境可以解放儿童的耳朵、鼻子,激发儿童尽情去感知玄妙;自然性的环境可以解放儿童的手、脚,激发儿童尽情去探索未知;自然性的环境可以解放儿童的大脑,激发儿童尽情去思考神奇;自然性的环境可以解放儿童的嘴巴,激发儿童去分享表达所见、所闻、所思、所想。"自然之师"让儿童获得的不仅仅是丰富多彩、生动活泼的经验,更多的是在自然之美中所感受到的和谐之美、温馨之美与生命之美。"我们的学校就在蓝天底下,在绿草地上,在大梨树下,在葡萄园里,在牧场上。"②

图5-20 捡蛋　　　　　　　图5-21 "哇!牛奶!"

下雪了③

下雪了,孩子们发出惊喜的喊叫,迫不及待地跑到院子里,在雪地里奔跑,一把一把地抓雪,追逐、嬉闹着打雪仗,几个孩子将雪球越滚越大……孩子们以这种活泼喧闹的方式来表达着自己的激动。

---

① 图片来源于山东省潍坊市奎文区实验幼儿园。潍坊市奎文区实验幼儿园种植活动记录(罗玉霞):在园艺师傅指导下,小朋友把种植地整成沟陇,然后将水引入沟陇,清澈的水流到沟陇里竟然泛起了白色的泡泡。童童惊奇地说:"哇,牛奶!"然然说:"不对!不对!是咖啡!"为什么清澈的水浇到泥土里起了这么多白色的泡泡?小朋友们争论不休,引发了教师、家长、幼儿一系列的实验探究活动。
② [苏]苏霍姆林斯基.育人三部曲[M].毕淑芝,等译.北京:人民教育出版社,2003:30.
③ 案例来源于山东省潍坊市奎文区实验幼儿园活动实录。

图 5-22 打雪仗

图 5-23 玩雪

图 5-24 滚雪球

养蚕记[①]

一个小朋友带来了蚕宝宝,立即引起了其他小朋友们的兴致,由此引发了主

---

① 案例来源于江苏省南京市梅花山庄幼儿园活动实录。

题活动《养蚕记》。主题活动包含"迎接蚕宝宝""蚕宝宝长大了""蚕宝宝吐丝了"三个次级主题活动。伴随蚕宝宝的生命变化，小朋友们细心观察，精心饲养，不断发现奇迹，每一个幼儿都成了研究者、发现者、探索者。

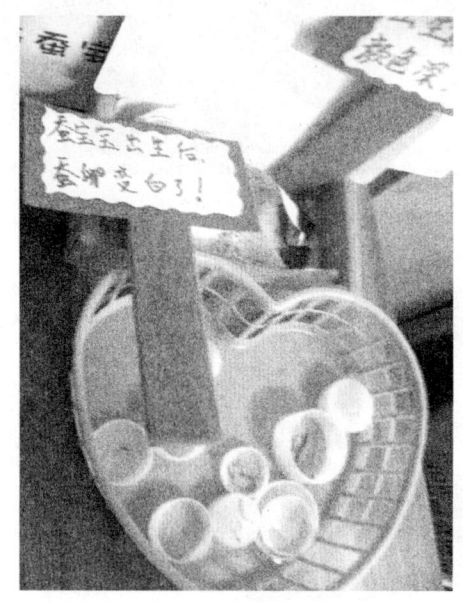

图 5-25　刚刚出生的蚕宝宝

图 5-26　刷蚕羽毛

图 5-27　小蚕宝宝

图 5-28　蚕宝宝吃桑叶

第五章 儿童的教育是生成的

图 5-29 小朋友们的蚕宝宝

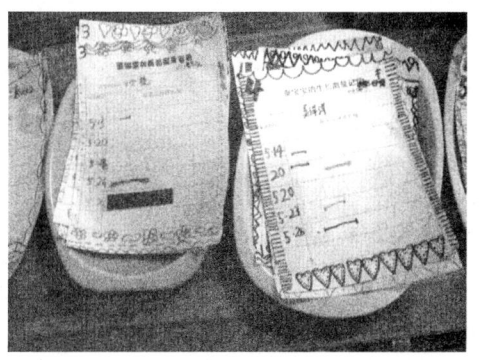
图 5-30 蚕宝宝的测量记录

图 5-31 蚕宝宝上山了

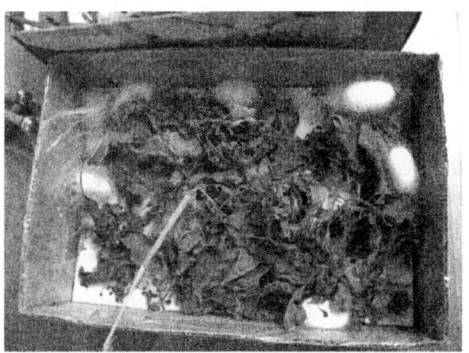
图 5-32 蚕宝宝结茧了

（二）互动性环境

环境既是教育的背景,也是教育的手段,同时又是教育自身。"我们重视环境,因为环境有能力去组织、提升不同年龄者之间的愉悦关系,创造出美好的环境，提供变化，让选择和活动更臻完善，而且环境的潜能可以激发社会、情意和认知方面的种种学习，这些皆对幼儿的福祉及安全感有所助益。我们也认为环境必须是一个水族箱，可以映照出想法、价值、态度以及身处在其中的人们的文化。"①为儿童创设的环境应具备认知激发性和认知指导性，能够影响与暗示儿童的行动，引发儿童做出符合教育目的与要求的行为。"环境被认为是班级的'第三位教师'。为了胜任幼儿的教师，环境必须具有弹性：它必须让幼儿与教师不断地进行修正，以便维持符合时代的潮流，并回应幼儿与教师们的需要，让他们能成为建构自己知识的主角；而且所有学校里的事物以及所使用的物品、材料以及器材不应被视为是被动的物质，相反的，是靠着幼儿与成人积极主导而成的有意义的情境。"②环境是课程设计和实施的要素，教师应依据教育目标和儿童身心发展特点，对环境进行规划、设计和营造，布置儿童的生活、学习及游戏空间，赋予环境以教育功能，使环境成为内容丰富、生动形象、富有生命力的活教材，发挥"第三位教师"的引导教育功能。因此，环境创设应强调环境的引导性、支持性、启发性和丰富性，儿童和环境的相互作用应形成动态的、能诱发儿童主动发展的氛围。教师必须带着明确的目标准备环境，将周围的人际因素和物质条件精心地加以组织，让环境中的一切负载教育信息。环境中所提供的信息刺激无论是形式上还是内容上，不仅要能引起儿童观察，还要能诱发儿童利用这些信息进行积极思考和探索，引导儿童的行为和发展。

  首先，环境中的材料投放应具有多变性和挑战性，以激发儿童主动探究的欲望。活动材料是儿童活动的物质载体，是儿童发展的媒介，具有教育暗示性的作用，一定程度上决定了活动方式、活动品质与活动水平。活动材料的投放，要根据教育目标和本班儿童的身心发展水平、兴趣和发展需要，精心设计并慎重选择，注意材料的目标性、丰富性、开放性、层次性、多样性，便于儿童操作和自由选择，激发儿童积极主动地与活动材料发生互动，进行大胆探索。在提供活动材料

---

① [美]爱德华兹等.儿童的一百种语言[M].罗雅芬，等译.南京：南京师范大学出版社，2006：173.

② [美]爱德华兹等.儿童的一百种语言[M].罗雅芬，等译.南京：南京师范大学出版社，2006：172.

时,应关注儿童的年龄特点和个别差异,提供具有多层次操作水平的原材料、半成品材料和成品材料,体现年龄纬度上的多层次性和儿童能力发展需求的多层次性,做到有的放矢,具有针对性和计划性,吸引不同发展水平的儿童参与活动。自然材料和半成品材料简单、多变、可替代,具有一定的挑战性,能够引发儿童的思考和探究,可以为儿童提供以多种方式作用于同一材料和以同一方式作用于多种材料的机会,在操作、转换和组合各种材料中,引发儿童的高品质操作和探究。教师应及时观察、分析儿童在各个领域的发展情况,充分地了解每个儿童的发展水平,为低龄儿童提供成品材料和半成品材料;随着年龄的增长,逐步增加半成品材料和低结构材料,并以自然材料和半成品材料为主。① 同时,活动材料应保持动态性,依据儿童的兴趣和需要以及不同教学内容、经验层次及时调整、补充、变换与之相应的材料,以保持活动材料的新鲜感和探究性,引发、支持儿童与活动材料的积极互动。

其次,环境应具有相关性与互动性。环境创设应与儿童身心发展的年龄特点和发展需要相适宜,尊重儿童的年龄特征与兴趣爱好,环境创设的内容、形式和材料投放都要体现层次性、递进性和适宜性,其难度分布在小、中、大年龄班呈螺旋形连续上升状态。各年龄班之间应有承上启下的过渡联系,体现年龄相关性,以满足不同年龄阶段儿童的需要。环境布置应既有相对的区间独立性,又关注区间的相关性与互动性。儿童不仅可以自由选择材料与活动内容,与环境中的各种设施材料交流,而且能够与环境中的人(教师和同伴)进行自由交往,让环境为儿童的交往服务。应将引起儿童相互经验的各种因素结合在一起,使不同的区域环境发生联系,促进环境间的互动、交流,以利于儿童活动的引发与拓展,丰富儿童的多方面经验,并感受这些经验之间的密切联系,帮助儿童建构经验体系。

最后,环境还应具有生成性。环境是儿童与儿童、儿童与成人、儿童与物之

---

① 积极鼓励儿童、家长参与活动材料的收集和制作,慧眼发现、利用大自然的材料和日用物品的教育价值,将一些自然物(如树枝、麦秆、稻草、卵石、沙子、小草、树叶等)和简单的废旧日用物品(如塑料瓶、空盒子、纸箱、轮胎、靠垫等)纳为活动材料,以丰富活动内容,为儿童提供更为广阔的参与空间和发展契机。

间互动的关键性媒介，也是课程实施的关键性平台。只有当环境具有足够的丰富性、开放性、疑问性与启发性时，才能促成儿童与环境的互动。生成性的环境富有激发性，有利于儿童兴趣的激发、探索欲望的增强以及儿童与教师、儿童与同伴之间互动积极性的提高。儿童来自不同的家庭，有着不同的生活经历，其兴趣、经验各不相同，因此呈现出与环境互动的多样性。儿童通过与丰富多彩的环境互动，不仅能发现许多有趣的现象，也会对各种各样的新鲜事物产生疑问，引发探索点，有利于教师捕捉教育契机，生成课程。课程生成于特定的环境，是一个系列化、连续性的探究活动，需要一种既稳定又不断发展变化的环境来支持。因此，环境也应随着课程的开展而不断地生成、变化着，变静态的环境为动态的环境。生成化的环境意味着环境信息应随着活动的开展而随时补充和调整，以保持环境的激发性、指导性与支持性，激发儿童与环境"对话"，引发课程与环境的积极互生（见图5-33、5-34①）。课程生成于儿童与周围环境的互动，它的进行需要特定环境的支持，只有依靠环境才能更深入、更具体地开展。环境创生着课程的同时，环境也必须持续支持着课程。在课程进行中需要不断更新环境，让环境生成化，以利于课程的不断延伸。随着主题活动的开展和深入，环境的创设也需不断丰富和充实，生成中的环境也会不断激发、支持、承载教育活动的深入展开。教师需要发挥环境的激发、过渡、承载以及成果展示功能：活动前的激发性环境，激发儿童的学习兴趣，起过渡、引发活动的作用；活动中的支持性环境——活动的一部分，实现活动目标的载体，起支持性作用；活动后的展示性环境——活动成果展示，也是下一个活动的资源准备。环境随着主题的开展而展开，随着主题的深入而丰富，随着主题的变化而变化，与主题相伴相生。环境是课程的鲜活生命体，环境的变化与发展反映儿童积极、主动建构经验的过程。环境中的每一个空间、每一个区域、墙饰中的每一个细节都围绕"儿童近期最感兴趣的话题"而连贯一致，每一个部分都有它产生的意义和反映的故事，记录着课

---

① 图片来源于南京市太平巷幼儿园。春天，老师和小朋友一起种下了南瓜。南瓜长势很好，郁郁葱葱，结了两个大大的南瓜。教师经常带小朋友来观察南瓜。看到自己的劳动果实，小朋友非常开心。只有长长的南瓜吗？针对幼儿的疑问，教师组织了主题活动《南瓜》，收集到了各式各样的南瓜，进行了系列主题活动。

程进展的轨迹，呈现着儿童经验的提升。

图 5-33　我们种的南瓜

图 5-34　各式各样的南瓜

中国茶①

教师在组织幼儿春游时，小朋友们看到了在茶园采茶的工人，由此引发了一系列问题："为什么喝的茶和这茶叶不一样？""茶叶怎么长在树上？""茶树为什么这么矮？""绿色的茶叶怎么变成我们喝的茶的？""茶树开花吗？""茶树上有虫子吗？"

图5-35　春游时我们的问题

基于幼儿的问题，生成主题活动《中国茶》。教师收集了各式茶具、茶品，组织了园外的茶园采茶、茶场参观炒茶等活动，组织了园内品茶、读茶、看茶、画茶、种茶等活动。教师通过环境创设，引发幼儿的活动，幼儿的活动也在不断丰富着环境，活动室成了茶艺室。

---

① 江苏省南京市梅花山庄幼儿园活动实录。

第五章 儿童的教育是生成的

图 5-36 茶园采茶

图 5-37 茶场参观炒茶

图 5-38　给客人老师泡一杯枸杞茶

图 5-39　制作茶具

图 5-40 茶艺

图 5-41 制作《茶》绘本

图 5-42 采茶姑娘

图 5-43 茶叶博物馆

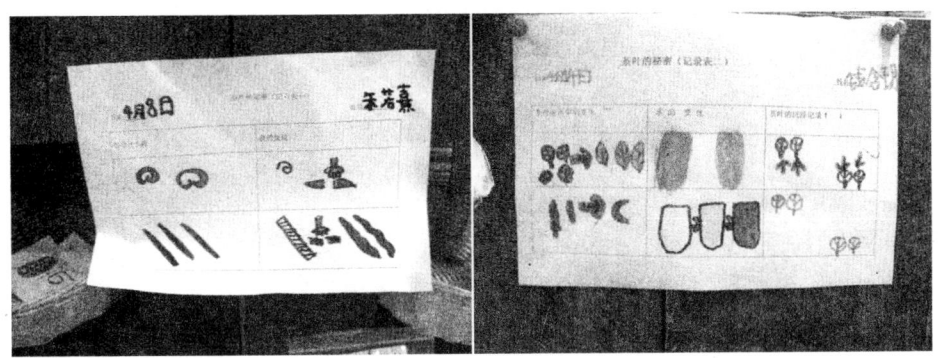

图 5-44 茶叶的秘密

环境的支持与介入,实现了儿童与儿童、儿童与教师以及儿童与物之间的积极互动。当环境的每一个细节都较好地体现着教育理念与目标时,环境就是课程,环境就是老师。环境作为"第三位教师",勤奋而自然地履行着"教师"的职责,为教育提供丰富的资源。"大自然大社会是我们的活教材。"[1]"大自然固然是我们的知识的宝库,是我们的活教材,活教师,我们应当向它领教,向它探讨。大社会何尝不是我们生活的宝库,何尝不是我们的活教材,我们的活教师呢?"[2]"这种教学,教师教起来,多么生动,多么深刻;学生学起来,多么兴奋,多么兴趣。"[3]一个和谐而富有活力的环境系统应该可以点燃儿童最大的激情,不断激发儿童的感受、思考和行为,持续生成教育活动,反映出深思熟虑后所做的一连串智慧选择。自然性、生成性的环境才是"真"环境,自然性、生成性的环境才是"活"环境;"活化"了的环境才是"美"环境;"活化"为"第三位教师"的环境才是"真""美"的教育环境;"真""美"的"活"环境才是一个有教育内涵、包含教育信息、充满各种刺激、能促进交互性体验和建构性学习的环境,洋溢着对美、和谐和自由、快乐的关注,达到一种"墙壁会说话"[4]的境界。"教育者的主要责任是不仅要通晓环

---

[1] 陈鹤琴.陈鹤琴文集[M].陈秀云,陈一飞,编.南京:江苏教育出版社,2008:451.
[2] 陈鹤琴.陈鹤琴文集[M].陈秀云,陈一飞,编.南京:江苏教育出版社,2008:453.
[3] 陈鹤琴.陈鹤琴文集[M].陈秀云,陈一飞,编.南京:江苏教育出版社,2008:453.
[4] [美]爱德华兹等.儿童的一百种语言[M].罗雅芬,等译.南京:南京师范大学出版社,2006:171.

境条件所形成的实际经验的一般原则,而且也要认识到实际上哪些环境有利于引导生长的经验。最为重要的是,他们应当知道怎样利用现有的自然和社会的环境,并从中抽取一切有利于建立有价值的经验的东西。"①

三、问题探究性活动

有机体与环境永远处于相互作用之中,活动是这种相互作用的综合动力表现。活动是有机体为改变环境条件以及自己在其中的状态而指向外界的一切动作,是生命进化的原动力。"学习是通过学生的主动行为而发生的;他学到什么取决于他做了什么,而不是教师做了什么。"②皮亚杰认为,人的认识产生于个体与环境的相互作用的过程中,而这种个体与环境的相互作用,就是活动。"生长不是从外面加到活动的东西,而是活动自己做的东西。"③"活动就是教育"。④"直接经验既由于活动,那么活动的结果就是教育的结果。"⑤活动是一个连续的过程,这个过程比起始和结束更为重要。有利于促进儿童发展的活动具有以下特征:它是一个延续的过程,不是一个单独的动作;它具有一种"动"量,表现在能排除干扰、坚持到底、直到活动完成;在时间上,跨越当前行动的边界,延伸到过去或将来;有预定的目标和达到目标的行动;能联系不在眼前直接环境中的人、事、物;有一定的人际交往,能与别人共同活动。⑥"幼儿园的教育活动应是有目的、有计划引导幼儿生动、活泼、主动活动的,多种形式的教育过程。"⑦"幼儿园的

---

① [美]杜威.我们怎样思维·经验与教育[M].姜文闵,译.北京:人民教育出版社,1991:264—265.
② [美]泰勒.课程与教学的基本原理[M].罗康,张阅,译.北京:中国轻工业出版社,2008:55.
③ [美]杜威.民主主义与教育[M].王承绪,译.北京:人民教育出版社,2001:50.
④ 张雪门.张雪门幼儿教育文集[M].戴自俺,主编.北京:北京少年儿童出版社,1994:788.
⑤ 张雪门.张雪门幼儿教育文集[M].戴自俺,主编.北京:北京少年儿童出版社,1994:788.
⑥ 虞永平.学前教育学[M].南京:江苏教育出版社,1996:54—55.
⑦ 中华人民共和国教育部.幼儿园工作规程[M].北京:首都师范大学出版社,2016.

教育活动是多种内容、多种形式的教育过程。幼儿园一日生活中的各种活动,是向幼儿进行体、智、德、美全面发展的教育的基本途径。"①儿童的一日活动包括生活活动、区域(游戏)活动、集体教学活动,儿童的身心发展特点决定了儿童教育必须寓教育于一日活动之中。"哪里有生活,哪里就已经有热切的和激动的活动。"②幼儿园教育应"以游戏为基本活动,寓教育于各项活动之中"③。"学校所以采取游戏和主动的作业,并在课程中占一明确的位置,是理智方面和社会方面的原因,并非临时的权宜之计和片刻的愉快惬意。没有一些游戏和工作,就不可能有正常的有效的学习……游戏和工作完全和认识的第一阶段特征相应。……这一阶段认知的特征是学习怎样做事和熟悉所做的事情和过程。"④"儿童思维的结构变化是按照一种不变的连续的顺序和不变的年龄顺序由内部决定的,每一阶段在确定的时刻到来,并在儿童的生活中占有一个明确的时期。……教师试图加速学生的发展,这只是浪费时间和精力。问题只在于发现符合每个阶段的知识并用有关阶段的心理结构所能同化的方式教给学生。"⑤因此,"活"化活动,赋予活动以生机,便是赋予了儿童教育以生命。

(一) 转换经验

杜威强调,教育是遵循儿童本能发展及获取经验的自然进程。"学生的教材和成人的公式化、定型化和系统化的教材即书本中和艺术作品中的教材是不一致的,也不能一致。成人的材料是学生的材料的可能性,而不是学生的材料的现状。成人的材料直接成为专家和教师活动的一部分,而不成为初学者和学生的活动的一部分。"⑥因此,"当教师从事直接的教学活动时,他需要精通教材;他的

---

① 中华人民共和国教育部.幼儿园教育指导纲要(试行)[M].北京:北京师范大学出版社,2001.
② [美]杜威.民主主义与教育[M].王承绪,译.北京:人民教育出版社,2001:50.
③ 中华人民共和国教育部.幼儿园工作规程[M].北京:首都师范大学出版社,2016.
④ [美]杜威.民主主义与教育[M].王承绪,译.北京:人民教育出版社,2001:212.
⑤ [瑞士]皮亚杰.皮亚杰教育论著选[M].卢濬,选译.北京:人民教育出版社,1990:61.
⑥ [美]杜威.民主主义与教育[M].王承绪,译.北京:人民教育出版社,2001:199.

注意力应该集中在学生的态度和学生的反应上。教师的任务,在于理解学生和教材的相互影响。"①"教师不应注意教材本身,而应注意教材和学生当前的需要和能力之间的相互作用。"②教师应"发现介于儿童现在的经验和这些科目的更为丰富和成熟的东西之间的各个步骤"③,"把各门学科的教材或知识各部分恢复到它所被抽象出来的原来的经验。依照儿童经验生长的实际情况,还原为直接的和个人的经验"④。

作为教师,必须先熟悉以间接经验为表现形式的系统教材,然后将之心理化,转化为儿童可以感知理解的直接经验,再引导儿童通过组织原则达到较系统的认识,这个过程是从间接经验到直接经验再到间接经验的过程。这便是知识的解构与建构的过程,通过这个过程实现经验的二次转换。第一次转换:间接经验转换为直接经验。教师解构间接经验,创设情境,将系统的、抽象的知识还原为具体情境中的可直接感受的经验,组织儿童通过活动感知——在做中学,引导儿童获得直接经验。在此基础上,教师帮助儿童分析、概括、提升直接经验,将具体情境中的知识迁移到高弹性的一般情境中,帮助儿童将零散的、感性的直接经验系统化,完成经验的第二次转换——直接经验转换为间接经验,这便是知识建构的过程。通过知识的解构与建构过程,实现经验的转化和知识的转换,完成知识的传承,实现教育的目的。

"经验首先是做的事情。"⑤"人们最初的认识,最根深蒂固地保持的知识,是关于怎样做的知识。"⑥"如果承认教材的自然的发展进程,就总是从包含着做中学的那些情境开始。"⑦杜威将"逻辑的"和"心理的"二者之间的对立辩证地统一起来,并在儿童的做中学活动中找到了二者的契合点,"体现典型情境的游戏和

---

① [美]杜威.民主主义与教育[M].王承绪,译.北京:人民教育出版社,2001:199.

② [美]杜威.民主主义与教育[M].王承绪,译.北京:人民教育出版社,2001:200.

③ John Dewey. The Child and the Curriculum. Chicago: The University of Chicago Press, 1956:11.

④ John Dewey. The Child and the Curriculum. Chicago: The University of Chicago Press, 1956:22.

⑤ [美]杜威.哲学的改造[M].许崇清,译.北京:商务印书馆,1997:46.

⑥ [美]杜威.民主主义与教育[M].王承绪,译.北京:人民教育出版社,2001:201.

⑦ [美]杜威.民主主义与教育[M].王承绪,译.北京:人民教育出版社,2001:201.

主动作业,可以提供现实性或欣赏的背景"①。知识的获得方式是经历和行动,知识的呈现和接受形式是经验。只有将概括化、系统化、体系化的成人型知识转化为具体的、生动的、形象的情境性经验,利用真实的或者模拟的情境境脉,引导儿童在活动中感知、操作、交往、协商、体验,帮助儿童理解经验、转化经验、建构经验,实现经验的转换,才能真正实现"逻辑的"(系统知识)与"心理的"(儿童已有经验)的统一。

(二) 生成情境

"发展中的经验就是思维。思维的开始阶段就是经验。"②"持久地改进教学方法和学习方法的唯一直接途径,在于把注意集中在严格要求思维、促进思维和检验思维的种种条件上。思维就是明智的学习方法,这种学习要使用心智,也使心智获得酬报。"③"思维是由直接经验的情境引起的……在每种情况下,都是由实际经历着的情境的性质引起了人们的探究和反省活动。……思维不单是从情境中产生出来的,它还回到情境中去。思维的目的和结果是由产生思维的情境决定的。"④"一切知识都是一个人在特定时间和特定地点获得的。"⑤知识具有情境性,儿童的经验来源于具体情境中的活动。"学习是情境性活动,没有一种活动不是情境性的。"⑥"但是我们一般并没有尽很大努力使学生在有意义的情境中学习,在这种情境中,他自己的活动能产生观念,证实观念,坚守观念——即觉察到事物的意义或联系。"⑦杜威提出,"我们主张必须有一个实际的经验情境作为思维的开始阶段。……情境应该具有引起思维的性质"⑧。因此,杜威强调教学

---

① [美]杜威.民主主义与教育[M].王承绪,译.北京:人民教育出版社,2001:251.
② [美]杜威.民主主义与教育[M].王承绪,译.北京:人民教育出版社,2001:168.
③ [美]杜威.民主主义与教育[M].王承绪,译.北京:人民教育出版社,2001:167.
④ [美]杜威.我们怎样思维·经验与教育[M].姜文闵,译.北京:人民教育出版社,2005:87.
⑤ [美]杜威.民主主义与教育[M].王承绪,译.北京:人民教育出版社,2001:119.
⑥ [美]莱夫等.情境学习:合法的边缘性参与[M].王文静,译.上海:华东师范大学出版社,2004:34.
⑦ [美]杜威.民主主义与教育[M].王承绪,译.北京:人民教育出版社,2001:175.
⑧ [美]杜威.民主主义与教育[M].王承绪,译.北京:人民教育出版社,2001:168—169.

的第一步应是"儿童要有一个真实的经验情境——要有一个对活动本身感到兴趣的连续的活动"①。

教师基于儿童的最近发展区,将教学内容转化—恢复到它所被抽象出来的原来的经验,将概括化的间接经验还原为情境性的直接经验,生成富有意义的经验情境。丰富的情境与经验被应用的实际情境相联系的程度越高,其意义也就越大。情境可以是自然真实的,也可以是虚拟的,能够反映经验在真实生活中的应用方式,并规定信息的复杂程度以维持儿童的好奇心和坚持性,并且是能为儿童提供丰富信息源的"情境场",从而支持儿童的自主探索。有意义的经验"情境场"应是:情境隐含儿童当前最需要的经验,活动过程需要儿童付出努力,能使儿童体验到挑战感;与真实情境相似,或者就是真实的生活情境,为儿童熟悉;情境是动态的、关联的,富含有利于达成活动目标的相关材料,有与活动相适应的规则,人与人之间、人与物之间存在明显的或隐藏的联系。

情境为儿童的活动提供背景与支撑,复合而丰富的情境也更有利于经验的迁移。经验迁移的产生依赖于两个迁移情境之间联系的建立,教师要帮助儿童建立起新情境与熟悉情境之间的联系,使具体情境中的经验能在真实生活情境中运用,并能使经验在各种真实情境中成功迁移,进而运用经验解决现实中的真实问题。教师要为儿童创造机会去完成经验的迁移,在此过程中,要求儿童自己生成问题、识别问题、发现问题进而解决问题,让儿童进行一段时间的持续调查与研究,为儿童提供从无关信息中识别、发现有意义信息的机会,实现经验的有效迁移。经验的迁移自然地形成了经验的系统化,由具体情境中的直接经验转换为一般情境中的间接经验,完成了经验的提升与知识的转换,从而实现了"心理的"(儿童已有经验)与"逻辑的"(系统知识)统整。"通过经验的生长,使教材的扩充和组织有次序地发展。"②

"思维就是有教育意义的经验的方法。因此,教学法的要素和思维的要素是相同的。这些要素是:第一,学生要有一个真实的经验的情境——要有一个对活动本身感兴趣的连续的活动;第二,在这个情境内部产生一个真实的问题,作为

---

① [美]杜威.民主主义与教育[M].王承绪,译.北京:人民教育出版社,2001:179.
② [美]杜威.我们怎样思维·经验与教育[M].姜文闵,译.北京:人民教育出版社,2005:285.

思维的刺激物;第三,他要占有知识资料,从事必要的观察,对付这个问题;第四,他必须负责有条不紊地展开他所想出的解决问题的方法;第五,他要有机会和需要通过应用检验他的观念,使这些观念意义明确,并且让他自己发现他们是否有效。"①

(三) 探究问题

"一个问题就是一种求知欲望[用勒温(K. Lewin)的术语说就是'准需求']。像其他欲望一样,它假定了有某种能使它满足的东西存在。在有问题的场合,能使它满足的就是这个问题的答案。就如一切欲望能激起探寻满足它的手段的想象力,而它自己又在运用已经酝酿起来的想象力时受到进一步的激发一样,我们也在对一个问题发生兴趣的时候开始寻思解决它的可能的答案,并在思考的过程中变得对这个问题更加投入了。"②求知具有内在的美,儿童对问题的探究正是对这种美的追求。儿童取得一个发现时的激动之情是一种求知热情,这种求知热情是儿童探索的有效支持和向导,能使儿童持之以恒地进行辛勤的追踪求索,求知热情因其成就而经久不衰。"对一个问题深度的执着将引起情绪紧张,而从这种紧张的释放中做出的发现却是一大快事。"③"任何东西,其本身并不是一个问题或发现;它之所以成为问题只是因为它迷惑和困扰着某个人,而它之所以成为发现只是因为它把某个人从一个问题的重负中解脱出来。"④"事实上,沉迷于自己的问题是一切创造力的源泉。"⑤为儿童创设能激发思维与求知热情的问题情境,是"活"化活动的重要方式。在人类灵魂深处,有一种要探索情境的欲望和

---

① [美]杜威.民主主义与教育[M].王承绪,译.北京:人民教育出版社,2001:179.
② [英]波兰尼.个人知识——迈向后批判哲学[M].许泽民,译.贵阳:贵州人民出版社,2000:192.
③ [英]波兰尼.个人知识——迈向后批判哲学[M].许泽民,译.贵阳:贵州人民出版社,2000:184.
④ [英]波兰尼.个人知识——迈向后批判哲学[M].许泽民,译.贵阳:贵州人民出版社,2000:185.
⑤ [英]波兰尼.个人知识——迈向后批判哲学[M].许泽民,译.贵阳:贵州人民出版社,2000:193.

渴求,正是这种欲望和渴求促使个体了解什么是真正的问题情境。"只有当他亲身考虑问题的种种条件,寻求解决问题的方法时,才算真正在思维。"①问题是儿童求知的动力。因此,基于问题的活动才是富有生机和活力的活动,具有激发性、持续性、生成性和教育性。

基于问题的活动是指在教育过程中,生成有意义的问题情境,让儿童在问题情境中发现问题、生成问题,通过与教师、同伴合作解决问题,主动建构与问题相关的经验、掌握解决各种问题的技能,形成自主学习的能力,为经验的各类迁移创造条件。"在学生正获得解决问题的最初经验时,有必要构建某种情境,以使他按照一般的顺序理解并遵循思维的步骤。这种顺序可能包括以下步骤:(a)觉察到一个目前无法解决的困难或问题;(b)通过分析更清楚地确认该问题;(c)收集相关事实;(d)提出有可能的假设,即对该问题提出各种可能的解释或可选择的解决方法;(e)以合适的方法检验这些假设;(f)得出结论,即解决问题。……很显然,学生应该在自己解决问题的经验中学会思考。"②这是问题解决流程,也是儿童活动的认知地图。创设问题情境,将儿童暴露于自然的问题情境中,儿童成为问题的生成者与问题的解决者。"困难是引起思维的不可缺少的刺激物,但并不是所有困难都能引起思维……困难的情境必须和学生曾经对付过的情境有足够相似之处,使学生对处理这个情境的方法有一定的控制能力。"③这需要教师全面把握教学内容,基于儿童的身心发展特点和最近发展区,设置问题情境,帮助儿童发现问题、生成问题。"教学的艺术,大部分在于使新问题的困难程度大到足以激发思想,小到加上新奇因素自然地带来的疑难,足以使学生得到一些富于启发性的立足点,从此产生有助于解决问题的建议。"④"当学生遇到无法立即回答的问题时,他们更有可能被引导进行各种类型的思维。这表明发展思维的学习经验会利用各种不同的问题——这些问题对学生而言是现实的,这样能激发他们的反应。此外,这些问题,还不应是在教科书或其他一些参考资料中能立

---

① [美]杜威.民主主义与教育[M].王承绪,译.北京:人民教育出版社,2001:175.
② [美]泰勒.课程与教学的基本原理[M].罗康,张阅,译.北京:中国轻工业出版社,2008:61.
③ [美]杜威.民主主义与教育[M].王承绪,译.北京:人民教育出版社,2001:172.
④ [美]杜威.民主主义与教育[M].王承绪,译.北京:人民教育出版社,2001:172.

即找到答案的问题。这些问题,应该是那种学生为获得任何解决方法,必须将各种不同的事实和观念联系起来的问题。而且,这些问题必须经常会在生活的环境中产生。这样就更可能使学生把它当成值得努力去解决的现实问题。"①

"既然思维发生的情境是一个可疑的情境,所以,思维乃是一个探究的过程,一个观察事物的过程和一个调查研究的过程。在这个过程中,获得结果总是次要的,它是探究行动的手段。"②基于问题的儿童活动过程,是一个持续性探究过程,也是一个认知探险过程。教师必须协助儿童设立或发现情境中的问题,激发儿童参与问题的探索。儿童试图解决呈现在他们面前的问题,心智经验不断接受挑战,产生认知冲突。"生命系统与其环境保持着平衡。用皮亚杰著名的话来说,它们'同化且顺应'环境。进一步的同化和顺应因克服问题或干扰的需要而产生。是问题和干扰促使这些系统开展工作,发挥作用。……开放系统实际上需要问题和干扰的刺激以便运行。甚至更进一步来说,尽管系统试图通过微小的顺应和同化来保持平衡,但总会出现那么一个时刻,一个门槛或分叉处,干扰变得如此巨大以致于整个系统必须重新组织,从而'在更大环境的新背景中生发形成性特点'。在此形成性是指在较低水平上不能发挥作用的特点在更高水平上的突然出现和发展。"③基于问题解决的活动使儿童更主动、更广泛、更深入地激活自己的原有经验,理解分析当前的问题情境,通过积极的分析、推论活动生成新的理解、新的假设。而这些观念的合理性和有效性又在问题解决过程中自然地得以检验,其结果可能是对原有经验的丰富、充实,也可能是对原有知识经验的调整、重构。教师应引导儿童联系已知资料,但不是盯着资料本身,而是把它们当作通向未知事物的线索,当作通向未知事物的指针和构成未知事物的部件。"我们应该持之以恒地摸索着通向理解之路,要弄清这些已知的细节是如何互相联系在一起、与未知的东西联系在一起的。靠着这些前兆,我们坚定了那未知的东西的确存在的信心:它的存在主要决定于有关它的已知资料;它能够满足

---

① [美]泰勒.课程与教学的基本原理[M].罗康,张阅,译.北京:中国轻工业出版社,2008:60.
② [美]杜威.民主主义与教育[M].王承绪,译.北京:人民教育出版社,2001:162.
③ [美]多尔.后现代课程观[M].王红宇,译.北京:教育科学出版社,2000:92.

由问题向它提出来的所有要求。"①寻找问题的答案就在于怀揣这一目的四处探索,在寻找问题答案的探索中不断激发出儿童的种种启发力和创新力。

在共同探究过程中,教师提供多元的选择、建设性的想法以及支持的环境,儿童随时准备好提供想法、建议、问题、线索以及遵循的路径。教师"要懂得如何支持儿童的行动,在多大程度上屈从他们的行动,又该如何指导他们的行动,这是一种高贵的精神的标志,也是一种坚毅的精神的结果"②。倾听意味着对儿童的全面关注,通过一种警觉性、启示性的倾听,以及对儿童交流中共同行动、共同建构经验得到启发,去引起发现的机会,进行持续不断的挑战和探究。"我们对儿童的期望必须具有弹性且多变,我们也必须和孩童一样,能够感受到惊奇与欢乐。我们必须能够接住孩子丢给我们的球,并以一种让孩子想继续与我们玩、进行时有可能渐渐发展出其他游戏的方式,把球抛回孩子。"③教师与儿童时常有些"异想天开"的妙举与出乎意料的即兴表演,活动随时间的推移越来越丰富。活动的持续以儿童的问题、意见和兴趣为归依,活动的进展是师生互动、生成的结果,师生在活动进程中一直处于备战状态并保持高度期待。儿童与教师共同深入且详细地探索,经历"探险"活动,让发现一个接着一个继续下去,不断建构连续性活动。"与幼儿一起共事,是三分之一的确定以及三分之二的不确定和新事物。三分之一的确定让我们了解而且也帮助我们去了解,我们想探讨学习本身是否有其变迁、时间与场合。"④在活动的连续性螺旋式转换中,教育成为一种过程——不是传递所知道的而是探索所不知道的认知探险过程,而且通过探险,师生共同经历惊喜与收获。师生共同参与探究,探究儿童所正体验的一切。值得注意的是,教师必须给儿童提供必要的帮助,随时提供鹰架辅助他们,使他们不致于独自摸索、盲目前进。"教师必须像火焰一样用它的温暖去振奋、活跃和鼓

---

① [英]波兰尼.个人知识——迈向后批判哲学[M].许泽民,译.贵阳:贵州人民出版社,2000:194.

② 吴元训选编.中世纪教育文选[M].北京:人民教育出版社,2005:405.

③ [美]爱德华兹等.儿童的一百种语言[M].罗雅芬,等译.南京:南京师范大学出版社,2006:217.

④ [美]爱德华兹等.儿童的一百种语言[M].罗雅芬,等译.南京:南京师范大学出版社,2006:87.

舞所有儿童。"①

　　"较成功的资源单元是围绕问题来组织的。"②基于问题的探究活动具有激发性、连续性、开放性、整合性特点。在问题解决过程中,整个探究过程是一个活动为下一个活动作准备并发起下一个活动的生态继续,这一过程的开放性在于对下一个活动的发起;每一完成的活动都可以作为一个新的起点,作为新的和开放的"目标"的跳板;当前与环境中问题之间的对话决定着正在形成的下一个活动,这一形成性的过程是被决定的但无法对此予以预测,具有丰富的生成潜能。"如杜威所指出的,每一个终点就是一个新的起点,每一个起点来自于前一个终点。"③在不断呈现的问题情境中,儿童不断面临挑战,需要的不只是识记,还包括探究、操作、比较、交往等多种活动,以利于目标的整合、内容的整合、资源的整合以及方法、形式及手段的整合,从而实现幼儿发展的整合。在儿童的问题解决过程中,常常是一个个激动人心的戏剧性场面。情境的感知、问题的提出直至问题的解决,每一项活动不是随便出现的,更不是零碎的、偶发事件的连续,是不断审视问题情境的连续性思维过程,这种问题解决的思维过程表现出经验的生成性、连续性与发展的前后一贯性。儿童成长的过程是自我实现和自我创造的连续经验过程,在活动中,儿童不断体验着自我生命成长的力量。儿童的活动不仅是儿童生命成长的动力,活动本身也承载着生命的意义、尊严和权利。"从行动中所得的认识,才是真实的知识;从行动中所发生的困难,才是真实的问题;从行动中所获得的胜利,才是真实的驾驭环境的能力。"④陈鹤琴为儿童教育提出了行动原则:"做中教,做中学,做中求进步。"⑤

---

① [意]蒙台梭利.蒙台梭利幼儿教育科学方法[M].任代文,主译校.北京:人民教育出版社,2001:601.
② [美]泰勒.课程与教学的基本原理[M].罗康,张阅,译.北京:中国轻工业出版社,2008:92.
③ [美]多尔.后现代课程观[M].王红宇,译.北京:教育科学出版社,2000:253.
④ 张雪门.张雪门幼儿教育文集[M].戴自俺,主编.北京:北京少年儿童出版社,1994:394.
⑤ 陈鹤琴.陈鹤琴文集[M].陈秀云,陈一飞,编.南京:江苏教育出版社,2008:417.

四、互动分享性评价

"行动终了,接着便须检讨,不论做得好做得坏,都应像审判一样的来考察:好的在哪一点?坏的在哪一点?为什么好?更为什么坏?幼童如果明白了好或坏的所在和好或坏的原因,然后才能将成功失败的原因组织在自己的经验中,更可以加强下次活动趋避的倾向。"[1]"评价应是共同进行的、相互作用的。应将其作为一种反馈,作为做——批评——做——批评这一循环过程的组成部分。"[2]"用杜威的话来说,在不断组织活动从而创造意义的过程中,每一个终点都是一个'转折点'。"[3]教育活动评价意在诊断、评量与检讨教育活动成效,了解教育的适宜性及儿童发展状况,以调整、改进教育活动。教育评价应"为了促进每一个幼儿的发展"[4],使每一个儿童都能应得到个别化关注而受益。因此,儿童的真实发展是儿童教育评价的核心要素,这需要基于教师对儿童的日常观察与倾听,"自然地伴随着整个教育过程进行"[5]。反思、再组织、分享应该成为教育评价的一部分——这些方法与创造性生成潜能转化为现实的过程相一致。

(一)记录活动

"记录、记录、再记录!"[6]在教育活动过程中直接形成的、具有记录功能和保存价值的文字、图片、录音、录像等文件资料,是教育活动过程及其质量的客观记

---

[1] 张雪门.张雪门幼儿教育文集[M].戴自俺,主编.北京:北京少年儿童出版社,1994:1100.
[2] [美]多尔.后现代课程观[M].王红宇,译.北京:教育科学出版社,2000:247.
[3] [美]多尔.后现代课程观[M].王红宇,译.北京:教育科学出版社,2000:22.
[4] 幼儿园教育指导纲要(试行).
[5] 幼儿园教育指导纲要(试行).
[6] [美]爱德华兹.儿童的一百种语言[M].罗雅芬,等译.南京:南京师范大学出版社,2006:470.

录,是进行教育评价的有效证据。教师通过持续、细心地观察、倾听儿童等手段,采用如笔记本、录音笔、照相机、摄像机等不同的工具,从不同的角度对儿童的行为进行持续的观察和记录,收集活动的原始材料,可以了解儿童在活动中的表现,对儿童在活动中产生的经验做细致的分析,以便引导儿童进入下一个活动阶段。教师通过对儿童活动点点滴滴的记录,使儿童的活动可视化。活动可视化让儿童具体的所说所为得以珍藏,见证儿童的成长,并以此作为下一活动的出发点;同时,可视化记录也为教育工作者提供了一个研究与不断改善更新的重要工具;它更提供了家长与一般大众认识儿童教育的详细资讯,成为获取大众反应与支持的途径。以可视的方式记录儿童的活动,让儿童的发展看得见,并将所有的经验、反省、探讨以及教师、儿童、家长的成长编织在一起。

教育活动是一个持续性过程,并非一蹴而就,教师在平常的教学中需要有资料意识,注意观察儿童有意义的言行,抓拍生动的活动场景,随时记录、收集、存贮活动信息。教师应以一个历史的角度,持续关注儿童,对儿童的活动进行完整的记录。教育活动的记录、收集也应遵循自然形成规律,真实、持续、全面记录活动情况,按类收集,并按时间先后顺序排列,保证归档的完整性和准确性。这就像摄影机一样,记录活动的生成、开展、延伸的过程,成为活动的缩影,记录活动中发生的点点滴滴,见证儿童的成长、家长的参与和教师的智慧。记录活动全过程,让活动看得见,让师生互动看得见,让儿童发展看得见。记录的目的不是"束之高阁",而在于成为回顾、分享、评价的媒介,为教师和儿童再次观看、回忆活动过程提供独特的机会。需要收集记录的内容有以下几种。

1. 问卷调查原件

在活动过程中,有可能针对活动进行一些问卷调查,这些问卷调查可能在活动进行前,可能在活动进行中,也可能在活动进行后,是教育活动设计、实施、展开、评价的依据。一般说来,在活动开展前,教师可以事先设计问卷,了解家长、儿童感兴趣的话题,从而进行活动设计。或者对已确定的活动进入深层的分析,了解儿童对此活动的兴趣与经验水平,同时也可以获得更多来自家长的支持和建议,使活动能够合理有序地进行。因此,问卷调查原件是教育活动的真实记录材料,应注意保留问卷调查原件,并选取1~2份具有代表性的调查问卷原件作为典型材料存档。

2. 环境布置

环境既是重要的教育资源，又是活动展开的记录。环境布置，更是整个活动开展的一个重要环节。环境课程化要求环境随着主题的开展而丰富，使环境会说话，使活动顺利进行，并作为活动实施途径贯穿于整个活动过程。因此，将环境布置的活动图片和景观图片收集存档，使之成为活动的重要记录材料，可以有效反映活动开展情况。

3. 童言童趣

儿童在生活中会有许多奇思妙想或是让人忍俊不禁的妙语，也会提出一些疑问，这些童言童趣和问题都是活动生成和开展的依据，可以使教育活动得到进一步的延伸和拓展。教师要从儿童的言行中捕捉信息，关注儿童的"非常"言语和"非常"问题，记录儿童的童言稚语，使得活动记录更为丰满和生动有趣。

4. 活动照片

活动照片是反映整个教育活动过程最直观的视觉资料，是记录的重点和主体，应是过程性的历时记录。通过活动照片可以非常直观地了解围绕主题开展的系列活动，建立真实深刻的印象。教师也可以为活动照片附上简明扼要的说明，这样可以更加一目了然。活动照片的记录一定要真实、自然、特色鲜明，具有代表性，能够直观地反映活动的内容。教师要有一双慧眼，捕捉"精彩"时刻，相机而动，随手记录，细心、耐心地进行活动实录，保证活动记录的自然性、真实性和完整性，实录到活动全程。

5. 儿童作品

儿童作品是教育活动最真实的写照，代表着活动取得的效果，直接反映儿童在活动中的受益，是一种看得见的进步。儿童作品是活动材料中必不可少的重要组成部分，可以是原件，也可以是原件的照片。在选择儿童作品原件时，不但要注意选取有典型代表性的、多元化的作品，包括儿童的绘画、手工、观察记录、故事等，而且要能够反映活动特征和儿童的发展。

6. 家园共育资料

儿童教育过程也是家园共育的过程，每个主题活动的顺利开展，都离不开家长的积极配合。活动记录也应包括家长参与每个活动的情况记录,要注意收集家园共育资料,如家长参与课程审议的照片、家长收集的活动信息资料以及家长参与教育实施的图片、亲子活动照片等。

(二)生成图册

活动资料收集后,要及时进行筛选整理,按一定的方法审阅、分类、排序、编号、编目、加工等,除了建立儿童成长档案袋①之外,还可以以主题为单元进行编辑整理成册——主题活动图册,将儿童放置于公共的、经验的和环境的框架之中,而非作为孤立的个人。教师可以组织儿童参与资料的整理与筛选,使筛选资料的过程成为主题活动回顾、复习、总结的过程。在资料筛选过程中,按照主题实施顺序,展示活动资料,引导儿童回顾主题实施历程,在复习的基础上进行主题总结,帮助儿童提升相关经验,使经验系统化。同时,充分发挥儿童的主体作用,让儿童献计献策,由儿童来选择其中最具代表性的资料入册,提升活动图册的教育性。每个人都具有天赋的默会能力,交流过程的默会共享隐含在言语交流的每一个行为之中,从联合活动的参与到经验的分享。通过沟通、冲突和共同分享,儿童脑力激荡,讨论出许多可能性与发展的方向,再度启发儿童讨论和共同参与活动。在整个分享过程中,教师不断地进行关键性影响。教师在这个过程中退居到隐形的位置,但不表示完全放弃参与权。在儿童参与的过程中,教师掌握资料的线索,在适当的时候提供建议。

主题活动图册不是各种资料的简单堆积,它应该是按一定结构和逻辑顺序来安排的,一般是以主题系列活动发生的时间顺序为编辑逻辑,每份课程资料都应标明具体时间,按先后排序。在编辑活动图册的过程中,可以根据实际情况,让儿童参与整理,编辑成册,并鼓励儿童参与装饰,使编辑整理也成为主题活动的一部分,成为儿童复习、巩固的过程。主题活动图册的编辑顺序如下。

---

① 儿童个人成长档案袋在现实中并未发挥其应有的效用,反而徒增教师的劳动力,使儿童档案袋成为"收纳袋",教师疲于应付。

1. 封面

选取具有主题特征、能反映主题核心的档案资料作为封面,标明主题名称,让读者一目了然。教师可以根据主题特征来设计封面,要求封面简单明了,并具有吸引力。

2. 主题网络或幼儿的童言稚语和问题

主题网络是一个主题活动的脉络,它是整个主题活动的一个缩影。可以是具体形象、生动活泼的图案或图片,直观、简要地呈现主题网络,起到目录、索引的作用。多是呈现幼儿的童言稚语和问题,反映、体现主题生成和展开的脉络。

3. 主题系列活动

活动图册的主体部分是主题系列活动的呈现,根据不同活动选取适宜的活动资料,按照活动开展的先后顺序进行编辑,可辅以简单、有趣的文字说明。但由于主题活动图册的使用主体是儿童,所以活动图册中的文字说明不宜过多,应简洁明了。主题活动图册的表现形式应该是儿童能基本看懂和大致理解的,整本图册的设计、色彩、图案等都应该符合儿童的年龄特点和兴趣爱好,避免成人化。在做文字说明的时候应尽量采用儿童化的语言,体现儿童精神。装饰花纹应风格简约,富有童趣,避免过于花哨、繁杂。主题活动图册最好采用活页装帧,这种装帧方式便于内容的调整和增减。

(三)分享评价

主题活动图册记录了主题实施的真实情况,可以为师生以及家长提供真实的历史资料,为教师进行教学改革、家园共育提供有效的服务,为领导决策提供依据,更为教育评价提供真实的原始资料。主题活动图册保存了儿童活动的瞬间,可以成为儿童故事书、教师工作实录和家园联系册。

1. 精彩的儿童故事书

"评价鼓励孩子们参与自我评价。"[1]是否给予儿童须记事件的提示或线索

---

[1] 虞永平.幼儿园课程评价[M].南京:江苏教育出版社,2005:171.

是决定儿童记忆效果的重要因素,作为教师应巧妙地利用主题活动图册,促进幼儿记忆的发展。将主题活动图册放进图书阅览区,使它成为一本以儿童自己为主角的绘本,一本记录儿童成长的故事书,为儿童提供重新追寻自己成长足迹的机会,帮助儿童重温、回顾、分享前期经历,可以发展儿童的自传体记忆。通过阅读主题活动图册,不仅能够帮助儿童不断回顾温习曾经开展过的活动、学习过的知识技能、已有的情感体验,还为儿童的记忆提供支持,促进儿童的自我学习、自我评价和自我认知。同时,儿童在阅读过程中的对话与交流、分享与沟通,不仅可以使他们获得默会知识、丰富个体经验,而且可以引发儿童对主题中的话题做进一步的讨论和探索,成为活动延伸的重要基础。

2. 自然的教师工作实录

主题活动图册记录了主题活动的生成、开展情况,它的记录能够反映教师的工作情况、儿童发展情况,是生动的班级工作总结,从而为班级工作评价提供依据。主题活动图册也是教师工作的真实记录,实录了教师工作的方方面面,是评价教师工作的最客观依据。同时,主题活动图册的收集整理过程也是教师对教育的反思、研究、评价、调整的过程,是教师专业成长的有效途径。主题活动图册也为教师提供儿童发展变化的信息,使教师可以从中了解儿童、研读儿童,学会尊重儿童间的个体差异,尊重儿童各方面发展的差异,尊重儿童的现状、需要和发展的可能,对每个儿童做出客观、公正的评价,并在教育过程中把握教育和儿童发展的细微变化脉络,有的放矢地采取相应的调整策略。

主题活动图册不仅是教师反思工作、研究改革教育、促进专业成长的良好渠道,是一本儿童活动的风采展示册;同时,主题活动图册还能够提供课程实施范例、主题活动素材以及相关经验,为其他教师提供借鉴学习的依据和机会,是班级教师与其他教师进行交流研讨、相互学习、改进工作的良好媒介,有效地促进了教师团体的专业成长,优化了教育活动。

3. 生动的家园联系册

"关于每一个孩子的成长、发展和学习的信息每隔一段时间都要被有系统地集合记录下来,并且用于指导家长,和家长进行交流。"①主题活动图册能成为家长和教师有效沟通的桥梁,是家长了解儿童教育、参与幼儿园课程建设的有效途径;可以帮助家长理解儿童教育理念、掌握科学的育儿观念和育儿方法,是实现家园共育、发挥家园合力的家园直通车,是生动的家园联系册。同时,主题活动图册为家长提供了感受儿童学习方式、了解儿童发展过程、共享儿童成长喜悦的窗口,使每位家长可以清楚地看到自己孩子的成长过程和进步,了解孩子的在园表现及发展的情况,了解孩子的内心需求,能有针对性地支持孩子的发展。主题活动图册还是一份非常宝贵的幼儿园资源,可以精彩地展示幼儿园风采,是打造幼儿园品牌和幼儿园文化不可或缺的、真实亮丽的风景线,成为幼儿园招生最有宣传力的资料和评价幼儿园工作最客观的依据。

　　教师的全程观察与记录提供了儿童典型活动的程序,提供了儿童在真实而非人为的活动中的表现,证实了儿童的全面进步和长处:儿童能做什么,而不是不能做什么或不知道什么。主题活动图册是一个生动的传递儿童成长、发展和表现教师、家长的过程性信息,提供了儿童与儿童、教师与儿童、教师与教师、教师与家长、家长与儿童之间的多向互动分享模式,在分享中揭示出儿童能独立做什么和在别人的帮助下能够做什么。"评价用于支持孩子的学习和发展,用于个体和群体打算,以及与家长的交流。"②分享是公开分析和转变已有经验的公共平台,是通过相互合作探讨各种方案、后果和假设的渠道。开放的、互动的、共同的分享是评价的关键,个人反思与集体分享是教育评价的关键部分。通过分享、个体反思并在自我参考的经验中获得自我感和价值感,将分享成为一种经验转化的过程。个体运用他人的线索,利用他人的分享进行经验转化,实际上是"借用"他人的经验和反思。通过自己的反思性理解与他人的理解的互动,个体转化并提升个人经验。经验通过反思性行为才能得以不断的扩展和生成,个人经验通过反思与分享才能达成内化,分享将会变得激动人心和引人入胜。"反思要对经验进行批判性的、多种的、公开的考查:将我们的经验与他人的经验联系起来,构建一种过去、现在和未来的经验都联系起来的网络。反思退后一步从其他联系

---

①　虞永平.幼儿园课程评价[M].南京:江苏教育出版社,2005:171.
②　虞永平.幼儿园课程评价[M].南京:江苏教育出版社,2005:170.

与方案的角度来考查过去的经验。它是对所采取的行为的重新构建;它是对得到的意义的重新考查。"①"在这一不断进行的过程中,过去和现在为未来提供了基础但不会局限或严格地控制未来。在此未来是独特的,不是过去的重复,但存在着连续性。"②带有对话交往的分享活动,是双向的、交互作用的。分享的过程中每一方都积极地倾听,其意图不在于证实什么,而是将不同观点联系起来,通过积极地参与对方而扩展自己的眼界,这一过程是一种转变双方的过程。"当一个沟通的接受者,就获得扩大的和改变的经验。一个人分享别人所想到的和所感到的东西,他自己的态度也就或多或少有所改变。传递的人也不是不受影响。"③"在个人经验成为共同财富以前,沟通乃是一个共同参与经验的过程,通过沟通,参与经验的双方的倾向有所变化。"④分享更多地体现为一群个体在共同探究有关课题的过程中相互影响,通过行动和交互作用,个体的经验向群体开放,一起探索所达成的共识。

教师提供照片、视频、儿童作品等可随时回顾经验的记载,引导儿童进行交流分享,让儿童进行自由对话与讨论,帮助儿童自我转化经验。采取"探索—分享—探索—分享"的模式,师生不断回顾所发生的事情,讨论彼此的发现与感受,并善用所学去决定如何采取行动,或采取多少行动,以维持儿童的高参与度和活动力,并借此进行儿童的发展评价。主题活动图册不仅再现了教师的想法,促使教师的自我反省,而且增加了教师之间的经验分享,为下一个教育活动的生成提供多角度的思考,促进教育改革;为儿童提供重新检视、反省和解释的机会,在群体评价中默会自我评价,有利于教育活动的深入开展。同时,也让家长了解到儿童学习的实际情况,为他们了解儿童的发展、参与儿童教育提供了依据。因此,主题活动图册的创建与应用,留住了教育活动的灵魂,提供了教育评价鲜活的"肉身",建构了以儿童活动以背景、以儿童发展为核心的教师—家长—儿童三位一体互动分享式的自然性、过程性教育评价模式(见图5-45),从而"活"化了教

---

① [美]多尔.后现代课程观[M].王红宇,译.北京:教育科学出版社,2000:202.
② [美]多尔.后现代课程观[M].王红宇,译.北京:教育科学出版社,2000:202—203.
③ [美]杜威.民主主义与教育[M].王承绪,译.北京:人民教育出版社,2001:10.
④ [美]杜威.民主主义与教育[M].王承绪,译.北京:人民教育出版社,2001:14.

育评价,凸显了教育评价的自然性、开放性、互动性、动态性、生成性与适宜性。

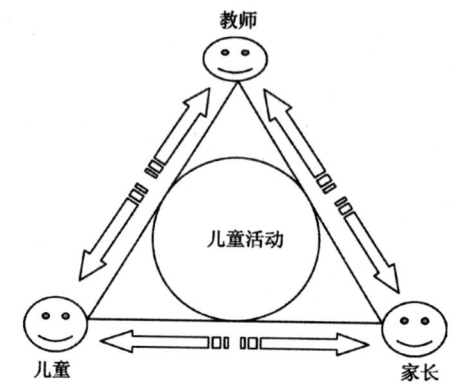

图 5-45　三位一体互动分享式教育评价示意图

结　　语

"教育并不是一件'告诉'和被告知的事情,而是一个主动的和建设性的过程,这个原理几乎在理论上无人不承认,而在实践中又无人不违反。"①

> 儿童有一百种语言,
> (这一百是一百个一百的一百)
> 但被偷走了九十九种。
> 学校和文明,
> 使他的身心分离。
> 他们告诉儿童:
> 不需用手去做,
> 不需用头脑去做,
> 只需听不要说,
> 只要理解不要快乐,
> 爱和惊奇,
> 只属于复活节圣诞节。
> 他们催促儿童
> 去发现早已存在的世界,
> 儿童的一百个世界,
> 他们偷走了九十九个,

---

① [美]杜威.民主主义与教育[M].王承绪,译.北京:人民教育出版社,2001:46.

> 他们告诉孩子：
> 游戏与工作
> 现实与想象
> 科学与想象
> 天空与大地
> 理智与梦想，
> 它们是水火不容的。
> 他们就这样告诉儿童：
> 一百种并不存在。
> 儿童却说：
> 其实真的有一百。①

"对儿童认识的不清楚的教育不可能是好教育，不是建立在科学的儿童观之上的儿童教育学（包括学前教育学）不是科学的儿童教育学。历史与现实中的儿童教育存在许多弊病，其中原因很多，但其根本的原因是，教育者没有认识清楚教育对象，不懂得尊重儿童，不了解教育在儿童的发展机制中处于何等的地位，因而也就不可能以适当的方式实现其'成人'（也即是使儿童长大成人，成长为所处文化中理想的人）的使命。"②儿童成长的原理存在于儿童生命本身，教育者应当研究儿童，探知儿童的秘密，掌握儿童生命生成特性与规律，根植于对儿童生命的关注，顺应儿童成长特点，建构合生命规律性的儿童教育——"教育的'大纲'应当符合儿童的'大纲'"③。

---

① 转引自刘晓东.解放儿童[M].北京:新华出版社,2002:257—259.《儿童的一百种语言》为意大利幼儿教育家马拉古齐所作，也以此儿童观而创建了瑞吉欧教育体系，为世界的学前教育提供了一个学习的典范。爱德华兹等人出版了同名书《儿童的一百种语言》，加德纳在此书前言中写道："毫无疑问，马力古齐——正如他被全球所公认的，是瑞吉欧的领导天才——这位思想家的名字的确可以与他心目中的英雄——福禄倍尔、蒙台梭利、杜威及皮亚杰相提并论。"

② 刘晓东.解放儿童[M].北京:新华出版社,2002:179—180.

③ 刘晓东.解放儿童[M].北京:新华出版社,2002:210.

结　语

儿童
是由一百种组成的，
儿童有
一百种语言
一百双手
一百个念头
一百种思考、游戏、说话的方式；
还有一百种倾听、惊奇和爱的方式
有一百种欢乐，去唱歌去理解
一百个世界，去探索去发现
一百个世界，去发明
一百个世界，去梦想。①

　　这便是儿童的秘密，这便是儿童的大纲，这便是儿童的生命之道。"端正教育，首先便应当端正教育的观念。"②遵循儿童的生命之道是教育的应然选择，教育必须围绕着这样的观念建立起来。"儿童来到世界，像一粒具足一切的种子。这粒种子是自然进化的杰作。尽管没有成人的教育，他便不能成长。但教育不应随心所欲，它应依据儿童生命的、精神的本性，而不是把儿童视为金银铜铁锡，任你捶打定形——那会失去本性，会毁掉他与生俱来的自然天赋。"③人的本能是生命进化过程中生命本身的力量，它不可抗拒地推动着每一生命进化，但生命进化遵循自然法则。自然赋予儿童成长的使命，教育赋予儿童生命活力。"尽管教育创造了发展，但它所创造的发展又必然遵循着儿童发展的'必然途径'（皮亚杰），教育对发展的创造不是任意的、无边无际的，它的创造过程立根于发展，而且它的创造结果又必然地符合着儿童发展的自然进程。"④"儿童的天性、能力的

---
① 刘晓东.解放儿童[M].北京:新华出版社,2002:256.
② 刘晓东.解放儿童[M].北京:新华出版社,2002:96.
③ 刘晓东.儿童教育新论[M].南京:江苏教育出版社,1998:1.
④ 刘晓东.解放儿童[M].北京:新华出版社,2002:192.

正常的生长有一定程序。正如农作物的成熟要经过一定的时间、阶段一样,如果不重视儿童生长的需要及时机,'急于得到生长的结果,以致忽视了生长的程序',必然会导致'揠苗助长'的不良后果。"①只有为了生命、遵循生成的教育才是自然而然的教育,只有自然而然的儿童教育才是应然的儿童教育。

  本研究基于研究方法与研究内容相适切的方法论原则,将科学论证与哲学思辨结合起来,通过不同学科层次的考察,探查儿童的生命机制,进而整体认识儿童生命的生成规律。儿童的生命是一个主动建构的动态生成系统,是生命体与其所处的环境围绕生存和创造而展开的积极互动过程,以实现生命个体与环境的融合和统一。儿童的生命属性是生成,生成不仅仅是身体的发育、成长,也是以经验生成为基础的精神成长,这正是一个完整生命个体的成长轨迹。成长中的儿童拥有内在的潜能,遵循着生命生长的自然步骤,儿童教育就是要追随儿童生命的自然步骤,帮助儿童充分运用自然赋予的各种能力和器官,在生活中通过与环境和人的积极互动与对话,自然而然地实现身心的和谐成长——这也正是本研究所求证的学术命题。

  笔者有意识地将教育理论奠基并发展于儿童生命原理,试图从生成的角度阐释儿童教育的本质,其界定特征为自然性、动态性、过程性、生成性。毫不讳言,这正是笔者依据杜威的教育思想所构建的教育信条所要表达的。只有采取动态的、有机的、联系的、生成的生命框架才能最好地理解"教育即滋养生命"的观念,并从生成性过程看待儿童教育。生命系统的基本特点便是相互作用和生成性,应从系统的、有机的、生命的角度考量平衡的、和谐的儿童教育问题。以生命原理、生成导向为基础的儿童教育应发展一种不同的更具有互动性、联系性、生成性、发展性的框架,强调活生生的、有目的的和谐与平衡,尽管这要冒着将教育过程拟人化的风险,但教育过程确实应该是生命导向的和逐渐生成的过程,是逐步地引向更高和更复杂的生命生成过程。生命系统本身是积极的,总是寻求有机体内部以及有机体与环境之间的和谐。教育滋养生命的生成是所有教育、智力成长和个人发展的目的。这一生成类似于杜威的教育概念——教育即生

---

  ① 刘晓东.解放儿童[M].北京:新华出版社,2002:79—80.

长,教育即经验的不断更新与改造——是一种不具有外在于自身的目的的过程。这是一种生态的、整体的、系统的、相关的观点,在这种观点之中存在着生成教育模式。生命具有内在的创造性,创造性、生成性是生命的天然倾向,生命生长不断地产生于无形之中,时间带来奇迹。正如多尔所说:"拥护课程的后现代观点,我建议我们应发展一种'舞蹈型课程',其中的舞步是模式化的但却是独特的,是两个舞伴之间——教师与课本、教师与学生、学生与课本——交互作用的结果。"① 生命自身的生成性、创造性决定了教育过程的生成性、创造性,它是一种过程——动态的和生成的过程,是以儿童生命的生成为基础的过程。

生成取向的儿童教育虽然强调动态生成,但有"事先考察",教师必须"俯瞰整个人类、环境、技术以及文化资源",展开全面性的考察以了解整个情势,"预成"在胸,关注儿童的"生成",将知识转换成一百种语言,将教育看作是与儿童之间的一百个对话。探索中发现,交流中分享,讨论中启发,合作中生成。教育的生成性对教师提出了更大的挑战,要求教师要善于从教育情境中捕捉契机,利用敏锐的观察力和丰富的活动记录以及对记录的整理和反思,对儿童的需要和感兴趣的事物进行价值判断,高屋建瓴地不断调整活动,积极地与儿童产生互动,引导教育适时向各种有利于儿童发展的方向延展。"如果我们遵循这些原则,儿童不仅不会成为负担,而且会以自然奇迹中最伟大、最令人欣慰的形象出现在我们面前。我们会发现自己所面对的将不再是一个被看作幼弱无依的生命,像一个需要我们的智慧去填充的容器;而是一个具有崇高的尊严而被看作是我们自己的心灵塑造者的人,一个自我引导按照精确的时间表在愉快与欢乐中孜孜不倦地从事着创造宇宙中最伟大的奇迹——人——的工作的人。我们教师只能像仆人侍奉主人那样地帮助儿童进行工作。然后我们会变成人类灵魂发展的见证人。"②

"我们借助学习行为,学会领悟自身的自然本性,学会发现自我。这是外部

---

① [美]多尔.后现代课程观[M].王红宇,译.北京:教育科学出版社,2000:149.
② [意]蒙台梭利.蒙台梭利幼儿教育科学方法[M].任代文,主译校.北京:人民教育出版社,2001:340—341.

世界里不能探求的。"① 当你浏览本书时,也许会发现,本书中的内容似曾相识。然而事实上,基于中国传统哲学的启发与对中医的酷爱,笔者追随杜威、皮亚杰等教育大家,秉承自然主义教育精神,以自己特有的方式,把构成理想儿童教育的整个要素系列当作出发点,并企图阐明:生成取向的儿童教育是怎样运用生成的逻辑,在以儿童为本的基础上,借鉴精深的教育理论与丰富的教育实践,一步一步地构造出来的。本书以"生成"思维作为教育思维的一个新的尝试,把"生成"作为儿童教育理念的逻辑切入点,立足于生命生成立场,从生物学、哲学、中医学、心理学、教育学等多学科的视野出发,在进行历史梳理和现状考察的基础上,深度、立体地跨学科进行严密地理论论证。首次借鉴中医学理论,提出了"教育即滋养生命",并借鉴已有成果,"接着说"教育的方法论基础:"教育即顺其自然",创新性地绘制了儿童经验的生成机制图解、生成路径图以及儿童与感知对象、环境之间的互动关系图。同时,在理论论证的基础上,结合笔者多年的已有研究,尝试性地进行了生成取向的儿童教育实施路径探求,完成了理论应用于实践的诉求,实践成果具有可操作性,可直接为教师的一线教学实践提供基础性参考。

结果是清晰的,原因和过程是复杂的。如何考证、演绎生成原因与机制为本研究的重点,期望通过详细的理论论证,把事物背后的原因和机制揭示出来,回答为什么生成和怎样合规律性生成,让教育者了解偶然中有必然,偶然是必然中的偶然。因此,笔者基于多学科思想理论资源,尤其关注中国传统生成思想资源,并首次借鉴中医学理论,进行了理论广度上的横向打通,做到跨学科横向融合研究。同时,收集翔实、丰富的研究资料,将研究建立在可靠的资料基础之上,进行了理论深度上的纵向贯通。在严密理论论证的基础上,建构了生成取向的儿童教育理论框架,丰富了对儿童教育的理性思考,为儿童教育研究提供了新的思路,为儿童教育中一系列现实问题的研究和解决提供了方法论指导。

本书阐述了一种思路,即基于生命的生成特性与儿童经验的生成原理,将教育视为自然而然的滋养生命之道。如果本研究有任何贡献的话,它就是从这样

---

① [日]佐藤学.学习的快乐——走向对话[M].钟启泉,译.北京:教育科学出版社,2004:3.

结　语

一种视角得来的。生成作为一种儿童教育取向，给教师的是一条行动的原则，是一种教育思维方式，而不是标准化的操作程序，它不可能给出具体的时间比例，也不可能规定每一个具体活动的生成时机。每个教师对儿童生命的关怀与敬畏以及对儿童教育的理解与把握就是对自己行动的指南，而其理解和把握会在反思中不断发展与变化，行动也会在不断深化的理解和把握中理性与完善。没有教师纯粹的生命兴趣，没有教师充满热情的参与，没有教师把其一生精力的一点一滴作为赌注般的投入，任何科学华丽的教育理论都是不可能在生命实践中获得意义的。不可能有完美的理论，我们要做的也只能是朝着更好的目标前进。本书将生成视为教育的真正存在，并借用生成的思维方式对儿童教育进行更为深刻和细致的探讨，基于生命视角对儿童教育进行新的思考与认识，并从多学科维度进行阐释。但由于多学科尤其是中国传统哲学和中医学博大精深，尽管笔者仔细研读、广泛学习，并多方求教相关专家，就文中某些观点多次研讨、请教，但终因笔者才疏学浅，其中不乏有理解不当之处，这实为本文的不足与笔者的愧疚。但如果能抛砖引玉，使读者产生良好的看法，笔者的时间也就没有完全白费。因此，进一步细致的理论探讨与对实践的应用探寻必然将是笔者接下来要做的研究，也将是笔者今后学术追寻的重点。儿童的生命如果能得以自然尊重，儿童的教育如果能得以自然生成，自然赋予儿童的潜能如果能得以发挥，我们就会取得无法计量的成就。

参考文献

1. Alexander B. Hanschman, The Kindergarten System, London: Swansonneoschein, 1897.

2. Aristotle. Physics. Princeton University Press, 1992.

3. Bobbi F, Cordeiro P. Generating Curriculum: Building a Shared Curriculum. Primary Voices, 1994.

4. Dahlberg, G, Moss, P& Pence, A. Beyond Quality in Early Childhood Education and Care: Postmodern Perspective, Routledge Falmer, 1999.

5. Friedrich Froebel, Pedagogics of the Kindergarten. New York: D. Appletonard Company, 1895.

6. Froebel, F. Froebel's chief writings on education (S. S. F. Fletcher & J. Welton, Trans.).London: Edward Arnold & Co.1912.

7. H. Courthope Bowen, Froebel and education through Self-Activity, New York: Seribner, 1897.

8. Jay McDaniel. What Is Process Thought? Seven Answers To Seven Questions. Claremont, C A: P& F Press, 2008.

9. John. W. Lorton, Bertha L. Walley, Introduction to Early Childhood Education. D. Van Nostrand Company, 1979.

10. Lynn F, An Emergent Curriculum in China: Collaborative Tolerance. Shenyang creative Kindergarten. Contemporary issues in early childhood, 2004.

11. Marietta Johnson, Organic Education: Teaching without Failure, Fairhope: Marietta Johnson Museum of Organic Education, 1996.

12. M. Lilley, Friedrich Froebel, a selection from his writings, Cambridge: Cambridge University Press, 1976.

13. S. S. F. Fletcher and J. Welton(ed.), Froebel's Chief Writings on Education. London: Edward Arnold & Co.,1912.

14. See Lewis Pyenson. The Young Einstein. Bristol and Boston: Adam Hilger,Ltd.,1985.

15. Teresa M. McDevitt, Jeanne Ellis Ormrod, Child Development. Person Education, Inc., 2004.

16. Wittrock, M. C., Learning Science: A Generative Process. Science Education.67(4),1983.

17. Zhangzeng-tian, Jinyu-le. Some Thoughts on emergent curriculum. Peper presented at the forum for integrated education and educational. Santa Cruz Ca, 2000, October.

18. [美]亨德里克.学习瑞吉欧方法的第一步[M].李季湄,等译.北京:北京师范大学出版社,2002.

19. [奥地利]贝塔朗菲.生命问题:现代生物学思想评价[M].吴晓江,译.北京:商务印书馆,1999.

20. [奥]薛定谔.生命是什么[M].罗来鸥,罗辽复,译.长沙:湖南科学技术出版社,2007.

21. [德]博尔诺夫.教育人类学[M].李其龙,等译.上海:华东师范大学出版社,1999.

22. [德]第斯多惠.德国教师培养指南[M].袁一安,译.北京:人民教育出版社,2001.

23. [德]福禄倍尔.人的教育[M].孙祖复,译.北京:人民教育出版社,2002.

25. [德]海德格尔.海德格尔选集(上)[M].孙周兴,选编.上海:生活·读书·新知三联书店,1996.

26. [德]黑格尔.哲学史讲演录(第四卷)[M].贺麟,王太庆,译.北京:商务印书馆,1981.

27. [德]兰德曼.哲学人类学[M].阎嘉,译.贵阳:贵州人民出版社,1988.

28. [德]兰德曼.哲学人类学[M].阎嘉,译.贵阳:贵州人民出版社,2006.

29. [德]马克思,恩格斯.马克思恩格斯全集(第42卷)[M].北京:人民出版社,1960.

30. [德]马克思,恩格斯.马克思恩格斯全集(第42卷)[M].北京:人民出版社,1974.

31. [德]马克思,恩格斯.马克思恩格斯选集(第4卷)[M].中共中央马克思恩格斯列宁斯大林著作编译局编.北京:人民出版社,1972.

32. [德]马克思,恩格斯.马克思恩格斯选集(第3卷)[M].中共中央马克思恩格斯列宁斯大林著作编译局编.北京:人民出版社,1972.

33. [德]马克思,恩格斯.马克思恩格斯全集(第3卷)[M].中共中央马克思恩格斯列宁斯大林著作编译局,译.北京:人民出版社,1979.

34. [德]马克思恩格斯全集(第3卷)[M].中共中央马克思恩格斯列宁斯大林著作编译局,译.北京:人民出版社,1995.

35. [德]沃尔夫冈·布列钦卡.教育科学的基本概念:分析、批判与建议[M].胡劲松,译.上海:华东师范大学出版社,2001.

36. [德]武尔夫.教育人类学[M].张志坤,译.北京:教育科学出版社,2009.

37. [德]雅斯贝尔斯.什么是教育[M].邹进,译.北京:生活·读书·新知三联书店,1991.

38. [法]德里达.胡塞尔哲学中的发生问题[M].于奇智,译.北京:商务印书馆,2009.

39. [法]蒙田.我知道什么呢——蒙田随笔集[M].辛见,沈晖,译.上海:上海生活·读书·新知三联书店,1988.

40. [法]柏格森.创造进化论[M].姜志辉,译.北京:商务印书馆,2004.

41. [法]柏格森.形而上学导言[M].刘放桐,译.北京:商务印书馆,1963.

42. [美]伯尔纳.实验医学研究导论[M].傅愫和,张乃烈,译.北京:知识出版社,1985.

43. 联合国教科文组织编.教育——财富蕴藏其中[M].联合国教科文组织总

部中文科,译.北京:教育科学出版社,1996.

44. [法]史怀泽.敬畏生命[M].[德]贝尔,编.陈泽环,译.上海:上海社会科学院出版社,1995.

45. [法]卢梭.爱弥儿[M].李平沤,译.北京:人民教育出版社,2001.

46. [法]卢梭.爱弥儿[M].李平沤,译.北京:商务印书馆,1996.

47. [法]卢梭.爱弥儿[M].李平沤译.北京:人民教育出版社,2005.

48. [法]卢梭.爱弥儿(上)[M].李平沤,译.北京:商务印书馆,1978.

49. [法]阿利埃斯.儿童的世纪[M].沈坚,朱晓罕,译.北京:北京大学出版社,2013.

50. [荷兰]斯宾诺莎.伦理学[M].贺麟,译.北京:商务印书馆,1991.

51. [古罗马]昆体良.昆体良教育论著选[M].任钟印,选译.北京:人民教育出版社,1989.

52. [古希腊]柏拉图.理想国[M].郭斌和,张竹明,译.北京:商务印书馆,1986.

53. [加]贝塔朗菲.一般系统论[M].林康义,等译.北京:清华大学出版社,1987.

54. [加]范梅南.教育机制——教育智慧的意蕴[M].李树英,译.北京:教育科学出版社,2001.

55. [捷]夸美纽斯.夸美纽斯教育论著选[M].任钟印,选编.任宝祥,译.北京:人民教育出版社,2004.

56. [捷]夸美纽斯.大教学论[M].傅任敢,译.北京:教育科学出版社,1999.

57. [捷]夸美纽斯.大教学论[M].任钟印,译.北京:人民教育出版社,2006.

58. [美]杜威.民主主义与教育[M].王承绪,译.北京:人民教育出版社,2001.

59. [美]杜威.学校与社会·明日之学校[M].赵祥麟,任钟印,译.北京:人民教育出版社,1994.

60. [美]杜威.我们怎样思维·经验与教育[M].姜文闵,译.北京:人民教育出版社,2005.

61. [美]杜威.明日之学校[M].朱经农,潘梓年,译.北京:商务印书馆,1993.

62. [美]杜威.杜威教育论著选[M].赵祥麟,等译.上海:华东师范大学出版社,1981.

63. [美]杜威.杜威全集(第五卷)[M].杨小微,罗德红,等译.上海:华东师范大学出版社,2010.

64. [美]杜威.杜威文选[M].涂纪亮,编译.北京:社会科学文献出版社,2006.

65. [美]杜威.艺术即经验[M].高建平,译.北京:商务印书馆,2007.

66. [美]杜威.哲学的改造[M].许崇清,译.北京:商务印书馆,1997.

67. [美]杜威.经验与自然[M].傅统先,译.北京:商务印书馆,1960.

68. [美]多尔.后现代课程观[M].王红宇,译.北京:教育科学出版社,2000.

69. [美]弗洛姆.为自己的人[M].孙依依,译.北京:生活·读书·新知三联书店,1988.

70. [美]瓦托夫斯基.科学思想的概念基础[M].范岱年,译.北京:求实出版社,1989.

71. [美]瓦西纳.文化和人类发展[M].孙晓玲,罗萌,等译.上海:华东师范大学出版社,2007.

72. [美]波兹曼.童年的消逝[M].吴燕莛,译.桂林:广西师范大学出版社,2004.

73. [美]布鲁克斯.生命之家:蕾切尔·卡逊传[M].叶凡,译.南昌:江西教育出版社,1999.

74. [美]琼斯,尼莫.生成课程[M].周欣,等译.上海:华东师范大学出版社,2004.

75. [美]爱德华兹等.儿童的一百种语言[M].罗雅芬,等译.南京:南京师范大学出版社,2006.

76. [美]洛夫.林间最后的小孩——拯救自然缺失症儿童[M].自然之友,译.长沙:湖南科学技术出版社,2010.

77. [美]戈尔.濒临失衡的地球——生态与人类精神[M].陈嘉映,译.北京:中央编译出版社,2012.

78. [美]泰勒.课程与教学的基本原理[M].罗康,张阅,译.北京:中国轻工业出版社,2008.

79. [美]帕尔玛.快乐学哲学:减轻哲学的不能承受之轻[M].曹洪洋,译.上海:上海社会科学院出版社,2008.

80. [美]莱夫等.情境学习:合法的边缘性参与[M].王文静,译.上海:华东师范大学出版社,2004.

81. [挪威]布约克沃尔德.本能的缪斯——激活潜在的艺术灵性[M].王毅,等译.上海:上海人民出版社,1997.

82. [日]佐藤学.学习的快乐—走向对话[M].钟启泉,译.北京:教育科学出版社,2004.

83. [日]田中裕.怀特海有机哲学[M].包国光,译.石家庄:河北教育出版社,2001.

84. [日]柄谷行人.现代日本文学的起源[M].赵京华,译.北京:三联书店,2006.

85. [日]香山健一.为了自由的教育改革——从划一主义到多样化的选择[M].刘晓民,译.北京:高等教育出版社,1990.

86. [瑞士]裴斯泰洛齐.裴斯泰洛齐教育论著选[M].夏之莲,等译.北京:人民教育出版社,2001.

87. [瑞士]皮亚杰.皮亚杰教育论著选[M].卢濬,选译.北京:人民教育出版社,1990.

88. [瑞士]皮亚杰.皮亚杰发生认识论文选[M].左任侠,李其维,编译.上海:华东师范大学出版社,1991.

89. [瑞士]皮亚杰.教育科学与儿童心理学[M].傅统先,译.北京:文化教育出版社,1981.

90. [瑞士]皮亚杰.儿童的心理发展[M].傅统先,译.济南:山东教育出版社,1982.

91. [瑞士]皮亚杰.发生认识论原理[M].王宪钿,等译.北京:商务印书馆,2011.

92. [瑞士]皮亚杰,英海尔德.儿童心理学[M].吴福元,译.北京:商务印书馆,1980.

93. [苏]维果斯基.维果斯基教育论著选[M].余震球,译.北京:人民教育出版社,2005.

94. [苏]苏霍姆林斯基.育人三部曲[M].毕淑芝,等译.北京:人民教育出版社,1998.

95. [苏]列宁.列宁全集(第38卷)[M].北京:人民出版社,1972.

96. [苏]列宁.哲学笔记[M].中共中央马克思恩格斯列宁斯大林著作编译.北京:人民出版社,1974.

97. [意]蒙台梭利.蒙台梭利幼儿教育科学方法[M].任代文,主译校.北京:人民教育出版社,1993.

98. [意]蒙台梭利.童年的秘密[M].梁海涛,译.上海:上海人民出版社,2007.

99. [英]洛克.教育漫话[M].杨汉麟,译.北京:人民教育出版社,2006.

100. [英]洛克.人类理解论[M].关文运,译.北京:商务印书馆,1981.

101. [英]达尔文.物种起源[M].叶笃庄,方宗熙,译.北京:商务印书馆,2011.

102. [英]迈尔森.达尔文与物种起源[M].候静,译.大连:大连理工大学出版社,2013.

103. [英]罗素.西方哲学史.何兆武,李约瑟,译.北京:商务印书馆,1963.

104. [英]波兰尼.个人知识——迈向后批判哲学[M].许泽民,译.贵阳:贵州人民出版社,2000.

105. [英]怀特海.过程与实在[M].周邦宪,译.贵阳:贵州人民出版社,2006.

106. [英]怀特海.教育的目的[M].庄莲平,王立中,译.上海:文汇出版社,2012.

107. [英]怀特.再论教育目的[M].李永宏,译.北京:教育科学出版社,1997.

108. [印度]泰戈尔.泰戈尔谈教育[M].白开元,编译.北京:商务印书馆,2010.

109. [印度]泰戈尔.泰戈尔诗选[M].冰心,等译.北京:人民文学出版社,1997.

110. 曹凑贵.生态学概论(第2版)[M].北京:高等教育出版社,2006.

111. 曹孚等.外国古代教育史[M].北京:人民教育出版社,1981.
112. 曹基础.庄子浅释[M].北京:中华书局,2002.
113. 柴可夫.中医基础理论[M].北京:人民卫生出版社,1998.
114. 陈桂生.中国教育学问题[M].福州:福建教育出版社,2006.
115. 陈帼眉.学前心理学[M].北京:人民教育出版社,1989.
116. 陈鹤琴.陈鹤琴文集[M].陈秀云,陈一飞,编.南京:江苏教育出版社,2008.
117. 陈奎德.怀特海哲学演化概论[M].上海:上海人民出版社,1998.
118. 陈修斋.欧洲哲学史上的经验主义和理性主义[M].北京:人民出版社,2007.
119. 单中惠.让我们与儿童一起生活吧[M].上海:华东师范大学出版社,2008.
120. 单中惠.西方教育思想史[M].北京:教育科学出版社,2007.
121. 单中惠.现代教育的探索[M].北京:人民教育出版社,2002.
122. 丁锦宏.教育学基础[M].北京:高等教育出版社,2009.
123. 丁圣彦.生态学:面向人类生存环境的科学价值观[M].北京:科学出版社.2004.
124. 冯建军.生命与教育[M].北京:教育科学出版社,2004.
125. 冯友兰.中国哲学史[M].重庆:重庆出版社,2009.
126. 付粉鸽.自然与自由:老庄生命哲学研究[M].北京:人民出版社,2010.
127. 高觉敷.西方心理学史论[M].合肥:安徽教育出版社,1995.
128. 高鹏翔.中医学[M].北京:人民卫生出版社,2013.
129. 高思华.中医基础理论[M].北京:人民卫生出版社,2012.
130. 庚镇城.生命本质的探索[M].上海:上海科学技术出版社,2004.
131. 顾颉刚.古史辩自序(下册)[M].石家庄:河北教育出版社,2000.
132. 顾树森.中国古代教育家语录类编[M].上海:上海教育出版社,1961.
133. 郭法奇等.欧美儿童研究运动:历史、比较及影响[M].北京:北京师范大学出版社,2012.

134. 韩震.历史哲学[M].昆明:云南人民出版社,2001.
135. 郝德永.课程与文化:一个后现代的检视[M].北京:教育科学出版社,2002.
136. 胡庆芳,贺永旺.精彩课堂的预设与生成[M].北京:教育科学出版社,2007.
137. 黄济.教育哲学通论[M].太原:山西教育出版社,2005.
138. 黄开泰.中医之和:辨证论治的生命哲学[M].桂林:广西师范大学出版社,2011.
139. 黄铭.过程思想及其后现代效应[M].北京:宗教文化出版社,2010.
140. 简楚瑛.方案教学的理论与实务[M].上海:华东师范大学出版社,2005.
141. 姜国柱,朱葵菊.中国人性论史[M].郑州:河南人民出版社,1997.
142. 金吾伦.生成哲学[M].保定:河北大学出版社,2000.
143. 雷毅.深层生态学:阐释与整合[M].上海:上海交通大学出版社,2012.
144. 雷毅.深层生态学思想研究[M].北京:清华大学出版社,2001.
145. 李其维.论皮亚杰心理逻辑学[M].上海:华东师范大学出版社,1990.
146. 李世雁.走向生态纪元[M].沈阳:辽宁人民出版社,2004.
147. 刘大椿.科学哲学[M].北京:人民出版社,1998.
148. 刘放桐.新编现代西方哲学[M].北京:人民出版社,2000.
149. 刘济良.生命的沉思:生命教育理念解读[M].北京:教育科学出版社,2004.
150. 刘金花.儿童发展心理学[M].上海:华东师范大学出版社,2006.
151. 刘晓东,卢乐珍等.学前教育学[M].南京:江苏教育出版社,2009.
152. 刘晓东.儿童教育新论[M].南京:江苏教育出版社,1998.
153. 刘晓东.儿童精神哲学[M].南京:南京师范大学出版社,2003.
154. 刘晓东.儿童文化与儿童教育[M].北京:教育科学出版社,2010.
155. 刘晓东.解放儿童[M].北京:新华出版社,2002.
156. 刘占文,马烈光.中医养生学[M].北京:人民卫生出版社,2007.
157. 陆有铨.躁动的百年——20世纪的教育历程[M].济南:山东教育出版

社,1997.

158. 马烈光.中医养生学[M].北京:中国中医药出版社,2012.

159. 马融,韩新民.中医儿科学[M].北京:人民卫生出版社,2012.

160. 牟宗三.生命的学问[M].桂林:广西师范大学出版社,2005.

161. 牟宗三.中西哲学之会通十四讲[M].上海:上海古籍出版社,1997.

162. 裴娣娜.教育科研方法导论[M].合肥:安徽教育出版社,2000.

163. 任继愈.中国哲学史[M].北京:人民出版社,1979.

164. 上海市教育委员会.上海市学前教育课程指南[M].上海:上海教育出版社,2004.

165. 施良方.课程理论[M].北京:教育科学出版社,1996.

166. 孙广仁.中医基础理论[M].北京:中国中医药出版社,2007.

167. 孙培青,李国钧.中国教育思想史(第二卷)[M].上海:华东师范大学出版社,1995.

168. 孙正聿.哲学通论[M].沈阳:辽宁人民出版社,1998.

169. 谭兴贵.中医养生研究[M].北京:人民卫生出版社,2009.

170. 唐子畏,宋晓.人性与人际关系[M].长沙:湖南大学出版社,1997.

171. 陶行知.陶行知教育名篇[M].方明编.北京:教育科学出版社,2005.

172. 陶行知.陶行知文集[M].江苏省陶行知教育思想研究会,南京晓庄师范陶行知研究室,编.南京:江苏人民出版社,1981.

173. 滕大春.外国教育通史[M].济南:山东教育出版社,1989.

174. 滕守尧.回归生态的艺术教育[M].南京:南京出版社,2008.

175. 滕守尧.生态式艺术教育概论[M].太原:山西师范大学出版社,2002.

176. 滕守尧.文化的边缘[M].北京:作家出版社,1997.

177. 汪受传.中医儿科学[M].北京:中国中医药出版社,2007.

178. 王理平.差异与绵延[M].北京:人民出版社,2007.

179. 王元秀.普通生物学[M].北京:化学工业出版社,2012.

180. 王治河,霍桂桓,任平.中国过程研究(第一辑)[M].北京:中国社会科学出版社,2007.

181. 王治河.后现代主义词典[M].北京:中央编译出版社,2003.

182. 吴元训选编.中世纪教育文选[M].北京:人民教育出版社,2005.

183. 吴元训选编.中世纪教育文选[M].北京:人民教育出版社,2005.

184. 夏之莲.外国教育发展史料选粹(上)[M].北京:北京师范大学出版社,1999.

185. 萧淑贞.发现人性[M].北京:商务印书馆,2011.

186. 修毅.人的活动的哲学[M].北京:中国大百科全书出版社,1994.

187. 徐复观.徐复观全集·中国人性论史[M].北京:九州出版社,2014.

188. 杨汉麟,周采著.外国幼儿教育史[M].南宁:广西教育出版社,1993.

189. 叶浩生.西方心理学的历史与体系[M].北京:人民教育出版社,1998.

190. 叶澜.教育概论[M].北京:人民教育出版社,1991.

191. 于述胜,于建福.中国传统教育哲学[M].南京:江苏教育出版社,1996.

192. 虞永平.学前教育学[M].南京:江苏教育出版社,1996.

193. 虞永平.幼儿园课程评价[M].南京:江苏教育出版社,2005.

194. 张岱年.中国哲学史大纲[M].北京:中国社会科学出版社,1982.

195. 张华.经验课程论[M].上海:上海教育出版社,2000.

196. 张华.课程与教学论[M].上海:上海教育出版社,2000.

197. 张焕庭.西方资产阶级教育论著选[M].北京:人民教育出版社,1979.

198. 张栗原.教育生物学[M].福州:福建教育出版社,2007.

199. 张敏,陆少明.生成性教学的有效性实践研究[M].上海:上海教育出版社,2012.

200. 张雪门.张雪门幼儿教育文集(上卷)[M].戴自庵,主编.北京:北京少儿出版社,1994.

201. 赵荣昌、张济正.外国教育论著选[M].南京:江苏教育出版社,1990.

202. 郑大华,任菁编.孔子学说的重光——梁漱溟新儒学论著辑要[M].北京:中国广播电视出版社,1995.

203. 郑金洲,蔡楠荣.生成教学[M].福州:福建教育出版社,2008.

204. 郑金洲.生成教学[M].福州:福建教育出版社,2005.

205. 周采.比较学前教育[M].北京:人民教育出版社,2010.
206. 周采.外国教育史[M].上海:华东师范大学出版社,2008.
207. 周国平.尼采与形而上学[M].北京:新世界出版社,2008.
208. 周浩波.教育哲学[M].北京:人民教育出版社,2000.
209. 朱家雄.幼儿园课程[M].上海:华东师范大学出版社,2003.

附录 主题活动"丑小鸭"[①]

一、主题说明

童话故事《丑小鸭》是安徒生的代表作之一,故事中塑造了一个丰满的童话形象:丑小鸭。他面对艰难的生活环境和曲折前程,仍然一心一意地追求美好的理想。出世以后,他就被看不起:被哥哥、姐姐咬,被公鸡啄,养鸭的小姑娘也讨厌他,除了鸭妈妈,谁都欺负他。可怜的丑小鸭,只能离家出走,但仍然摆脱不了被小鸟讥笑和被猎狗追赶的厄运。尽管遭遇如此凄凉,但他仍然没有忘记对美好生活的深情向往。最后丑小鸭梦想成真,变成了一只美丽的天鹅。本主题围绕故事中的人物和情节展开,先让幼儿欣赏文学作品,引导幼儿表达欣赏故事后的感受,启发幼儿围绕文学作品中的人物和故事情节提出问题,针对幼儿所提问题,教师捕捉幼儿的兴奋点。问题是幼儿求知的动力,本主题以教师预设问题和幼儿生成的问题为切入点展开课程网络。在课程进行中,教师和幼儿共同审议课程的进程,真正体现幼儿的学习主体地位。同时,在主题活动中,加大了家园共育的比重,充分挖掘家长资源,让家长也参与到课程建设中来,使得在主题展开的过程中,教师、幼儿、家长三者是互动一体的。

人与人、人与环境的和谐共处,是幼儿健康成长的需要。设计本主题的目的

[①] 原发表于《教育导刊》2005 年第 8 期。

是通过幼儿喜闻乐见的系列活动,让幼儿在了解有关鸭、天鹅、人等科学知识的同时,掌握人际交往的基本知识和技能,帮助幼儿树立正确的交友观和人生观,培养幼儿的探究意识和能力,提高幼儿提出问题、解决问题的能力。

二、主题网络

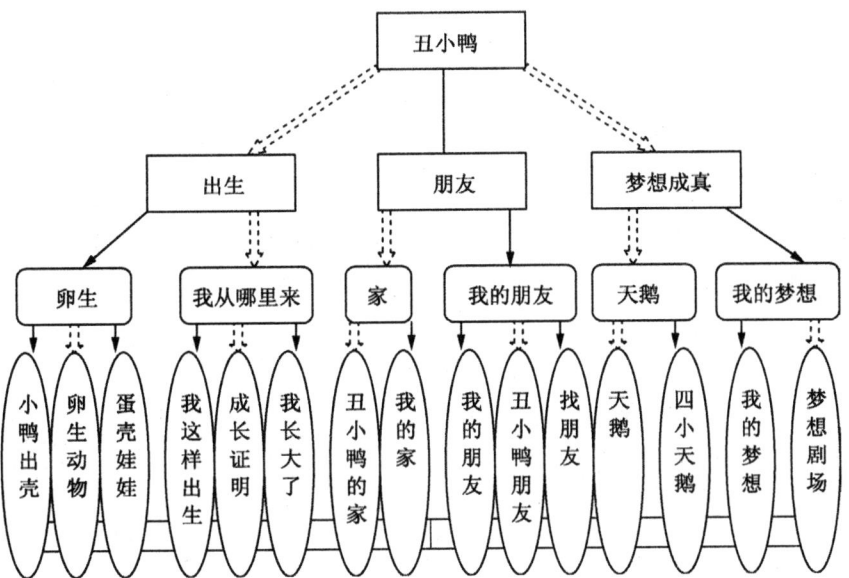

三、主题活动列表

序号	教学活动	区域活动	游戏活动	日常生活	家园共育
1	丑小鸭	制作墙饰：丑小鸭和问题树		观看动画片《丑小鸭》	收集有关"丑小鸭"的资料
2	小鸭出壳	① 建构养鸭场 ② 绘画：小鸭出壳	① 体育游戏：孵小鸭 ② 表演游戏：小鸭出壳（幼儿自由创编）		① 让幼儿向家长讲述参观养鸭场的经过 ② 家长和幼儿共同搜集有关卵生动物的资料
3	卵生动物	分组整理卵生动物资料，并做好统计管理	表演游戏：谁生的蛋	故事欣赏：《谁生的蛋》	收集实物：我见过的蛋
4	有趣的蛋	染制彩蛋		让幼儿了解北方清明节碰彩蛋的习俗	幼儿"教"家长制作完整蛋壳
5	蛋壳娃娃	师幼共同制作蛋壳粘贴画《小鸭出壳》，并装饰教室			让幼儿访谈家长：我从哪里来？我是怎样出生的？我刚刚出生时是什么样子？并作绘画记录
6	我这样出生	① 歌曲表演：《我的好妈妈》，让幼儿自编自演 ② 手工制作：感恩的礼物	体育游戏：花环送给好妈妈	① 观看美国电影《看谁都在说话》，了解人的出生及成长经历 ② 欣赏歌曲《小乌鸦爱妈妈》《妈妈你好》等	家长与幼儿共同寻找孩子的成长证明：胎毛笔、照片、衣服鞋帽等物品，家长给孩子讲述成长经历和孩子小时候的趣事

续表

序号	教学活动	区域活动	游戏活动	日常生活	家园共育
7	成长证明	分类整理统计物品,安排幼儿分组管理物品,建立"我在长大"专栏绘画:小时候的我			
8	我长大了	填写借书卡,将自制图书放入图书角,让幼儿相互借阅。统计自制图书数量,分派专人管理借阅并做好记录	① 角色游戏:我是大哥哥大(姐姐) ② 体育游戏:我背小弟弟	与小班联系进行"大带小"活动	
9	丑小鸭的家	在肯定幼儿设计思路的基础上,提议幼儿自由组合,分组讨论、设计布置各区角,把教室变成丑小鸭的家			① 引导幼儿进行有目的的观察 ② 让幼儿将自己的设计思路告诉家长,和家长共同制作"丑小鸭的家",材料不限
10	我的家	折纸剪贴画:我的家。用折风琴的方法折房子,房子里添画上娃娃、家具,把房子粘贴在纸上并添画环境	娃娃家	配乐诗朗诵:《家》欣赏歌曲:《我家几口人》	家长参与教学活动
11	我的朋友	师幼共同绘制班级好友网络图绘画:我和好友的合影		访谈朋友:我的朋友喜欢……我的朋友的优点是……	
12	丑小鸭朋友	① 泥塑:丑小鸭 ② 小实验:小鸭游水	① 音乐游戏:鸭子上桥,复习序数 ② 角色游戏:我和丑小鸭(自编)		

续表

序号	教学活动	区域活动	游戏活动	日常生活	家园共育
13	找朋友	幼儿进行分类、统计自己的好朋友，并作记录	① 体育游戏：找朋友 ② 智力游戏：找朋友		访谈家长：爸爸、妈妈的朋友，并收集相关资料
14	天鹅	折纸：天鹅		师幼共同布置室内环境"天鹅游水"	收集有关天鹅的资料，了解天鹅的相关知识
15	四小天鹅			了解芭蕾舞《天鹅湖》的故事情节，欣赏《天鹅湖》中的其他场景，激发幼儿热爱大自然、保护动物的美好情感	收集芭蕾舞的剧照，和家长一起查询芭蕾舞演员竖起脚尖跳舞的秘密
16	我的梦想	师幼共同布置"我的梦想"专栏	角色游戏：我的梦想（幼儿自我创编）		① 请幼儿和家长交流，让家长了解幼儿的梦想 ② 访谈：爸爸、妈妈小时候的梦想是什么？ ③ 幼儿和家长讨论怎样才能实现梦想？幼儿作记录
17	梦想剧场	师幼共同制作主题活动记录大全，梳理主题活动成果，编辑成册			

四、活动设计

活动一：丑小鸭

活动目标

1. 引导幼儿欣赏故事《丑小鸭》，初步了解故事的寓意：不怕孤独、嘲笑、磨难，永远保持一颗高贵的心，直至梦想成真。
2. 培养幼儿对文学作品的兴趣以及用语言表达自己意愿的习惯。
3. 引导幼儿围绕故事提出问题。

活动准备

1. 课前教师请幼儿帮助制作丑小鸭墙饰（墙饰用语：我很丑，但我想……），布置室内环境，激发幼儿的兴趣。
2. 《丑小鸭》①故事声像资料、自制课件或挂图。
3. 问题记录本。

活动建议

1. 播放配乐童话故事《丑小鸭》，引导幼儿欣赏。
2. 组织幼儿讨论：丑小鸭是怎样出生的？为什么被称为丑小鸭？丑小鸭的生活快乐吗？丑小鸭经历了哪些危险？丑小鸭的梦想是什么？最后丑小鸭的梦想实现了吗？
3. 引导幼儿说说欣赏故事后，自己有哪些感想。
4. 围绕故事，引导幼儿提出问题，并以小组为单位在问题记录本上记录提出的问题。
5. 展示各组所提问题，教师与幼儿共同讨论问题网络。

---

① 使用原文录制声相资料，原文参见王俊英编著《幼儿园语言活动指导——幼儿的语言素质教育（教师用书）》，北京：地质出版社，1998：172。

区域活动

请幼儿和教师一起制作问题树,布置教室环境。

日常生活

观看动画片《丑小鸭》。

家园共育

收集有关丑小鸭的资料:图书、光盘等。

墙饰图片

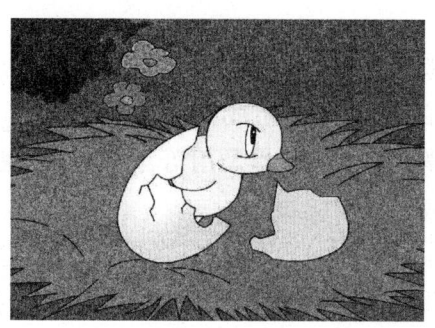

活动二:小鸭出壳

活动目标

1. 带领幼儿参观养鸭场,观察小鸭出壳的情景。
2. 听养鸭场工作人员介绍现代化孵小鸭的技术,了解相关知识。

活动准备

1. 联系养鸭场,准备参观所用车辆、录像机等。
2. 母鸭孵蛋的图片一张。

活动建议

1. 出示母鸭孵蛋的图片,教师生动地讲述鸭妈妈在炎热的夏天孵小鸭的故事片段,激发幼儿思考:有没有一个好办法代替鸭妈妈孵小鸭?让幼儿带着问题参观养鸭场。

2. 带领幼儿参观养鸭场的建筑设施,请养鸭场工作人员介绍使用现代化孵鸭技术替代母鸭孵小鸭的情况。

3. 引导幼儿仔细观察小鸭出壳的情景,观察出壳后的小鸭的形态特征。

区域活动

1. 建构养鸭场。

2. 绘画:小鸭出壳。

游戏活动

1. 体育游戏:孵小鸭。

2. 表演游戏:小鸭出壳(幼儿自由创编)。

家园共育

1. 让幼儿向家长讲述参观养鸭场的经过。

2. 家长幼儿共同搜集有关卵生动物的资料。

附:幼儿想出的代替鸭妈妈孵小鸭的办法

1. 让鸭爸爸和鸭妈妈一起孵蛋。

2. 让鸡代替鸭妈妈孵蛋。

体育游戏

孵小鸭

1. 目的:练习四散跑,培养幼儿灵活躲闪的能力。

2. 玩法:游戏开始,幼儿围在一起蹲下,教师说:"孵,孵,孵小鸭。"幼儿闭眼齐声说:"小鸭有多大?"教师答:"刚出脑袋和嘴巴。"幼儿继续追问"小鸭有多大",教师依次回答:"身体长成了。""翅膀出来了。""爪子会动啦。"在这一问一答的同时,教师暗示一幼儿当狼悄悄走开藏起。当问到最后一句,教师回答:"小鸭孵好了,赶快出窝吧!"这时幼儿可以睁开眼睛四散跑开。当听到教师说:"当心狼来啦!"扮演狼的幼儿跑出追、捉"小鸭","小鸭"可以躲闪地跑,也可跑到教师身旁当作回"窝"了,在回"窝"前被"狼"抓到的,要停止游戏一次。回到"窝"的"小鸭","狼"就不能捉了。捉到数只"小鸭"后,更换扮演狼的幼儿,游戏重新开始。

3. 规则:① 幼儿与教师问答时要闭起眼睛。② 教师说完:"当心狼来啦!""狼"才可以出来追、捉。③ 被捉到的"小鸭"要停止游戏一次。④ 可以增加"狼"的数量,提高游戏的难度。

活动三：卵生动物

活动目标

1. 通过家长与幼儿共同搜集有关卵生动物的资料，开阔幼儿的知识面，培养幼儿的探究意识。

2. 引导幼儿讲述自己所搜集的资料，并让幼儿统计卵生动物的数量。

活动准备

集中幼儿所搜集的卵生动物资料，邀请家长参与活动，预约熟知相关知识的家长讲解部分资料。

活动建议

1. 请家长帮助幼儿统计搜集到的卵生动物的数量，并作记录。

2. 让幼儿介绍和爸爸妈妈一起搜集资料的情况：通过哪些途径搜集的？搜集到了哪些资料？必要时家长可以做补充。

3. 展示卵生动物资料，请熟知相关知识的家长讲解部分资料，并请家长讲述哪些卵生动物自己不孵蛋而让别人代劳、哪些卵生动物是由爸爸来承担孵的任务的。

4. 鼓励幼儿讲述在搜集资料中发生的趣事，激发幼儿探究的欲望，培养幼儿探究的兴趣。

区域活动

分组整理卵生动物资料，并做好统计管理。

游戏活动

表演游戏：谁生的蛋（幼儿自己排演）。

日常生活

故事欣赏：《谁生的蛋》。

家园共育

收集实物：我见过的蛋。

附故事

谁生的蛋

有一天,鸡妈妈在草地上拾到一只蛋,她想:"是哪个妈妈粗心大意,生下蛋忘了拿回家了?让我去问问是谁生的蛋。"鸡妈妈找呀找,找到了鸵鸟妈妈,就问:"鸵鸟妈妈,这只蛋是不是你生的呀?"鸵鸟妈妈看了看蛋摇摇头说:"谢谢你,这只蛋不是我生的,我生的挺大挺大的。"鸡妈妈又找到鹌鹑鸟妈妈问:"鹌鹑鸟妈妈,这只蛋是不是你生的?"鹌鹑鸟妈妈拿起蛋看了看说:"这只蛋不是我生的,我生的蛋颜色是花的。"站在旁边的乌龟妈妈说:"鸡妈妈,让我看看,这只蛋是不是我生的。"鸡妈妈觉得很奇怪,问:"哎,乌龟妈妈怎么也生蛋?"乌龟妈妈说:"你别小看我,我也会生蛋的。可是这只蛋不是我生的。"鸡妈妈心想:过几天,我要孵小鸡,就把这蛋放在一起孵吧!过了一些日子,鸡蛋壳一只只裂开了,里面钻出了一只只活泼可爱的小鸡。最后的一只蛋壳也裂开了,里面爬出一条细细长长的小虫。小朋友,你们知道是什么吗?原来孵出来的是一条小蛇,鸡妈妈和鸡宝宝害怕地逃走了。小蛇爬呀爬,去找他的妈妈去了。

活动四:有趣的蛋

活动目标

1. 观察各种蛋,了解蛋的外部特征和内部结构。
2. 比较蛋的颜色、大小、轻重,并进行分类练习,培养幼儿的分析、综合能力。
3. 提醒幼儿在操作过程中要轻拿轻放,培养幼儿小心细致的良好行为习惯。

活动准备

1. 将幼儿带来的各种蛋放置在箱中(每组一箱),并准备若干空盒子用于分类放置。
2. 实物:鸡蛋、鸭蛋、鹅蛋、鹌鹑蛋。
3. 四个干净的小碗(最好选择透明的玻璃盆盂,利于幼儿观察)。
4. 小组活动记录本。

活动建议

1. 教师分别模仿母鸡、鸭子、鹅的叫声,边模仿边出示鸡蛋、鸭蛋和鹅蛋,并引导幼儿观察各种蛋的大小、颜色和形状。引导幼儿小结:鹅蛋最大,鸡蛋和鸭蛋差不多大;蛋的形状是椭圆形的,一头大,一头小;蛋的颜色有的是白色的,有的是青色的,还有的是褐色的(红皮蛋)。

2. 教师敲碎鸭蛋,将蛋清、蛋黄盛在碗内,引导幼儿观察:蛋壳里面有什么?蛋清、蛋黄的颜色是什么样的?

3. 用同样的方法观察鹅蛋的蛋清、蛋黄。

4. 教师小心地敲碎鸡蛋一端,将蛋清、蛋黄放入碗内,引导幼儿观察。同时,教师引导幼儿观察得到的完整蛋壳并再讲解演示一遍获取完整蛋壳的过程,让小朋友回家和家长试一下:小小蛋壳还有很多神秘的用处呢!

5. 出示鹌鹑蛋,引导幼儿观察,并与鸡蛋、鸭蛋、鹅蛋比较:很小,壳上有斑点。这么小的蛋,里面有没有蛋清、蛋黄呢?

教师敲碎鹌鹑蛋,引导幼儿观察,并作小结:每种蛋外面都有很薄的蛋壳,蛋壳里面都有蛋清和蛋黄;有的蛋黄大,有的蛋黄小;有的蛋黄颜色深,有的蛋黄颜色浅。

6. 出示幼儿带来的蛋,请幼儿帮助教师按类放置,进行分类练习。同时让幼儿用手掂重,比较各种蛋的轻重,并记录分类和掂重情况。提醒幼儿要轻拿轻放,以免捏碎、磕碎或掉在地上跌碎,培养幼儿小心细致的做事习惯。

7. 让幼儿自报掂重结果和分类情况,小组互查分类结果,教师讲评。

区域活动

彩蛋:提供多种材料,让幼儿染制彩蛋,或用彩笔装饰各种蛋,并将部分作品用于室内的区角布置,部分作品带回家(人手一件),剩余作品赠送其他班级。

日常生活

让幼儿了解北方清明节"碰彩蛋"的习俗。

家园共育

幼儿"教"家长制作完整蛋壳(最好将蛋壳蒸一下,使蛋壳不易破碎),以备后用。

活动五：蛋壳娃娃

活动目标

1. 学习利用橡皮泥、彩纸、彩笔等材料制作蛋壳工艺品。
2. 培养幼儿的创造力、表现力和细心操作的习惯，萌发在生活中发现美、创造美的情趣。

活动准备

1. 蛋壳制小猪、企鹅、小娃娃等工艺品。
2. 蛋壳、橡皮泥、彩纸、彩笔、胶水、抹布、剪刀。

活动建议

1. 出示蛋壳工艺品，引导幼儿欣赏。
2. 教师讲解示范制作要领，提醒幼儿耐心细致。
3. 激发幼儿的制作欲望，鼓励幼儿大胆想象，自由选取材料制作蛋壳娃娃。
4. 展示幼儿作品，引导幼儿自评、互评。
5. 将作品布置于区角中，启发幼儿思考：还可以用蛋壳做什么样的工艺品来装饰教室？

区域活动

师幼共同制作蛋壳粘贴画《小鸭出壳》，并装饰教室环境"丑小鸭出生了！"引发幼儿思考自己提出的问题：我从哪里来？

家园共育

请幼儿访谈家长：我从哪里来？我是怎样出生的？我刚刚出生时是什么样子？并作绘画记录。

活动六：我这样出生

活动目标

1. 请幼儿介绍访谈结果，了解自己是怎样出生的，知道妈妈生育自己很辛苦，培养幼儿对妈妈的感恩之心。
2. 简单了解人类从卵细胞受精到胎儿出生的过程。

活动准备

1. 联系怀孕的朋友或教师参与活动。

2. 剖腹产的影像资料。

活动建议

1. 请幼儿分组讲述自己是怎样出生的,并展示自己的绘画记录。

2. 请个别幼儿讲述访谈结果,并展示自己的出生绘画记录。

3. 请怀孕阿姨(教师)讲述怀孕的感受,并请小朋友听听、摸摸肚子里的小宝宝。

4. 幼儿观看剖腹产的影像资料,知道妈妈生育很辛苦,培养幼儿对妈妈的感恩之心。

区域活动

1. 歌曲表演:《我的好妈妈》,请幼儿自编自演。

2. 手工制作:感恩的礼物。

游戏活动

体育游戏:花环送给好妈妈。

日常生活

1. 观看美国电影《看谁都在说话》,了解人的出生及成长经历。

2. 欣赏歌曲《小乌鸦爱妈妈》《妈妈你好》[①]等。

家园共育

家长与幼儿共同寻找幼儿的成长证明:胎毛笔、照片、衣服鞋帽等物品,给幼儿讲述成长经历和幼儿小时候的趣事。

附游戏

花环送给好妈妈

1. 玩法:将幼儿分成四人一组,每组一个直径大于60厘米的花环。各组派一人扮演妈妈站立在距离起点15—20米处,小组其余成员站在起点处。教师发出开始信号后,其中一人手持花环,另外两人依次钻过花环,最后一名幼儿接过

---

① 汪玲. 小朋友音乐选萃. 上海:上海音乐出版社,1998:64.

花环让另两名幼儿再依次钻过。照此方法,直至每个幼儿都钻过两次,然后三人各用一只手拉着花环,跑着送给本组对面的"妈妈"。先到者为胜。

2. 规则:三人必须都钻过花环两次并手持花环跑。

活动七:成长证明

活动目标

1. 利用小时候的照片或用过的物品,证明自己正在慢慢长大,体验成长的快乐。

2. 萌发自信心,逐渐形成自我意识。

活动准备

1. 胎毛笔或脚印。

2. 小时候的照片。

3. 小时候穿戴过的衣服、鞋帽等物品。

活动建议

1. 丑小鸭刚刚出生时,长得很丑,大家都叫他丑小鸭。小朋友小时候是什么样的呢?展示小时候的照片,让大家辨认。

2. 展示大家带来的衣物,让幼儿自由观看评论。

3. 分组表演"小时候的我",模仿吃奶、哭、爬、蹒跚学步等。

4. 请个别小朋友表演,引导幼儿有创意地用简明的动作、神情来表演小时候的样子。

区域活动

1. 分类整理统计物品,安排幼儿分组管理物品,建立"我在长大"专栏。

2. 绘画:小时候的我。

活动八:我长大了

活动目标

1. 引导幼儿绘制自己的图书,记录自己的成长历程。

2. 感受成长的变化,体验成长的快乐,培养幼儿的自我意识。

活动准备

1. 空白图书人手一本。
2. 彩笔。

活动建议

1. 教师点评"我在长大"专栏和"成长证明"活动情况，激发幼儿的学习欲望。
2. 引导幼儿回忆妈妈讲述的自己的成长故事，有选择地绘制出来，见证自己的成长历程。
3. 展示幼儿绘制的图书，让幼儿讲述自制图书《我长大了》。

区域活动

填写借书卡，将自制图书放入图书角，让幼儿相互借阅。统计自制图书数量，分派专人管理借阅并做好记录。

游戏活动

角色游戏：我是大哥哥（大姐姐）。

体育游戏：我背小弟弟。

日常活动

与小班联系，进行"大带小"活动。

附游戏

我背小弟弟

玩法：贴有五官的皮球作"小弟弟"，塑料桶作"背篓"放于终点处。幼儿分组在起点处纵队站立，每组的第一个小朋友抱"小弟弟"跑到终点，将"小弟弟"放入"背篓"，再背转身体，蹲下，背过双手，从"背篓"里背起"小弟弟"跑回起点，交给下一个幼儿，依次进行。先完成的小组为胜。

活动九：丑小鸭的家

活动目标

1. 引导幼儿为丑小鸭设计一个温暖的家。
2. 激发幼儿的同情心和保护小动物的美好情感。

活动准备

1. 配乐故事《丑小鸭》声像资料。

2. 彩笔,图画纸。

活动建议

1. 引导幼儿欣赏丑小鸭离家后的一段苦难经历,激发幼儿的同情心。

2. 鼓励幼儿大胆想象,为丑小鸭设计一个温暖、舒适、漂亮的家。

3. 展示幼儿作品,请幼儿讲述自己的设计思路。让幼儿集体评议:谁的方案更好?

4. 教师鼓励、肯定每位幼儿的设计,引导幼儿和家长利用各种材料制作"丑小鸭的家"。

区域活动

在肯定幼儿设计思路的基础上,提议幼儿自由组合,分组讨论、设计、布置各区角,把教室变成丑小鸭的家。

家园共育

1. 引导幼儿进行有目的的观察。

2. 让幼儿将自己的设计思路告诉家长,和家长共同制作"丑小鸭的家",材料不限。

活动十:我的家

活动目标

1. 在幼儿与家长共同制作"丑小鸭的家"的基础上,激发幼儿爱爸爸、爱妈妈、爱温暖的家的情感。

2. 让幼儿感受幼儿园大家庭的温暖,培养幼儿爱小朋友、爱老师、爱班级、爱幼儿园的美好情感。

活动准备

1. 举行"丑小鸭的家"制作展览,邀请全园幼儿、教师和本班幼儿家长参与活动,幼儿当讲解员,为参观者介绍自己的作品。

2. 收集有关自己家的照片、示意图等资料。

3. 家庭相册、班级相册。

4. 歌曲《相亲相爱的一家人》声像资料。

活动建议

1. 请家长或幼儿讲述一家人合作制作"丑小鸭的家"的过程,体验一家人的亲爱、和谐,感受家的温暖。

2. 请幼儿向其他小朋友的家长展示自己家的照片、示意图和家庭相册,讲述"我的家"。

3. 请个别幼儿为家长介绍"我的家"的情况,教师点评。

4. 出示班级合影,引导幼儿感受和老师、小朋友在一起的快乐,就像亲爱的一家人,感受幼儿园大家庭的温暖。

5. 教师与幼儿一起朗诵儿歌《幼儿园是我家》:幼儿园是我家,老师爱我我爱她;老师说我好娃娃,我说老师像妈妈。

6. 播放歌曲《相亲相爱的一家人》,教师、家长、幼儿齐声合唱。

区域活动

折纸剪贴画:我的家。用折风琴的方法折房子,房子里添画上娃娃、家具;把房子粘贴在纸上并添画环境。

游戏活动

娃娃家。

日常生活

1. 配乐诗朗诵:《家》。

2. 欣赏歌曲:《我家几口人》。

附诗歌

家

蓝蓝的天空是白云的家,
密密的树林是小鸟的家,
绿绿的草地是小羊的家,
清清的河水是小鱼的家,
快乐的幼儿园是小朋友的家。

附歌曲

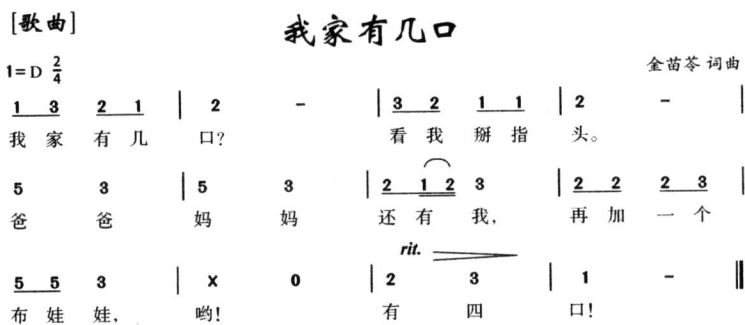

活动十一：我的朋友

活动目标

1. 激发幼儿与朋友友好相处的情感，体验猜谜的乐趣。

2. 引导幼儿学习用简短的语言描述好朋友的主要特征，发展幼儿的口语表达能力。

3. 引导幼儿依据主要特征进行观察和判断。

活动准备

观看动画片《丑小鸭》，组织幼儿讨论：丑小鸭有朋友吗？为什么大家不喜欢他？丑小鸭没有朋友、受尽欺负，丑小鸭幸福吗？

活动建议

1. 组织幼儿交谈，说说自己有没有朋友，有朋友的感觉怎样。引导幼儿体验朋友相互关爱，有朋友真好。

2. 教师引导幼儿描述"我的朋友"的主要特征，请其他小朋友猜猜"我的朋友"是谁？

3. 和幼儿讨论描述的方法和要求：用简短的话说出自己的好朋友最明显的特征，如穿什么衣服、长相、爱好等。

4. 请幼儿自由结伴进行活动。

5. 请幼儿讲述自己的好朋友是谁，应该怎样交朋友。

区域活动

1. 师幼共同绘制班级好友网络图。

2. 绘画：我和好友的合影。

日常生活

访谈朋友：我的朋友喜欢……我的朋友的优点是……

活动十二：丑小鸭朋友

活动目标

1. 引导幼儿寻找朋友的优点，培养正确的交友观。

2. 感受朋友间的相互帮助和关爱，体验有朋友真好。

3. 引导幼儿理解他人的情感需要，激发同情心和关爱他人的美好情感。

活动准备

1. 丑小鸭神情孤独、悲伤的图片一张，丑小鸭自白录音。

2. 彩笔、图画纸。

活动建议

1. 分组交流访谈情况，相互了解朋友的爱好和优点是什么。

2. 请个别幼儿讲述自己朋友的优点，教师引导幼儿寻找朋友的优点，培养幼儿正确的交友观。

3. 引导幼儿观察班级好友网络图，体验朋友间的关爱和帮助，感受班级是个朋友的集体，是个团结友爱的集体，激发幼儿爱朋友、爱集体的美好情感。

4. 出示丑小鸭孤独、悲伤神情的图片，引导幼儿观察：丑小鸭的表情是怎样的？丑小鸭的心情怎样？启发幼儿思考：丑小鸭为什么不快乐？为什么这样悲伤？

5. 播放丑小鸭自白录音："小朋友们好，我是丑小鸭，因为我长得丑，大家都嫌弃我，没人肯和我做朋友，没有朋友我很孤独，呵呵呵呵……"引导幼儿理解丑小鸭的情感需求，激发幼儿的同情心。

6. "我们有很多的好朋友，可是丑小鸭没有朋友很孤独，怎么办呢？"激发幼儿关爱丑小鸭、和丑小鸭交朋友的情感，引导幼儿寻找丑小鸭的优点，不要以貌取人，培养幼儿正确的交友观。

7. 引导幼儿讲述如何和丑小鸭交朋友,如何关爱丑小鸭。

8. 丑小鸭有了这么多的好朋友,他还会悲伤、孤独吗?他会怎么跟小朋友说呢?引导幼儿体验、理解丑小鸭的情感变化。

9. 请幼儿绘画:丑小鸭朋友。鼓励幼儿大胆想象,画出和丑小鸭做朋友的快乐情景。

区域活动

1. 泥塑:丑小鸭。

2. 小实验:小鸭游水。

游戏活动

1. 音乐游戏:鸭子上桥①,复习基数。

2. 角色游戏:我和丑小鸭(自编)。

3. 表演游戏:数鸭子(自编)。

附音乐游戏

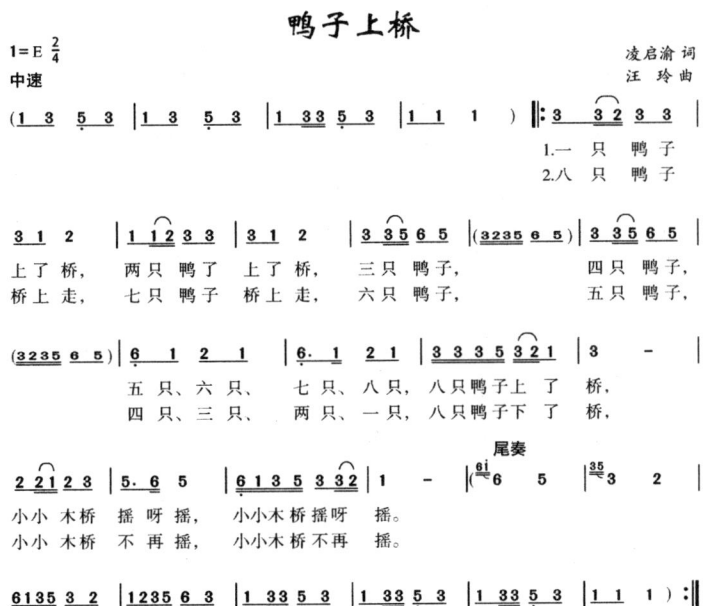

---

① 汪玲.小朋友音乐选萃.上海:上海音乐出版社,1998:221.

1. 目的：通过游戏培养幼儿的基数概念。

2. 准备：在地上画一座约 30 厘米宽、400 厘米长的"独木桥"。

3. 基本动作：鸭走步，鸭游水（两脚并拢、碎步走，两手放体侧，向前后快速轮流摆动，作游水状）。

4. 步骤：① 第一段词：过门时八个幼儿排队报数，然后根据歌词原地作鸭走步，等唱到某数，某数的幼儿就起步上桥。八只"鸭子"都上桥之后，一齐左右摇摆。

② 第一段尾奏[1]—[4]小节：后一个幼儿双手拉前一个幼儿的衣服，先右后左各四次摇摆。[5]—[8]小节作鸭走步。

③ 第二段词：根据歌词，幼儿一个个做作走步下桥。

④ 第二段尾奏[1]—[4]小节：在桥下作游水状；[5]—[8]小节：作鸭走步准备上桥，游戏重新开始。

5. 规则：幼儿只能在画线范围内上下桥。踩线者作掉河处理，在下回游戏中停一次。

附表演游戏

数鸭子

1=C 4/4
中速、活泼地
王嘉桢 词
胡小环 曲

（白）门前大桥下，游过一群鸭，快来快来数一数，二四六七八，

1. 门前大桥下，游过一群鸭，快来快来数一数，二四六七八，嘎嘎嘎嘎，真呀真多呀，数不清到底多少鸭，别考个鸭蛋抱回家，数不清到底多少鸭，别考个鸭蛋抱回家。
2. 赶鸭老爷爷，胡子白花花，唱呀唱着家乡戏，还会说笑话，小孩小孩快快上学校，

门前大桥下，游过一群鸭，快来快来数一数，二四六七八。

演唱提示

这首歌曲节奏明快,朗朗上口,立意十分贴近孩童天真可爱的性格特征。演唱时,要风趣诙谐,把儿童"数鸭子"的那种俏皮的神态,栩栩如生地表现出来。

活动十三:找朋友

活动目标

1. 引导幼儿了解周围环境中与人关系和谐的各种事物,知道他们也可以作我们的朋友。

2. 萌发幼儿热爱自然、关注环境的美好情感。

活动准备

记录图表。

活动建议

1. 引导幼儿观察室内关于朋友的环境布置,说说有了这些朋友的感觉。

2. 和幼儿一起讨论:人们的朋友很多,你认为还有哪些可以作为朋友?为什么?让幼儿说出事物的名称、特征、用途等,明白与人和谐相处的事物都可以成为人类的朋友(包括动物、植物、物品,如图书、玩具等)。

3. 幼儿分组找朋友,并进行记录。

4. 教师引导幼儿发现大自然中可以作为朋友的事物。

5. 教师与幼儿共同整理记录结果,并进行展示。

区域活动

幼儿进行分类、统计自己的好朋友,并作记录。

游戏活动

体育游戏:找朋友。

智力游戏:找朋友。画一幅森林画,图里有仅露出身体一部分的各种动物,让幼儿仔细观察画面,找一找森林中藏着哪几种动物朋友。

智力游戏:我的朋友在哪里?

家园共育

访谈家长:爸爸、妈妈的朋友,并收集相关资料。

附体育游戏

找朋友

1. 准备:画两个半径分别为 2 米和 3 米的同心圆。全体幼儿面对面地站在圆圈上,内圈幼儿比外圈幼儿少 1—3 名。

2. 玩法:组织者发令,内圈幼儿在圈内自由奔跑、跳跃。外圈幼儿在圈上按节奏拍手、原地踏步。集体念儿歌:"跑跑跑,找朋友,跳跳跳,找朋友,一二三,快快找到好朋友。"儿歌念到最后时,内圈幼儿即去外圈找一幼儿作朋友,互相拥抱,举起双手。没有找到朋友的 1—3 名幼儿为失败者。

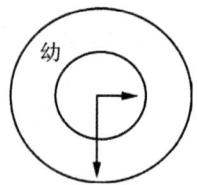

3. 规则:① 内外圈幼儿可以互相轮换。② 内外圈幼儿的动作可以由老师统一规定,也可以让幼儿自己按儿歌节奏进行选择。

附智力游戏

我的朋友在哪里?

1. 目的:复习 10 以内数的分解和组成。

2. 玩法:1—10 的数字头饰,幼儿头戴头饰围成圆圈坐好。教师指令戴数字 X 的幼儿找朋友后,全体幼儿齐唱歌曲《我的朋友在哪里》:"1234567,我的朋友在哪里?在这里,在这里,我的朋友就是你。"如戴数字 5 头饰的幼儿找朋友,可以找到 3,然后两人手拉手边唱歌曲边继续寻找,找到数字 2 后,三人手拉手,齐声说:"5 可以分成 3 和 2,5 可以分成 2 和 3,3 和 2 合起来是 5,2 和 3 合起来是 5,所以 2 和 3 是我的好朋友。"游戏继续进行。

3. 规则:用语言清楚表述为什么找彼此。

活动十四：天鹅

活动目标

1. 引导幼儿观察天鹅的外形特征，教育幼儿爱护鸟类、保护大自然。
2. 让幼儿学习用自然的声音有表情地演唱歌曲，感知乐曲抒情、优美的情绪。

活动准备

1. 天鹅的影像资料。
2. 歌曲录音《天鹅》。

活动建议

1. 教师生动地朗诵故事《丑小鸭》最后一段，提问幼儿：可怜的丑小鸭最后变成了什么？（美丽的天鹅）
2. 播放天鹅的影像资料，引导幼儿观察天鹅的外形特征，欣赏天鹅的美丽动态，以及天鹅在湖中游来游去的美丽画面。
3. 教师结合画面一边唱歌曲，一边模仿天鹅优雅又美丽姿态（飞、游、喝水等动作），感染幼儿，激发幼儿学唱歌曲的欲望。
4. 教师朗诵并讲解歌词，教育幼儿保护鸟类、爱护大自然。
5. 欣赏歌曲，跟随录音一起唱，启发幼儿用自然的声音唱，要唱得优美、富有感情，表现天鹅在水中游来游去的美丽景象。
6. 利用集体、分组跟唱等形式，教师指导幼儿有感情地演唱。
7. 学习天鹅飞和游的动作，一边模仿一边演唱，载歌载舞，进行巩固练习。
8. 模仿天鹅飞到活动场，为其他班的小朋友表演。

区域活动

1. 折纸：天鹅。
2. 师幼共同布置室内环境：天鹅游水。

家园共育

搜集有关天鹅的资料，了解天鹅的相关知识。

附歌曲

天鹅

1=D 2/4

```
3  34 | 5    5  | 2  24 | 3   3  | 1 1 1 2 | 3   -  |
天  鹅， 天   鹅， 美  丽的  天   鹅， 你 飞 在 天    上，
天  鹅， 天   鹅， 美  丽的  天   鹅， 你 飞 在 天    上，

2 2 2 4 | 3 2 1 | 5 5 3 1 | 5    5  | 2 2 4 3 1 |
象 洁 白 的 云  朵。 快 快 飞 下 来   呀， 到 我 们 这 里
象 盛 开 的 花  朵。 快 快 游 过 来   呀， 听 我 们 给 你

2 2 2 0 | 5 5 3 1 | 5  -  | 2 2 4 3 2 | 1 1 1 0 ‖
来 做 客， 快 快 飞 下 来，    到 我 们 这 里  来 做 客。
唱 支 歌， 快 快 游 过 来，    听 我 们 给 你  唱 支 歌。
```

活动十五：四小天鹅

活动目标

1. 感受乐曲活泼轻快的旋律，体验乐曲快乐的情绪。
2. 对比芭蕾舞和一般舞蹈的区别，尝试模仿一些芭蕾舞的动作。

活动准备

影像资料芭蕾舞剧《天鹅湖》的片段：《四小天鹅》。

活动建议

1. 播放歌曲《天鹅》，师幼一起跟随演唱，模仿天鹅优美的姿态。

2. 播放影像资料芭蕾舞剧《天鹅湖》的片段《四小天鹅》，引导幼儿欣赏。

3. 引导幼儿大胆表达：这是什么舞蹈？通过舞蹈演员的表演，猜猜演员表演的是什么角色。听了音乐，心里有什么感受？为什么？

4. 引导幼儿观察芭蕾舞的服装和动作，感受芭蕾舞与一般舞蹈的不同之处，教师介绍芭蕾舞的特点。介绍并欣赏芭蕾舞剧片段的名称《四小天鹅》，感受天鹅的美丽和芭蕾舞动作的优美，让幼儿试着模仿竖起脚尖跳舞的动作。

5. 引导幼儿欣赏乐曲，感受乐曲活泼、轻快的旋律，结合故事《丑小鸭》中丑小鸭变成美丽天鹅的情节，让幼儿体验快乐的情绪。

6. 引导幼儿完整欣赏作品,并启发幼儿模仿表演。启发幼儿思考:为什么我们不能像芭蕾舞演员一样竖起脚尖跳舞?组织幼儿讨论,教师也参与讨论。引导幼儿探索芭蕾舞演员竖起脚尖跳舞的秘密。

日常生活

了解芭蕾舞《天鹅湖》的故事情节,欣赏《天鹅湖》中的其他场景,激发幼儿热爱大自然、保护动物的美好情感。

家园共育

收集芭蕾舞的剧照,和家长一起揭开芭蕾舞演员竖起脚尖跳舞的秘密。

延伸活动

参观芭蕾舞剧团(或请舞蹈演员来园参与活动),请演员讲解竖起脚尖跳舞的秘密,欣赏芭蕾舞舞鞋及其他服装道具,观看舞蹈演员练功(影像资料),让幼儿了解要想成为美丽的天鹅必须经过艰苦的磨炼,只有刻苦努力才能梦想成真。

附作品介绍

四小天鹅

乐曲作者柴可夫斯基(1840—1893)是俄国作曲家。他生于贵族家庭,十岁开始学习钢琴和作曲,同年被送到法律学校读书,毕业后在司法部工作。然而他本人并不爱这个工作。1862年进彼得堡音乐学院跟从安东·鲁宾斯坦学习作曲,毕业后赴莫斯科音乐学院任教。1877—1890年专事创作。他勤奋工作,在各类音乐体裁上都大显身手,创作出许多优秀作品。如歌剧《奥涅金》《黑桃皇后》,舞剧《天鹅湖》《胡桃夹子》《睡美人》《第四交响曲》《第五交响曲》《悲怆(第六)交响曲》《降b小调第一钢琴协奏曲》《D大调小提琴协奏曲》,交响诗《罗密欧与朱丽叶》等。他的创作深为专业音乐工作者和广大群众所赞赏。

芭蕾舞剧《天鹅湖》以爱与善能战胜一切为主题思想,《四小天鹅》是《天鹅湖》第二幕中的一段四人舞。该作品采用三部曲式,升F小调,中庸的快板,4/4拍。在大管轻快的顿音节奏陪衬下由双簧管的三重奏呈现出轻盈欢快的第一部分主旋律。该部分富于跳跃感的节奏和活泼纯真的旋律,质朴而带有田园风情的清新气息,栩栩如生地刻画出小天鹅天真可爱的形象。单簧管在低八度上反复这一主题后,第一小提琴奏出由切分节奏组成的中间部分的主题。第一主题频繁使用迅急的十六分音符和富有跳跃感的切分音,使乐曲的情绪越来越活跃。最后,乐曲变化再现了第一部分的主旋律,在欢乐的高潮中结束。

活动十六:我的梦想

活动目标

1. 引导幼儿表达自己的梦想,帮助幼儿树立正确的理想。
2. 发展幼儿的口语表达能力。

活动准备

彩笔、图画纸。

活动建议

1. 组织幼儿讨论:丑小鸭的梦想是什么,丑小鸭的梦想最后实现了吗?引导幼儿小结:丑小鸭梦想成为美丽的鸟,经历了很多的磨难,最终变成了一只美丽的白天鹅。

2. 教师讲述自己小时候的梦想:想成为能歌善舞、富有爱心的幼儿教师,现在已经实现了。

3. 启发引导幼儿说出自己的梦想。

4. 幼儿相互交流:我的梦想是什么?

5. 请个别幼儿表述自己的梦想,教师引导幼儿树立正确的理想观。

6. 启发幼儿思考:怎样才能实现自己的梦想?

7. 引导幼儿画出"我的梦想"。

8. 展示幼儿的绘画作品,幼儿讲述自己的作品。幼儿互评,教师及时肯定鼓励幼儿。

区域活动

师幼共同布置"我的梦想"专栏。

游戏活动

角色游戏:我的梦想(幼儿自我创编)。

家园共育

1. 请幼儿和家长交流,让家长了解幼儿的梦想。

2. 访谈：爸爸、妈妈小时候的梦想是什么？
3. 幼儿和家长讨论怎样才能实现梦想，幼儿作记录。

活动十七：梦想剧场

活动目标

1. 引导幼儿大胆展示自己的才艺，培养幼儿的当众表现能力。
2. 让幼儿在梦想剧场展示自己的梦想，体验梦想成真的感觉。

活动准备

1. 家长和教师帮助幼儿设计梦想表演节目，并提供相应的服装、道具、材料等，尽量让每一个孩子都有登台表现的机会。
2. 师幼共同搭建梦想剧场，充分利用本主题活动的作品来布置剧场，展示主题活动成果。
3. 邀请家长和其他班级的小朋友一起参与活动。

活动建议

1. 播放歌曲《长大后我就成了你》。
2. 教师介绍本主题活动情况，展示本主题活动成果。
3. 师幼共同主持梦想剧场的演出活动。
4. 教师致梦想剧场闭幕词：心中有着美好的梦想，今天的丑小鸭，就是明天美丽的白天鹅。

区域活动

1. 师幼共同制作主题活动记录大全，梳理主题活动成果，编辑成册。
2. 表演游戏：丑小鸭（幼儿自由创编）。

附表演游戏曲谱

丑小鸭

彭　野　词曲
段丽丽　演唱

1=C 4/4

```
‖: 3  0   6712 | 3  0   2342 | 3  0  4 2 | 3 0 0 0 |
   她    是一只小鸭    一只丑小鸭   丑 小 鸭
   当    冬天到来了    她被冻僵了   冻 僵 了

   3  0   6712 | 3  0   2342 | 3  0  4 2 | 3 0 0 0 |
   所    有的小伙伴    都来欺负她   欺 负 她
   当    春天到来了她  终于苏醒了   苏 醒 了

   0 3 6 7 1 7 7 | 0 2 5 6 6 5 3 | 0 1 1 2 3  5 | 4 3 2 4 3. 0 |
   她被人讥  笑     她到处挨  打     甚至连小 鸡    也来欺负她
   她翅膀硬  了     她飞起来  了     她看见美 丽的   天鹅在玩耍

   0 3 6 7 1 7 7 | 0 2 5 6 6 5 3 | 0 1 1 2 3  3 | 3. 3 2 1 1 6. :‖
   她伤心透  了     她害怕极  了     她躲在外 面    就是不敢回家
   她飞向她  们     奇迹发生  了     天鹅们热 烈地   欢迎同伴回家

   0  3 2 3  -  | 0 3 3 1  2 3 2 2 | 0  2 1 2  - | 1 2 2 1 6.  - |
      丑小鸭         变成了 天  鹅       丑小鸭     多么幸福呀

   0  3 2 3  -  | 0 3 3 1  2 3 2 2 | 0  2 1 2  - | 1 2 2 1 6.  - |
      丑小鸭         变成了 天  鹅       丑小鸭     多么快乐呀

   0  3 2 3  -  | 0 3 3 1  2 3 2 2 | 0  2 1 2  - | 1 2 2 1 6.  - |
      丑小鸭         变成了 天  鹅       丑小鸭     多么幸福呀

   0  3 2 3  -  | 0 3 3 1  2 3 2 2 | 0  2 1 2  - | 1 2 2 1 6.  - ‖
      丑小鸭         变成了 天  鹅       丑小鸭     多么快乐呀
```

后　记

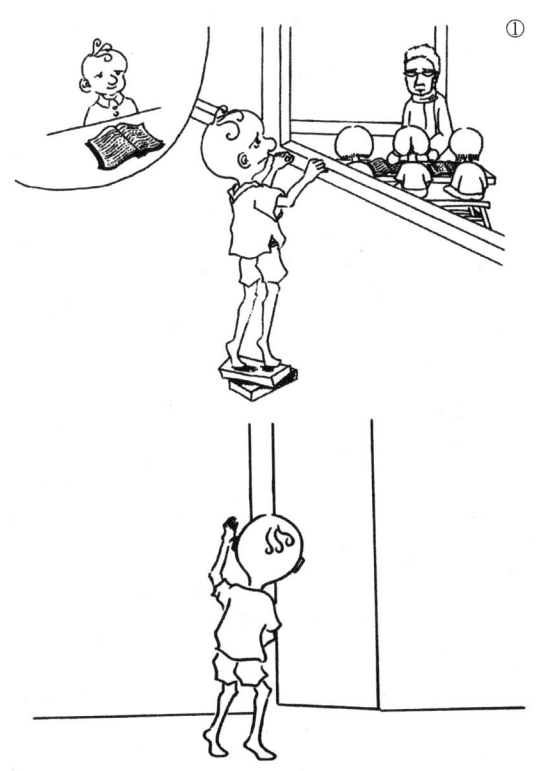

---

① 于潇,闺蜜之女,2011—2015年就读于南通大学艺术学院。相对于内心感悟的丰富,语言显得苍白无力,已无法准确表达。2014年底,于潇依据我的口头表述,几易其稿,将我的内心生动具象化,以简洁的画面帮我达成了内心的告白,难能可贵,谨表谢意。

没有比回到学校读书更快乐、惬意的事了!

为什么我的眼睛里总是噙满泪水,那只是因为内心充满了感激:

感谢我的导师刘晓东教授收留了我。我如同一个流浪儿,逡巡于学校周围,流连于教室门前,渴盼着走进课堂,享受读书的快乐……

2002年9月,毕业于中师的我经历了四次考研,终于踏进了南师大的校门,从此我的灵魂找到了家,随园成了我心灵的家园。十年磨砺,2012年9月,我再一次坐在了南师大讲堂内攻读博士学位——南师大是我人生的服务区,随园是我生命的加油站,恩师情同学爱是我一生的能源库!

无数次地感慨我是如此幸运,今生遇见儒雅博学的南师大教授们,遇见我的硕士生导师虞永平教授和博士生导师刘晓东教授,恩师们对我的宽容与厚爱让我每每想起都热泪盈眶。随园恩师们的学术引领、同学们的情感温暖,溶化于每一滴血液里,滋养于每一寸肌肤里,充盈于每一个细胞里,抒发于每一个毛孔里,让我实现了由蛹化蝶的生命蜕变——因为有你们,我的生命如此精彩!感谢有你们,我的生命温暖如春!

在此要特别致谢南京市梅花山庄幼儿园、南京市太平巷幼儿园、潍坊市新华幼儿园、潍坊市奎文区实验幼儿园、南通通师一附幼儿园、南通二机关幼儿园、山东利津机关二幼等老师们的友好研究合作和智慧贡献,感谢南通大学中医学博士胡平教授、生科院院长谭湘陵教授的专业指导,感谢我的访学导师——美国杰克逊州立大学尹建军教授的人生引领和学术指导,你们的智慧支持,极大地丰富

后　记

了本书的内涵。同时,笔者在编写过程中,参考了许多专家、学者的相关论文、著作,并尽量对书中所引用的资料说明出处,如有疏漏,敬请原谅,并向原作者致以谢意。

陶金玲

2017 年初夏于静雅居